ノマド

Nomadland

Surviving
America
in the
Twenty-First
Century

漂流する高齢労働者たち

ジェシカ・ブルーダー *Jessica Bruder*

鈴木素子［訳］

春秋社

デールへ

「どんなものにも隙間はある。そこから光が差してくる」

――レナード・コーエン

「資本家は、自分たちの経済網から抜け出す者を嫌う」

――『azdailysun.com』論説委員

ノマド——漂流する高齢労働者たち　◎　目次

第3部

ノマド——漂流する高齢労働者たち

凡例

・原注は、本文に（　）つきの数字を章ごとに通し番号で付し、巻末にそれぞれの内容を一覧としておいた。

・原文にある補足は、本文に＊つきの数字を章ごとに通し番号で付し、原則として言及箇所に近い欄外に記載した。

・本文中の〔　〕は、訳注を指す。

まえがき

私がこれを書いているいま、彼らはアメリカ各地に散らばっている。

ノースダコタ州ドレイトンでは、サンフランシスコから来た元タクシー運転手（67）が、年に一度のビーツの収穫に追われている。トラックが次々に入ってきては、畑から運んできた何トンものビーツを吐き出していく。氷点下の厳しい寒さのなか、元運転手は日の出から日の入り後までビーツをさばき続ける。夜は自分の車の中で眠る。ウーバー（Uber）のせいでタクシー業界から追い落とされ、家賃を払えなくなって以来、この車が彼の家だ。

ケンタッキー州キャンベルズビルでは、元建築現場の監督（66）がアマゾン・ドット・コム倉庫で深夜勤務をしている。車輪のついたカートを押して商品を棚に収めながら、コンクリートの床の上を何キロも歩き続ける。単調で骨の折れる作業だが、商品を一つひとつ正確にスキャンするよう気をつかう。でないと解雇されかねない。朝になれば、RVパーク〔キャンピングカーの停泊用駐車場〕に停泊している自分の小さなトレーラーに帰って眠る。アマゾンは彼女のようなワーキャンパー〔キャンピングカーで移動しながら働く人の意。ワークとキャンパーを合成した造語〕の停泊地として、いくつものRVパークと契約している。

ノースカロライナ州ニューバーンでは、求職中の女性（38）が、友人の家を渡り歩いてはソファーを借りて眠っている。自身の家はティアドロップ型のトレーラーで、バイクで牽引できそうなほど小さい。ネブラスカ生まれのこの女性は博士号までもちながら、どうしても仕事にありつけずにいる。提出した履歴書の数は、先月だけでも数百枚になった。ビーツの収穫の求人があるのは知っているが、はるばるノースダコタの農場まで行くだけのガソリン代がない。トレーラーに移り住むことになったきっかけは、数年前、それまで働いていたNGOで彼女のポジションにあてられていた資金が尽きたことだった。彼女は職を失い、学生ローンの返済もあって、アパートの家賃を払えなくなった。

カリフォルニア州サンマルコスでは、ゼネラルモーターズ社製一九七五年モデルのキャンピングカーに住む三〇代のカップルが、道路沿いにカボチャの販売スタンドを出している。スタンドには移動遊園地とふれあい動物園も併設している。何もない土の上に、五日間かけて設営したものだ。あと数週間したら、売り物はカボチャからクリスマスツリーに変わる。

コロラド州コロラド・スプリングスでは、キャンプ場スタッフの仕事中に肋骨を三本折った車上生活者(72)が、家族のもとに帰って療養している。

◆

季節労働者やホーボー〔一九世紀後半から一九三〇年代の大恐慌時代に仕事を求めて渡り歩いた貧しい労働者〕、流れ者やさまよい人は、昔からいつも存在していた。しかし二〇〇〇年代に入ってからは、新種のトライブ〔マーケッターのセス・ゴーディンが唱える新しい組織のかたち。インターネットやSNSの普及によって、所属する組織や地域とは無関係に、共通の興味や目的のもとに情報を共有する〕が出現している。まさか自分が放浪生活をすることになるとは思いもしなかった人々が、続々と路上に出ているのだ。昔ながらの家やアパートに住むことを諦めて、「車上住宅」に移り住んだ、現代のノマド《放浪の民》である。彼らにとってはどんな車も「住宅」になり得る。トラック、中古のRV（キャンピングカー）、スクールバス、ピックアップキャンパー〔ピックアップトラックの荷台に着脱可能なキャビンを搭載したもの〕、トラベルトレーラー、ただの古いセダンに住む者さえいる。かつての中流階級が不可能な選択を迫られた結果、〝ふつうの暮らし〟に背を向けて立ち去りつつあるのだ。

不可能な選択――あなたなら「食べものと歯の治療」、「住宅ローンの支払いと電気代の支払い」、「車のローンの返済と薬の購入」、「家賃の支払いと学生ローンの返済」、「冬物の衣類と通勤用のガソリン」のそれぞれどちらを選ぶだろうか。彼らが出した答えは、一見極端にみえる。

だが、自分で自分を昇給させることができない以上、一番大きな出費を削るしかないのではないだろうか。伝統的な〝ふつうの〟家を諦めて、車上で生活するしかないのでは？

彼らを〝ホームレス〟と呼ぶ人もいるが、現代のノマドはそう呼ばれるのを嫌う。避難所と移動手段との両方をもつ彼らは、〝ホームレス〟ではなく〝ハウスレス〟を自称している。

彼らの多くは、遠目にはキャンピングカーを愛好する気楽なリタイア組に見える。映画を観に出かけたり、レストランに食事に行ったりする際には、周囲の人にすっかり溶け込んでいる。ものの考え方も見た目も、中流階級のそれと大して変わらない。コインランドリーで衣類を洗濯し、フィットネスクラブに入会してシャワーを使っている。リーマンショック後に貯蓄をすべて失い、路上に出た人が多い。そしてガソリンタンクとお腹を満たすために、骨の折れる肉体労働に長時間従事している。賃金も上がらず住宅費も高騰するいまの時代を、家賃や住宅ローンのくびきから自由になることで食いつないでいる。彼らは日々、やっとのことでアメリカを生きのびているのだ。

だが、彼らは——だれでもそうだが——生きのびるだけでは満足できなかった。その結果、最初は生きのびるための必死の努力だったことが、いまや、より大きな価値を標榜するスローガンとなっている。人間であるということは、たんなる生存を超えた何かを追い求めるということだ。食べるものや住む家と同じくらい、私たちには希望が必要なのだ。

そして、その希望が路上にはある。それは車の推進力が生む副産物だ。アメリカという国の大きさと同じだけ、大きなチャンスがあるという感覚だ。行く手には良いことが待っているにちがいないという、深い確信だ。そのチャンスはほんのすこし先に、次の町に、次の仕事に、見知らぬ人との次の出会いに、きっと転がっている。

出会った見知らぬ人が、たまたまノマドだったということもままある。インターネット上で、ワーキャンパーの仕事場で、またはどこか電気も水道もないような原野でのキャンプ場でそんな出会いがあると、そこにトライブが生まれる。そこには同じ境遇にいる者ならではの、理解と一体感がある。だれかのトラックが壊れたら、彼らは帽子を回して寄付を募る。何か大きなことが始まりそうだ、という思いが伝染してゆく。アメリカは急激に変化している。古い体制は崩れ去り、自分たちは新しい潮流の中心にいるのだ、と思う。真夜中にみんなでキャンプファイヤーを囲むとき感じるのは、まるでユートピアを垣間見るかのような幸福感だ。

私がこれを書いているいま、季節は秋だ。すぐに冬が来る。すると、季節労働では恒例のレイオフが始まる。ノマドはキャンプをたたみ、アメリカの血管を流れる血液細胞のように、本来の住み処である路上に戻っていく。友人や家族との再会を、あるいはただ単に暖かい場所を目指して、出発する。走り通しに走ってアメリカ大陸を横断する者もいる。だれもが先へ先へと進み続ける。その距離のぶんだけ、アメリカというタイトルの映画さながら、アメリカの光景が眼前にくり広げられていく。ファーストフードのチェーン店。ショッピングモール。霜の布団をかぶってまどろんでいる畑。車のディーラー。プロテスタントの大きな教会。二四時間営業のレストラン。なんの特徴もない平野の連なり。家畜の飼育場。閉鎖した工場。住宅分譲地。大規模小売店。頂に雪をかぶった高い山々。沿道の景色は飛ぶように過ぎ、アメリカのフィルムは朝から夜へと巻き取られていく。やがて、疲れて運転を続けられなくなると、彼らはかすむ目をこすりながら停泊場所を探す。ウォルマートの駐車場。静まり返った郊外の路上。周囲でアイドリング中の車のエンジン音が子守唄のように鳴り続けるトラックステーション〔ガソリンスタンドを兼ねた、長距離トラックの運転手向けの休憩施設〕。早朝、だれにも気づかれないうちに、彼らはまた路上に戻る。運転を続ける彼らは、確信している。

自分が車を停める場所こそ、アメリカ最後の自由の土地だと。

第1部

第1章　スクイーズ・イン

ロサンゼルスから一時間ほどの内陸側を通るフットヒル・フリーウェイ〔州間高速道路二一〇号線〕を北上すると、やがて前方に荒々しい景観の山肌がそそり立ち、都会から来た人は驚いてブレーキを踏むことになる。人里離れたこの場所は、アメリカ地質調査所の言葉で「高く急峻な絶壁」と形容されるサン・バーナーディーノ山地の南端だ。[1] サン・バーナーディーノ山地は、サンアンドレアス断層に沿って太平洋プレートと北米プレートとがぶつかって起こす、地表の隆起の一部だ。一一〇〇万年前に始まったこの隆起で、標高がいまも年に数ミリずつ上がり続けている。[2] だが、山を正面に見てさらに北上するにつれ、山頂はそれをはるかに上回る速さで高くなる。思わず背筋が伸び、胸がふくらむ光景だ。体のなかにヘリウムが満ちてきて、いまにもふわりと浮き上がりそうな、そんな心持ちになる。

リンダ・メイはハンドルを握りなおす。赤いフレームの遠近両用メガネ越しに、山々が迫ってくるのが見える。肩にかかるセミロングの白髪はプラスチックのバレッタでまとめられ、背中に流されている。リンダはハンドルを切ってフットヒル・フリーウェイを降り、シティ・クリーク・ロードとして知られる国道三三〇号線に入る。数マイルの間、幅広の平坦な道が続く。やがて道幅は徐々に狭まり、ついには片道一車線の曲がりくねった急坂となる。サン・バーナーディーノ国立森林公園への登り坂に入ったのだ。
リンダは六四歳。何人も孫がいるおばあちゃんだ。運転しているのはジープ・グランドチェロキー・ラレード。全壊して業者に回収されていたのを買い取った。エンジン警告灯が気難しくて、どこも悪くなくてもしょっちゅう点灯する。ぐしゃぐしゃにつぶれていたフードはとり替えたが、よく見ると白い塗装の色が、そこだけわずかに他とちがう。それでも何カ月もかけて修理した結果、ジープは走行可能な状態にこぎつけた。カムシャフトとリフターは、修理工場で新品に交換済みだ。

リンダはこの車を精一杯みがき立てた。曇ったヘッドライトを着古したTシャツと防虫剤で磨くという、DIYの裏技もつかった。このジープで「家」を牽引して走るのは、これが初めてだ。家というのはクリーム色の小型トレーラーで、リンダはホテルかなにかのように「スクイーズ・イン」と呼んでいる（訪問客がこの愛称を聞いてキョトンとすると、リンダは顔に深い笑いじわを寄せて、こう説明する。「ほら、ここにスペースがあるでしょう。なんとか体を押し込んで《スクイーズ・イン》ちょうだい！」）。トレーラーは一九七四年モデルのハンターコンパクト2、成形ファイバーグラス製だ。デビュー当時は「公道では子ネコのように従順で、ラフな路面ではトラのように突き進む」「至高のレジャー用トレーラー」と宣伝されたものだ[3]。それから四〇年を経たスクイーズ・インは、レトロな魅力をもつリンダの生活支援カプセルになった。角が丸みを帯び、前後の壁が斜めに張り出した形は、まるで昔ハンバーガーショップで使われていた、発泡スチロール製の二枚貝型の容器のようだ。内のりは全長三メートル。一〇〇年以上前にひいお祖母さんのそのまたお祖母さんが大陸を横断したとき乗っていた幌馬車の内寸と、ほぼ同じだ。内装は、いかにも七〇年代らしいテイストだ。壁と天井はクリーム色の合皮のキルトで内張りされ、リノリウムの床にはマスタ

リンダ・メイと愛犬のココ

ード色とアボカド色の模様が入っている。天井はリンダがちょうど立って歩ける高さだ。このトレーラーをオークションで一四〇〇ドルで手に入れたとき、リンダはフェイスブックに投稿した。「内部の天井高は一六〇センチメートル、私の身長は一五七・五センチメートル。私にぴったりよ」

リンダはスクイーズ・インを、ビッグベア湖の北西に位置する松林のなかの、ハンナ・フラット・キャンプ場に運び込むつもりだ。いまは五月。九月までそこに滞在することになっている。だが、ここサン・バーナーディーノ国立森林公園――ロードアイランド州より広大な面積をもつ自然保護区――を夏になると訪れる何千人もの避暑客とちがって、リンダがやって来たのは仕事のためだ。夏季限定のキャンプ場スタッフとして雇われて、今年で三年目になる。スタッフは、管理人、レジ係、清掃員、警備員、歓迎係の仕事をまんべんなくこなさねばならない。リンダは仕事が始まることにも、再雇用者に与えられる年次昇給にもわくわくしている。今年の時給は去年より二〇セントアップして、九ドル三五セントだ（当時のカリフォルニア州の最低賃金は、時給九ドル）。リンダも他のスタッフも、雇用契約書上は「随意契約」で雇われたにすぎない。つまり、理由や予告なくいつ解雇されても文句を言えない立場だ。だがリンダは、週に四〇時間フルタイムで働いてほしいと言われている。

新人のなかには、給料を得ながら避暑を楽しめる天国のような夏を期待してやってくる者もいる。無理もない。求人広告には光輝く渓流と自然の花々に埋めつくされた原野の写真が、これでもかと使われているのだから。しかも、リンダの雇い主のカリフォルニア・ランド・マネジメント（森林局から営業許可を得た民間業者のひとつ）のリーフレットでは、白髪の女性たちが、サマーキャンプを楽しんでいる親友どうしのように腕を組み、湖畔の木漏れ日を浴びてうれしそうに微笑んでいる。別の民間業者、アメリカン・ランド&レジャーも同様にキャンプ場スタッフを募集しているが、こちらの横断幕にも「キャンプに行ってお給料をもらおう！」という甘い言葉が並んでいる。大きな文字のその誘い文句の下には、こんなコメントが書かれている。「引退生活がこんなに楽しいなんて！」「一生の友達ができました」「何年ぶりかの健康的な生活です」(4)

この仕事が思ったほど楽しくないことに気がついて、新人が二の足を踏み、ときに辞めてしまうのは、よくあることだ。騒々しい酔っぱらいのお守りだの、キャンプファイヤーのあと始末——灰の山や割れたガラス（乱暴な客がキャンプファイヤーの中に瓶を投げ込んで、爆発させて楽しむ）をシャベルで掬い出す仕事——だの、日に三度の屋外トイレ掃除だの、汚れ仕事が満載なのだから。ほとんどのスタッフはトイレ掃除を嫌がるが、リンダは平然とこなすばかりか、きちんと仕事をすることにいささかの誇りをもっている。彼女は言う。「お客さんが使うんだから、トイレはきれいでなくちゃね。私は極端な潔癖症ってわけじゃないし、ゴム手袋をはめれば、なんてことないわ」

サン・バーナーディーノ山地に分け入るにつれて渓谷の荘厳な景観が開け、ドライバーはついそちらに気をとられる。幅員は狭まり、路肩と呼べるかどうかもあやしいような、狭い路側帯しかなくなる。ところによっては、斜面にやっとしがみついている細長い歩道の向こうに、空っぽの空間が口を開けているだけになる。「落石注意」「オーバーヒートに注意：この先一四マイルはエアコンをオフに」といったぐあいに、道路標識がしきりに注意を呼びかける。だが、リンダは落ち着いたものだ。二〇年ほど前は長距離トラックの運転手をしていたから、難所にも動じない。

私はキャンピングカーで、リンダのすぐ前を走っている。これまでの一年半、私は断続的に、ジャーナリストとしてリンダと時間を共にしてきた。折に触れて顔を合わせたほか、何度となく電話で話もした。電話をかけるたびに、リンダは「ハッローオー！」と答えてくれる。電話がつながる前にもう、私は聞き慣れたその挨拶を待ち構えるようになった。歌うような調子のその声は、いつも同じ音程で、同じリズム。小さい子と〝いないいないばあ〟で遊ぶとき「I see you《ばあ！》」と言うときの、あの節回しだ。

初めてリンダに会ったのは、アメリカで広がりつつあるサブカルチャー「ノマド」に関する雑誌記事の取材中だった。[*1] ノマドとは、常時路上を移動しながら生活する人々のことだ。その多くはリンダと同

＊1　あの雑誌記事にとりかかったときは、後にそれが大きなプロジェクトに発展し、インタビューを何百件もこなしながら三年間にわたってレポートすることになるなんて、思ってもいなかった。

じように、とどまるところを知らない家賃の高騰と、頑として上がらない賃金という経済的矛盾から脱出しようともがく人々だ。皆、万力に挟まれているかのような閉塞感のなかで、気が滅入るほど単調で骨が折れ、それでいて駐車料金や住宅ローンを払うとあとには何も残らない低賃金の仕事に、ありったけの時間を費やしている。暮らし向きを長期的に向上させる手立てもなく、リタイアするあてもないままに。

そうした閉塞感の裏には、厳しい現実がある。賃金の上昇率と住居費の上昇率があまりに乖離した結果、中流クラスの生活をしたいという夢をかなえるなんて逆立ちしても無理になってしまった人が、続々と増えているのだ。これを書いているいま、法定最低賃金で働く正社員の収入でワンベッドルームのアパートの賃貸料をまかなえる地域は、全米でわずか一二の郡と大都市圏が一つだけだ。[5] そういうアパートを適正価格で借り、推奨されるとおり住居費を収入の三〇パーセント以下に抑えたければ、連邦政府の定める最低賃金の倍以上、少なくとも一時間に一六・三五ドルは稼ぐ必要がある。住宅費高騰による影響は深刻だ。とくに、収入の半分以上を住居費に費やしているアメリカ人家庭の六世帯に一世帯は、[6] 待ったなしの状況だ。住居費を支払うと、食料品、医薬品、その他生活必需品を買うお金がほとんど、あるいはまったく残らない低収入の家庭も少なくない。

私が出会ったノマドの多くは、勝てる見込みのない出来レースに時間を費やしすぎたと感じて、システムの裏をかく方法を見つけ出していた。伝統的な〝ふつうの〟家をあきらめることで、賃貸料や住宅ローンのくびきを壊したのだ。彼らはキャンピングカーやトレーラーハウスに移り住み、その時々に気候の良い場所から場所へと移動しながら、季節労働でガソリン代を稼いでいる。リンダもこのトライブの一員だ。アメリカ西部を転々とする彼女のあとを追って、私は取材を続けた。

サン・バーナーディーノ山地の険しい上り坂が始まると、遠くから山頂を仰ぎ見るときのめまいを感じなくなった。すると急に心配になった。ちゃちな私のヴァンでスイッチバックをくり返すことを考えると、少し怖い。そして、おんぼろジープでスクイーズ・インを牽引していくリンダを見るのは、ものすごく怖い。リンダは私に、前を走るようにと言った。自分はあとからついて行きたいから、と。でも、どうして？　トレーラーが外れて、坂を転げ落ちることを心配したのだろうか？　そこのところは、いまもわからない。

サン・バーナーディーノ国立森林公園の最初の看板を過ぎたころ、スクイーズ・インの後ろに大きな銀色の石油タンクローリーが迫ってきた。運転手は前の車が遅いのに苛立って、車間距離をつめているようだ。道はヘアピンカーブが続く箇所に入り、バックミラーにリンダを捉えられなくなった。私はリンダのジープがいつ見えるかと、バックミラーをチェックし続けた。やっとカーブが終わったが、ジープは現れない。かわりに、さっきのタンクローリーが直線道路を走ってきた。リンダのジープは、影も形もない。

私は待避所に車を寄せてリンダの携帯を呼び出し、あの聞き慣れた「ハッローーオーー！」を待った。呼び出し音は長いこと鳴り続け、それから留守電に切り替わった。私はエンジンを切り、車から飛び出した。車の脇をせかせかと行きつ戻りつしながら、もう一度電話した。リンダは出ない。そのときまでに、他の車が――おそらく五、六台はいただろう――次々にカーブを回って直線道路に現れては、私のいる待避所を通りすぎていった。私はアドレナリン全開状態でパニックになりながら、なんとか不安を押し殺そうとした。時は刻一刻と過ぎる。スクイーズ・インは忽然と消えてしまった。

◆

リンダはもう何カ月も、路上に戻ってキャンプ場スタッフの仕事を始められる日を待ち焦がれていた。ロサンゼルスから南東に八〇キロのミッションビエホに、島流しになっていたのだ。身を寄せていた娘の賃貸アパートには娘のオードラと娘婿のコリン、ティーンエイジャーの孫三人が住んでいる。寝室の数が足りないので、孫息子のジュリアンはドアもない台所のダイニングスペースで寝ている（それでも以前のアパートよりはましだ。以前は二人の孫娘のうち一人が、ウォークインクローゼットのなかで寝ていたのだから）。

リンダは残ったスペースで寝るしかなかった。玄関を入ったところに置かれているソファーがそれだ。そこはさながら孤島だった。家族のことは大好きだが、それでも取り残されたような気持ちだった。しかもジープまで修理工場に入っているので、なおさらだ。リンダが外出の予定に含まれていないときは、みんなが玄関を出る際、どうしたってリンダがいるソファーの前を通る。だんだん、お互いに気まずくなった。おばあちゃん抜きで楽しむのを悪いと思ってるんじゃないかしらと、リンダは心配になった。何でも自分の思い通りにできた、以前の生活も恋しくなった。「私はだれかの家で自分以外の女王様にかしづくよりも、自分の家の主でいたいの。たとえその女王様が娘でもね」リンダは私に、そんな心情を打ち明けた。

それでなくても一家はいくつもの健康問題を抱えていて、精神的にも経済的にも生活はぎりぎりだった。リンダはますます頼りづらくなっていた。孫娘のガビーは体が弱く、よくわからない神経系の不調で、もう三年以上も寝たり起きたりをくり返していた。シェーグレン症候群という自己免疫系の病気だとわかったのはあとになってからだ。孫息子のジュリアンは1型糖尿病で、自己管理が必要だった。娘のオードラもひどい関節炎に苦しんでいる。しかも最悪なことに、大黒柱のコリンがひどい偏頭痛とめまいに襲われるようになり、仕事を辞めざるを得なくなった。

リンダは一時、アマゾン倉庫のキャンパーフォースの求人に応募しようかとも考えていた。キャンパーフォースは季節労働者を雇い入れるためにアマゾンがつくったプログラムだ。だが、前年に同じ仕事をした際、バーコードスキャナーの使いすぎで反復性ストレス障害を発症し、右手首にブドウ粒大のしこりが残っていた。目に見えないダメージのほうは、さらに深刻だった。親指から手首、肘、肩、首まで、右腕全体に焼けつくような痛みが走る。鍋や二〇〇グラム程度のコーヒーカップを持ち上げるだけで、ずきんとくる。重症の腱炎らしいが、病名を知ったからといって苦痛が和らぐわけではない。この腱炎が治らなければ、アマゾンの仕事に戻るのは無理だ。

無一文でソファーの孤島に座礁したリンダは、スクイーズ・インの女主人になる（そしてひとり暮らしをする）未来だけを思い描こうと努めた。こうなる前は、一九九四年モデルのエルドラドを駆って仕事から仕事へと渡り歩いていた。だがエルドラドは全長八・五メートルの大型キャンピングカーで、ものすごく燃費が悪いうえ、すでに廃車寸前だった。そういうわけで、小さいトレーラーハウスに乗り換えるというのは良いアイデアのように思われた。だが、スクイーズ・インには手を入れる必要があった。歴代のオーナーがオレゴンの海岸に放置していたせいで、潮風にさらされて一部の金属パーツは腐食が始まっていた。オレンジ色の錆びが筋を描いているせいで、せっかくのファイバーグラス製の車体も台無しだった。リンダは空いた時間をつかってトレーラーハウスの改修に取りかかった。まず、研磨剤入りのオリジナルクリーナーをつくった。秘密のレシピは、ミキサーにかけた卵の殻を入れること。これで錆び汚れをきれいに落とせた。つぎの仕事は寝心地の良いベッドづくりだ。車内後部の食事コーナーのテーブルを外し、ベンチがベッドの脚になるように考えて、ボール紙で型紙をつくった。近所のゴミ捨て場に新品らしいクイーンサイズのマットレスが捨てられているのを見つけてすかさず回収すると、リンダは魚屋さんが大きな魚の骨をとるみたいに、切り開いて中のスプリングをとり除いた。そして幾重にも重なったパッドの層を引っぱり出し、型紙をあてて油性マーカーで型をとると、カーペット・ナイフで余計な部分を切り落とした。それに合わせてカバーもカットし、全体を——縁どりも何もかも——元どおりに縫い合わせた。中身を詰め戻すと、一八三センチ×九一センチの完璧な小型マットレスができあがった。「これより少しでも狭かったら、この子と一緒に寝るには窮屈だったでしょうね」リンダはキャバリア・キングチャールズ・スパニエルのココを指さして言った。「この子と寝るために、このサイズにしたのよ」

ハンナ・フラット・キャンプ場に出発する前日、私はリンダに「わくわくしている?」と訊いた。そんな当たり前のことを訊くなんて、という顔でリンダは私を見た。「もちろんよ。これまで車もなければお金もない、ソファーの上にいるだけの生活だったんだから」新しい仕事の給料が入るまで、月額五二四ドルの公的年金でなんとかするつもりだった[*2]。いったんはソファーのサイズに縮んでしまった世界が、再び広がりだしたと実感できるのも、まもなくだろう。以前はあたりまえだった自由をあまりに長いあいだ失っていたせいで、路上に出ることで得られる新たな経験や未来の可能性への期待が、いやが上にも高まっていた。さあ、出発だ。

五月六日の朝は、穏やかに曇っていた。リンダは家族の一人ひとりと別れのハグをして「向こうに着いたら電話するわ」と言った。そして愛犬のココをジープに乗せるとカーショップに向かい、ひび割れてだいぶすり減った不揃いのタイヤに空気を入れた。スペアタイヤは積んでいない。つぎはシェルのサービスステーションだ。リンダはガソリンを満タンにし、支払いをしてマールボロ・レッドをいくつか買おうと店に入った。若い店員に向かって、リンダは昔語りを始めた。若い頃は一ガロン二五セントでガソリンを入れてたわ。一ガロン三ドル七九セントもするいまとは大違い。店員は頷いて聞いている。「一ドルもあったら一日じゅう車を乗り回せたものよ」リンダはそう言って頭を振り、微笑んだ。

リンダの浮き立つ気持ちは、何があってもへこまないようだった。ジープに戻ってみたら、インロックしていてドアを開けられなくなっていたにもかかわらず。ココが運転席のドアに前足をかけ、尻尾を振っている。きっとココがロックボタンを押しちゃったのね、とリンダは言った。でも、窓の上には数センチの隙間があった。私は自分の車から持ち手の長い着火用ライターをとってきて、窓の隙間になんとか手を差し込み、ロックを解除した。これで旅が続けられる。

スクイーズ・インはサンタ・アナ山地の向こう側、ペリスの町はずれの倉庫で待機している。サン

＊2　あと数週間でリンダは六五歳になる。そうなると、ただでさえ乏しい給付金は月額四二四ドルに減ってしまう。メディケア〔アメリカ連邦政府による六五歳以上に対する医療保険制度〕の保険料を差し引かれるからだ。

タ・アナ山地は、カリフォルニア州を沿岸部と内陸部の荒涼とした砂漠地帯とに分断する半島山脈のひとつだ。ペリスに行くということは、オルテガ・ハイウェイを通るということ。このハイウェイは州内で最も危険なことで有名で、『ロサンゼルス・タイムズ』の記事に「都会人と、下手な運転と、旧式の道路建設技術とが正面衝突する場所」と書かれたこともあるほどだ。[7] 曲がりくねったこの幹線道は、オレンジ郡とインランド・エンパイア〔カリフォルニア州南部のリバーサイド市とサン・バーナーディーノ市を中心とする都市圏〕間の通勤ルートになっていることもあって、ひどく渋滞することが多い。だが昼のこの時間には、ありがたいことに空いていた。リンダはあっという間に山脈を超え、エルシノア湖の西岸にフジツボの群生みたいに並んでいる六つのトレーラーパークのいくつかを通り過ぎた。三年前にはここにあるショア・エーカーズ・トレーラーパークに、月六〇〇ドルでトレーラーを借りて住んでいたが、そのトレーラーはハイウェイから湖畔に至る小径の、ひび割れたアスファルトの上に置かれていたという。

リンダはディスカウント・ストアのターゲットに寄り、次に年金が入るまでの一週間分の食料を買い込んだ。大きな紙箱入りのクエーカー・オーツ〔朝食用シリアルの一種、オートミールの商標名〕、玉子を一ダース半、牛ひき肉、ソーセージ、ハンバーガーバンズ、クラッカー、ナッターバター〔ピーナッツバターをサンドしたクッキー〕、トマト、マスタード、それに牛乳二リットル弱。仕事が始まるまでまだ二、三日あるが、リンダは駐車場から上司に電話を入れた。責任感と熱意を知ってもらいたいのだ。いまそちらに向かっています、とリンダは言った。明るいうちに着けると思います。

上部に有刺鉄線を張り巡らし、日光で色あせた星条旗を並べた金網のフェンスを通り過ぎると、国道七四号線に面した北側の保管スペースで、スクイーズ・インが待っていた。リンダがゲートの中に車を乗り入れると、白いヴァンダイク髭を生やした痩せた男が出迎えた。ここの管理人で、ルディという。ルディと冗談を言い合いながら、リンダはするべきことをひとつひとつ頭のなかでチェックし、トレーラーの準備をした。「おれの記憶の容れ物はスチール製さ。なんにも入らないかわりに、なにひとつ逃さないぜ」ルディは軽口をたたいた。リンダがトレーラーからあまりに急に降りたせいで車体が傾いたときも、二人はおしゃべりを続けていた。スクイーズ・インは一本しかない車軸のうえでシーソーのように揺れ、後部が地面にぶつかってしまった。「朝に食べたシナモンロールがよけいだったね」ルディがからかうと、リンダは体勢を立て直して言った。「ああ、びっくりした！」幸いなことに、リンダもスクイーズ・インも無事だった。

リンダはトレーラーの前部にラックをとりつけて、そこにプロパンガスのタンクを二つ載せた。このプロパンガスが冷蔵庫、コンロ、小型暖炉の燃料になる。最後はルディも手伝って、スクイーズ・インをジープに連結した。リンダはエンジンをかけ、まずは用心深く前進した。それからルディに手を振り、ゲートを出た。古い広告のうたい文句そのままに、トレーラーは「子ネコのように従順」についてきた。

◆

リンダがサン・バーナーディーノ山地の最初のつづら折りで消えてしまったとき、私は起こりうる災厄のありったけを、めまぐるしく思い描いた。単なるエンストかもしれない。でなければタイヤの空気が抜けたのかも。そうだとするとスペアタイヤがないから困ったことになる。タイヤが破裂してたらどうしよう。想像はどんどん悪いほうへ向かった。スクイーズ・インの連結が外れて、すごい勢いで坂を転げ落ちてたらどうしよう？　映画『テルマ&ルイーズ』のリメイク版のクライマックスみたいに、ジープがカーブを曲がりそこねて崖下に転落していたら？

引き返してリンダを探そうと車のエンジンをかけたとき、電話が鳴った。「すぐに追いつくわ」リンダが言った。カーブを曲がってきた彼女を見て、私はものすごく安心した。でも、ほっとした気持ちは長くは続かなかった。リンダは車を停めると、トレーラーに起きた異変を指し示した。プロパンガスのラックが空になっている。急カーブで、二つとも落ちてしまったのだという。一つはホースにつながったまま引きずられてスクイーズ・インの後部にぶつかり、ファイバーグラスの外殻に直径一〇センチ以上もある穴をあけていた。もう一つは完全に外れてしまい、燃えやすい回転草〔風で野原を転がる球状の植物〕みたいに道路を横切っていったのだそうだ。リンダの後ろにぴったりつけていたタンクローリーはハンドルを切ってプロパンタンクをよけてから、スピードをあげてリンダを追い抜いていった。リンダは幸運にも車を寄せられるスペースをみつけて、そこに車を停めた。プロパンタンクが道の反対側に落ちているのが見えた。リンダは状況をよくよく考えた。ここは見通しの悪いカーブの先端なので、走ってくる車からは見えないだろう。リンダは、大急ぎで道を渡ってタンクをとってきたい衝動をこらえた。「あのタンクは二〇ドルした。だけど、私という人間に値段はつけられない」と考えたのだという。リンダは残ったタンクをホースから外して、トレーラーの中にしまいこんだ。

かくして大惨事になりかねなかったところを回避し、リンダは山を上り続けた。アローベア湖を過ぎ、ランニング・スプリングスの集落を通り抜ける。アルペンスキーのコースがあって、冬はスキーヤーやスノーボーダーでにぎわう場所だが、いまここを訪れているのはマウンテンバイカーやハイカーだ。ビッグベア湖のダムを通り過ぎる。一〇〇年の歴史があるこのダムは、積雪を水源としている。リンダはダムの北岸に沿って進み、ハクトウワシの生息地に入る。グラウト湾と小さな町が見えてきた。町の名前はフォーンスキン。二〇世紀初頭にここを開発した業者が、「グラウト」なんて名前では行楽客に受けないと考えてつけた町名だ(8)〔グラウトは壁の割れ目に注入する補修材〕。フォーンスキンにはよろず屋があって、野生体験を楽しみにやって来る観光客が欲しがりそうなものをすべてとり揃えている。釣り具、ビールの保冷カバー、小型のそり、タイヤチェーン、寝袋、日傘、それにショットガン型のビンに入った、お土産用のお酒。(「テキーラショットだよ」とレジ係が教えてくれた)。近くの町営公園には、ファイバーグラス製の制服姿の男性像がたくさん並んでいる。野球選手、インディアンの酋長、カウボーイ、消防士、戦闘機パイロット、海賊、ハイウェイ・パトロールの隊員などなど。みんないまにもY・M・C・Aを歌いだしそうだ。「彫像がこんなにたくさん!」後日またフォーンスキンに行ったとき、リンダは歓声をあげた。「でもどうして女の人がひとりもいないの?」そう言ってから、幌馬車につながれた二頭の牛の像に気がついた。この牛はきっと女性よ、だって男性のシンボルが見えないし、働いているのはこの子たちだけだもの、とリンダは言った。以来彼女はこの公園の前を通るたび、声をかけるようになった。「また会ったわね、お嬢さんたち!」

　リム・オブ・ザ・ワールド自動車道を走っているとき、ある邸宅の前を通った。鍵のかかったものものしい門の向こうに奇妙なほど小ぎれいな芝生が見えて、「進入禁止」の札が立っている。リンダはジープの速度をぐっと落とし、コクシー・トラック道に入った。これまで走ってきたアスファルトの道とちがって、未舗装のでこぼこ道だ。道の両脇には大きな石や釣り鐘型をしたピンク色の花をいっぱいに咲かせたマンザニータ〔ツツジ科の常緑低木〕のあいだから、ウエスタン・ウォールフラワー〔アブラナ科の多年草〕の黄色い花が顔を突き出している。二〇〇七年の山火事「バトラーII」〔九月一四日から一〇月一日にかけてサン・バーナーディーノ一帯で起きた大規模な山火事の呼称。米国人は主だった山火事に人名の呼称をつける〕の名残りも見られる。焼け焦げた木の幹が、巨大なヤマアラシのとげのように地表から突き出ている。火は森を六〇〇〇ヘクタールちかくも呑み込み、その中にはハンナ・フラット・キャンプ場もあった(9)。その後、キャンプ場は修復のために二〇〇九年まで閉鎖されていた。リンダはキャンプ場に近づいてもスピードを落としたまま、でこぼこ道に集中して、土に深く刻まれてかちかちに固まったわだちを避けて進んだ。スクイーズ・インはがちゃがちゃと揺れながら後をついて行った。

　キャンプ場の入り口に着いたのは六時頃で、まだ明るかった。ここハンナ・フラットの標高は二一三三メートル。今朝後にしてきたミッションビエホより一六〇〇メートル以上も高い。そのぶん気温は低く、空気は薄かった。リンダは掲示板を見つけてジープから降り、読んだ。ヘビに注意すること、キャンプファイヤーの火は完全に消すこと〔「最後の最後まで、完全に消火しましょう」〕、オーク類を食べるカミキリ虫や、漏脂胴枯病や急性枯死の原因となる病原体など、生態系を破壊する外来生物がついた薪を外部から持ち込まないこと、という注意書きがあった。キャンプ場全体の大きな地図もある。一泊二六ドルで借りられる八八のキャンプサイトと、それらを周回するルートが描かれている。番号のない大きな区画が一つある。入り口のすぐ近くだ。見ると、いくつかの設備があった。舗装された駐車スペース一台分、水道の蛇口とコンセント、ピクニック用テーブル一台、キャンプファイヤーの火床が一つ。その手前の、ヒアリに侵食されて朽ちかけた切り株のそばに、「キャンプ場スタッフ」と書かれた看板があった。
リンダはこれから四カ月間、ここに住むのだ。

◆

仕事の初日のほかにも、リンダが首を長くして待っていたものがあった。一緒に働く予定の友人だ。名前はシルビアン・デルマース（60）。キャンプ場スタッフをするのは初めてだが、やってみたくてうずうずしている。「リンダ・メイが一緒なら、矢でも鉄砲でもどんと来いよ！」数カ月前、彼女はそう宣言していた。住んでいるのは、一九九〇年モデルのフォードE350エコノライン・スーパークラブワゴンだ。以前は高齢者用送迎車や受刑労働者の作業車として使われていたこの有蓋トラックを、シルビアンはクレイグスリスト〔不用品の売買、求人、仲間の募集などの広告を個人が書き込める、インターネット上のコミュニティサイト〕で見つけた。ヘッドガスケットはしょっちゅう漏れるし、ブレーキは効きが悪いし、パワステホースはひび割れが進行中、タイヤはすり減っているうえ、エンジンスターターは不吉な摩擦音を立てる。おまけに助手席側に日が当たる角度によっては、ずっと昔に塗り重ねた塗料の下に「ホルブルック高齢者協会」の文字が透けて見える。

仲間の二人が車の愛称を考えてくれた。ひとりは「クイーン・マリー」がいいと言い、もうひとりは「エスメラルダ」を提案した。どちらか一つを選ぶのはしのびなかったシルビアンは、「クイーンマリア・エスメラルダ号」と命名した。そして色とりどりのスカーフ、刺繍入りのクッション、クリスマス用の豆電球、グアダルーペの聖母の絵入りろうそくを供えた祭壇、ライオンの頭をもつ古代エジプト最強の女神セクメトの小像を置いて、内装を一変させた。この有蓋トラックで暮らすようになるまでに、シルビアンはいくつもの困難に襲われた。それまで乗っていた車は盗まれる、手首は骨折する（しかも医療保険に加入していなかった）、ニューメキシコの家はちっとも売れない、といったぐあいに。「街中で初めて車中泊をするときって、ひどい落伍者かホームレスになった気がするものよ」とシルビアンは言う。「でも、人間てすごいわよね。何にでも慣れちゃうんだから」

シルビアンとリンダの出会いは一年半前、リンダが手首を痛めたアマゾン倉庫の深夜勤だった。シルビアンはタロット占いができたこともあって（ほかにも社内保健管理士、ウエイトレス、店員、鍼灸師、ケータリングの経験があった）、クイーンマリア・エスメラルダ号に住むに至った数々の不運は、神さまのご意思だったのだと思うようになった。神は、私がさすらいの人生を送ることをお望みなのだ、と。（彼女はブログ『Silvianne Wanders〈さすらいのシルビアン〉』に、この成り行きについて次のように書き込んでいる。「引退するにはちょっと早すぎるベビーブーム世代ですが、持っていたふつうの家〈元は炭鉱夫が使っていた山小屋でしたが〉も、三つ掛け持ちしていたパートの仕事も、生活が保障されるという幻想も、すべて手放します。ぼろぼろになったアメリカン・ドリームの残骸がいまだにそんな幻想を見せてこの悩める魂を惑わせますが、もう信じません。私の目標は、タロット占い師として、〝呪術的な力をもつ占星術師〟として、そしてずっとなりたかった〝宇宙の変革を促す者〟として、路上に出てさすらいの冒険に生きることです(10)」）

シルビアンは「クイーン・オブ・ザ・ロード」と題する車上生活者の賛歌を書いた。初めてそれを聞かせてもらったとき、私たちはチキンナゲットの衣を剥がして、シルビアンの飼いネコ、緑の瞳のレイラに食べさせていた（衣を剥がさなければ、レイラは決してナゲットを食べない）。アリゾナ州のとあるバーガ

クイーンマリア・エスメラルダ号でのシルビアン

ーキングの駐車場に停めたクイーンマリア・エスメラルダ号のなかでの、インタビューだった。「クイーン・オブ・ザ・ロード」はロジャー・ミラーの「キング・オブ・ザ・ロード」の替え歌だ。シルビアンはアリゾナの国道九五号線をひとりぼっちで走りながら歌詞を作り、何度か推敲をくり返した。最新の歌詞は次のとおり[11]。

古いおんぼろのハイトップキャンパー
まるで大きな缶詰暮らし
家賃も　規則も　男もいらない
どんな土地にもしばられない

夏の楽しみは涼しい木陰で
冬の楽しみは砂漠の日差しのなか
老いたジプシーの新たな夢は
クイーン・オブ・ザ・ロード！

友達は言う　気はたしかかって
そっちこそ　よく退屈しないもんだわ
哀しく歌う日があってもいい
生き方を自分で選べるなら

新天地への聖なる探究の中で
すべての土地は神聖な土地
その気になって見回しさえすれば
われらクイーン・オブ・ザ・ロード！

私は知っている　西部五州のどんな裏道も
尻込みはしない　それが孤独な道だとしても
私は求める　どんな小さな町のどんな変わった話も
どこへでも行く　歩みは遅くても

燃費の悪い私のハイトップキャンパーで
怖くなる日はあっても、退屈だけはない
やっと自由になったんだから

世間の有象無象から！
心の支えは大きなネコ
その名もかわいいレイラ
そんなに野性的じゃない　だけどおとなしすぎもしない
われらクイーン・オブ・ザ・ロード！

リンダがハンナ・フラット・キャンプ場に着いたとき、シルビアンはまだ、南に二時間も離れたエスコンディードにいた。友人の家の敷地内にクイーンマリア・エスメラルダ号を停めていたので、洗濯機も熱いお風呂も借りられる環境だった（車上生活者のスラングで言うところの「私道サーフィン」だ）。所持金が残り四〇ドルまで減ってしまい、この一〇年持ったことのなかったクレジットカードが郵送されるのを待っていたのだ。

キャンプ場での最初の二、三日は平穏に過ぎた。だが、コヨーテの目撃情報がいくつかあったほか、ピューマもいるという噂だった。五センチほどの積雪もあり、リンダはヒーターを入れてスクイーズ・インを暖めた。失くしたプロパンガスのタンクも買い直した。冷蔵庫には人気コメディー番組『メイベリー110番』の登場人物ビーおばさんの写真のマグネットを飾った。「ビーおばさんに見られているつもりで日々を過ごそう」と書いてある。マグネットで止めたのは、さすらいのユダヤ人を自称する詩人ランディ・ヴァイニングの、放浪の人生を讃える詩「A Full Set of Stuff（所持品一式）」。こんなふうに始まっている。「私の人生はいつも所持品一式を抱えての移動だ／所持品の量は必要以上でもなければ以下でもない」[12]リンダは読書家だ。やはり車上生活をしている友人に『森の女――アディロンダック山の一人暮らし』[13]を勧められ、むさぼるように読んだ。著者は生態学者のアン・ラバスティール。ソローの『森の生活』の影響を受け、わずか六〇〇ドル分の木材だけで自力で山小屋を建てたという。リンダは著者の独立精神と生活の質素さに驚嘆しつつ読み終えた。次にとりかかったのは『理想を現実化する――ヴィジョンとリアリティのあいだの壁をどう乗り越えるか』。起業家向けの大部の自己啓発本だ。充実した未来を築くための助言に、リンダはざっと目を通した。それからいつも寄り添って寝ているココと、ベッドの上でじゃれ合った。ときどき、ココはすごい勢いでリンダの顔を舐める。「情熱的なキスだこと！」リンダは言う。「そんなに舐めたら舌がすり減っちゃう！ リトレッド〔すり減ったタイヤのゴムを張り替える技術〕が必要になったら、だれがお金を出すと思ってるの？」

シルビアンが到着する予定の日曜日、リンダは小ざっぱりするために一番近くのシャワー施設に出かけた。八キロほど離れたビッグベア湖畔の、セラーノ・キャンプ場だ。軽量コンクリートブロック製の個室は凍えるほど寒い。節水のためにお湯は途切れ途切れにしか出ないようになっているので、同じボタンを何度も何度も押し直さないとシャワーを浴びられない。駐車場に戻ったリンダは日光のなかで長い巻き毛を梳《と》かし、シャンプーのコマーシャルみたいにさっと跳ね上げた。「私の髪、まだつやつやかしら？」とリンダはおどけた。

その日の午後、シルビアンが到着した。フリーダ・カーロの自画像をプリントした辛子色のTシャツに、パッチワークのフレアスカート、ピンクのレギンス、スエードのモカシンというでたちだ。リン

雪の綿帽子をかぶったスクイーズ・イン。ハンナ・フラット・キャンプ場にて

ダをハグしてスクイーズ・インの中をのぞき込み、「写真のほうが大きく見えるわね！」と言った。シルビアンは背が高くほっそりしている。白髪が混じりだした茶色のくせっ毛の前髪はおかっぱに切ってあり、後ろに止めたバナナクリップから巻き毛がいく筋かはみ出している。スクイーズ・インに入るときは身をかがめなくてはならなかった。でも、スクイーズ・インに住むのがどれほど快適か、リンダはシルビアンを相手に熱弁をふるった。昔住んでいたキャンピングカーで恋しくなるのは、シャワーとトイレだけだという。トイレはバケツで代用しているが、いまのところ問題はなさそうだった。

　月曜日の朝八時半、キャンプ場スタッフ向けの二日間のオリエンテーションが始まった。会場はアメリカ森林局が運営する教育用施設、ビッグベア・ディスカバリーセンターだ。参加者をねぎらうため、カリフォルニア・ランド・マネジメントの社員が個包装のチョコパイを一人ひとりに配った。でも参加者が一番楽しみにしていたのは、無料で振舞われる昼食だ。一日目はホットドッグ、二日目はファーストフード店エル・ポヨ・ロコのチキンが出た。食べもののほかに、会社のオペレーション・マニュアルも配られた。三五〇ページもあるえび茶色の三穴バインダーで、それを見ながら、これから始まる仕事の概要の説明を受ける。「キャンプ場は、包装用のセロハンの小さな切れ端、アルミホイルのかけら、タバコの吸い殻など、どんな小さなゴミも残さないように掃除してください。キャンプサイトに躓きの原因となるものがあれば、とり除いてください。とりわけ高いジェフリー松の木から落ちてくる松ぼっくりは、大きさがグレープフルーツほどもありますから注意してください」避けるべきミスを警告するために、過去の失敗事例もとりあげられた。「火床の灰をすくうときに残り火のチェックを忘れて、ゴルフカートを燃やしてしまった人もいます。同じ失敗をしないようにしてください」「熊よけのチェーンをつなぎ直そうとごみ収集箱に登って、肋骨を骨折したスタッフもいました」。「それ、私のことよ！」リンダが声をあげた。話していた上司は本人が会場にいるとはつゆ知らず、しまったという顔をした（前年の夏、リンダがカリフォルニア州マンモスレイクスで働いていた際の事故だった。そのあとしばらく、リンダは何をしても痛かったという。息をするのも、掃き掃除をするのも、でこぼこ道でゴルフカートを運転するのも、かがむのも、お客さんと一緒に笑うのさえも。友人や家族が医者に行けと言うので診てもらうと、「肋骨が折れています。治るまでは四、五キロ以上のものを持たないように」と言われたそうだ）。

水曜日の朝八時、リンダとシルビアンは初日の仕事にとりかかった。二人ともお揃いの制服に身を包んでいる。左胸に山頂のマークの刺繍があるカーキ色のウインドブレーカーに、茶色のズボンだ。この組み合わせは、一見すると森林警備隊員に見える。手におえない客に対する、ちょっとしたカモフラージュなのだそうだ。シルビアンは何時間も前から起き出した。毎朝恒例の健康療法のためだ。解毒作用のあるハーブティーを飲み、瞑想し、それから朝食をとる。朝食に限ったことではないが、砂糖、肉、乳製品、精製された穀物は口にしない。右目の下にできた基底細胞がんを治す一助になればと、実践しているのだ。二人のゴルフカートには仕事道具が積まれている。レーキ（柄の長い熊手）二本、ほうき二本、シャベル一本、灰を入れる金属缶、掃除用品でいっぱいの、プラスチック製のバケツ。ツアーの宣伝用のチラシもある。パラセーリング、ヘリコプター、セグウェイ、ジップライン（木々の間に張られたワイヤーロープを滑車を使って滑り降りる）、四輪駆動車でのオフロードツアー、それに足漕ぎボートの「自由の女神号」といった乗り物に乗る、高価な冒険ツアーの宣伝だ。ゴルフカートの操縦を習ったばかりのシルビアンは、大喜びで運転している。リンダは助手席に乗っている。ひんやりした明るい朝だ。松の梢を通して日の光が差し込んでいる。カラスが枝にとまっている。マミジロコガラが三音だけのメロディーを歌っている。マザーグースの「スリー・ブラインド・マイス（三匹のねずみ）」のメロディーだ。木の根元では、地面を覆った松葉の間からスノープラントが顔をのぞかせ始めている。菌をつかって針葉樹の根から栄養をとり、春遅くアスパラガス型の茎のまわりに真っ赤な花をつける植物だ。トカゲが砂利の上をすばやく横切っていく。ゴルフカートが近づくと、慌てたジリスが次々に巣穴に飛び込む。

リンダはいろいろな仕事のコツを知っていて、この種の仕事に馴れているのは一目瞭然だ。屋外トイレを掃除するときは、スプレー洗剤で湿らないように、トイレットペーパーの山にペーパータオルをかぶせる。スプレー缶入りのクッキングオイルか防錆剤（ただしクッキングオイルのほうが安い）を買ってこなくちゃ、と言う。便器の内側の傾斜面をそれでコーティングしておくと、汚れがこびりつきにくくなるからだ。ゴミ箱を空けたあと、新しいビニール袋をへりから落ちないように手早くセットする方法も、実演してみせてくれた。ピクニックテーブルの周りの地面をレーキでならすときは、ひと掻きごとに手首を返す。「こうすれば切れ目がなくなって、自然に見えるでしょ」とリンダは説明する。

目もあてられないほど散らかり放題のキャンプサイトがあった。広げたままの寝袋、トイレットペーパーが一巻き、それにカップヌードルの空き容器がいくつも地面に散乱している。調理用の火も消されずに残っている。リンダとシルビアンは、ジョッキで代わるがわる水をかけた。煙と蒸気が立ちこめ、二人は咳き込みながら、なおも水をかけ続けた。ついに燃えさしがしゅうしゅう音をたてた。埋《うず》み火が残っていてまた燃え上がるといけないので、二人は熱いどろどろの灰を念入りにシャベルでかき回した。ここを使っているのは二〇代の男性のグループで、その日のうちにハイキングから戻ってきた。凍えていたが、火床は水浸しだ。雪の予報が出ていたにもかかわらず、一人は半袖姿で上着を持ってきておらず、別の一人は一足しか持ってこなかった靴でハイキングしていたが、なんとそれは寝室用のスリッパだった。若者たちが火をおこそうと躍起になっているところに、リンダが通りかかった。「ここを離れるときは、灰のなかに手を入れられるまで、完全に火を消して行く決まりです」リンダは辛抱強く説明した。「見つけたのが私たちで、運が良かったんですよ」。森林警備隊に見つかっていたら、罰金を課されていただろう。「すみません」「本当にごめんなさい」と若者たちはしきりに謝った。

リンダとシルビアンは週に二日、ハンナ・フラット・キャンプ場全体を二人で受け持った。その他三日は、この周辺に詳しい別のスタッフが一部を分担した（そのスタッフは去年もここで働いていて、そのとき起きたことを面白おかしく話した。星条旗を体に巻いた露出狂が——星条旗の他は何も身に着けずに——走り回って、警察に連れて行かれたそうだ）。勤務時間のほとんどは一八カ所の屋外トイレと八八のキャンプサイトの清掃に費やされたが、ほかにも到着するキャンプ客のチェックインや使用料の徴収をしたり、予約済みの区画に予約札を掛けたり、ハイキングのアドバイスをしたり、ちょっとした喧嘩の仲裁をしたり、火床の灰を掻き出したり、報告書を書いたりといった仕事があった。薪を買いに来るキャンプ客もいる。薪は束ねてスタッフの詰め所の籠に鍵をかけて入れてあり、ひと束八ドルで売っているが、客はたいてい何も買わずに帰る。リンダとシルビアンが、薪は「三つのD」を守って森で集めればいいと教えるからだ。三つのDとは、「Dead《枯れた》、Down《落ちた》、Detached《ばらけた》」のDだ。

ひととおり巡回を終えると、リンダは息切れがして、仮眠が必要になることもある。「キャンプ場スタッフ」と書かれた看板のすぐ横で寝起きするのは楽ではない。キャンプ客の要望に四六時中ふりまわされる。では、休憩時間はいつなのだろう？　何か用事がもち上がったときスタッフとして居合わせれば、対処せざるを得ない。キャンプ客がトラックを二台連ねて夜一一時半に到着したときも、彼らはまっすぐクイーンマリア・エスメラルダ号にやって来て、チェックインしてくれとシルビアンを起こした。夜間の「静粛時間」を守らせ、騒音への苦情に対処するのもスタッフの仕事だ。リンダは友好的に先手を打つことにしている。いかにもどんちゃん騒ぎをしそうな客がやって来たら、到着してすぐにこう言う。「どうぞお楽しみください。でも夜一〇時以降はお静かにお願いします」。キャンプサイトにビール瓶が散乱していても、片付けを要求したりしない。「大きいゴミ袋を持ってきましょうか」と親切に申し出るのだ。

リンダとシルビアンは週に四〇時間、フルタイムで働く約束で雇われた。だが、契約どおりに働ける保証はない。仕事開始から半月後、上司が突然「予約が減っていて、コストを削減しないといけない」と言いだした。これから二週間は二人の勤務時間を予定の四分の三に減らすというのだ。そうなるとリンダの週給は二九〇ドルを切ってしまう（リンダがもらっている復職手当がつかないシルビアンは、それよりさらに少ない）。

この低賃金の仕事が不安定で、ときにオンとオフのさかい目もないことに、リンダとシルビアンは不服を申し立てなかった。だが、他のワーキャンパーはちがう。キャンプ場スタッフのあいだでよく聞かれるのが、定められた勤務時間を越える長時間労働が前提になっているという不満だ。二〇一六年には、初めてカリフォルニア・ランド・マネジメントに雇われたという六〇代の男性が、仕事場からeメールをくれた。「キャンプ場スタッフの仕事は滅入ることばかりだ。〝上〟の言うことは矛盾している。週三〇時間の契約だったのに、週によっては四五時間以上働かされている。文句を言ったら規定の勤務時間を減らされた」。しかも、それまでの超過勤務分は支払われなかったという。

この話は、キャンプ場スタッフをしていた六〇代の夫婦が二〇一四年に法律関連のニュースサイトで語った話と一致している。[14] グレッグとキャシー・ヴィラロボスはカリフォルニア・ランド・マネジメントとサウザンド・トレイルズの二社に雇われてキャンプ場スタッフをしたが、どちらの場合も、終業時間後もタイムカードに記録を残さず働くことが要求されたという。「これをお話しするのは第一に、他のシニアのみなさんを同じ目に合わせたくないからです。そして、こういう不正をやめさせたいからです。まったく言語道断です。業者は連邦政府の下請けなのですから、なおさら腹が立ちます」とグレッグは語っている。

二〇一五年にカリフォルニア・ランド・マネジメントで仕事をした別のワーキャンパーはYelp〔イェルプ〕〔アメリカでよく知られる、ローカル・ビジネスに関する口コミサイト〕で、この会社に星一つの評価をつけた(15)。夫と一緒に一日一二時間かそれ以上働くのもしょっちゅうだったが、タイムカードには八時間以上記録してはいけないと言われたという。「どうしても収入が必要な高齢の夫婦にこんなことをさせるなんて、まちがっています。調査してください！」と彼女は訴えている。

民間業者に営業許可を与え、公共キャンプ場の管理を任せているアメリカ森林局も、苦情を受け取っている。私は情報公開法に基づき、森林局太平洋岸南西地域オフィスにその閲覧を申し込んだ。書類はずいぶんたってから、やっと届いた。見ると、従業員の氏名、年齢、連絡先は、検閲で黒く塗りつぶされている。カリフォルニア・ランド・マネジメントで働いて一四年になるというある従業員は、暑さのなかで働くスタッフに飲み水の支給がない、という苦情を訴えていた。「季節雇いの農場労働者でさえ日陰と冷たい飲み水は与えられるのに、森林局のために働いている我々に飲み水の支給がないのはなぜですか」と書かれたその陳情書には、シエラネバダ山麓の二カ所のキャンプ場〔アッパー・コーヒーおよびロウアー・コーヒー・キャンプ場〕を一人で任されたあるスタッフの苛酷な状況が詳しく説明されている。夏の気温が摂氏四二度に及ぶなかで働いた「そのスタッフはすでに二度、熱中症で救急搬送されました」と。「しかも長時間の時間外労働をしていますが、上司から残業の記録を残さないよう言われています。他の従業員も、きっと同じ扱いを受けていると思います」

もう一通、カリフォルニア・ランド・マネジメントに雇われてセコイア国立森林公園でキャンプ場スタッフをした人が書いた陳情書がある。

私は移民労働者のようなひどい扱いを受けました。週四〇時間、時給八ドル五〇セントで働く約束で採用されましたが、実際の労働時間は毎週五、六〇時間におよび、それでもお給料は四〇時間分しかもらえませんでした。時間外手当はもちろん、基本給さえもらえない、まったくのサービス残業です。つまりカリフォルニア・ランド・マネジメントは、最低賃金すら支払っていないのです。ここで言う「働いた時間」には、待機時間や空き時間は含めていません。一日に八時間、休みなく必死で働かないと、ヒューム・レイク、プリンセス、ストーニー・クリーク、テンマイル、ランズライドの全キャンプ場の清掃はできません。レーキで掃き、ゴミを拾い、膨大な数の汲み取り式トイレを日に何度も清掃し、キャンプファイヤーの火床の灰を始末し、道路の落ち葉をブロワーで吹き飛ばすのです。それと並行して、受付の仕事も夜九時近くまでありますす。最初の一週間は六日間続けて、日に一一時間から一二時間働きました。何度か苦情を申し入れたところ、(上司は)私を「役立たず」呼ばわりして「つべこべ言うな」「とっととオレゴンに帰れ」と言いました。

私はカリフォルニア・ランド・マネジメントに手紙を書き、こうした苦情について問い合わせた。すると社長のエリック・マートから、こんな返事がきた。「はっきり申し上げます。我が社の雇用方針、従業員教育、標準的運営手順については、すべて書面にして全従業員に配布していますが、そのどれもが、そういう苦情と矛盾します」と社長は言った。カリフォルニア・ランド・マネジメントは少なくとも三件の苦情に関しては調査を行ったが、申し立てが裏付けられたケースは一件もなかった、と社長は続けた（だが、実際にはそのうちの一人が未払い分の弁済を受けている）。マネージャーが従業員の賃金の一部を支払わずに役立たず呼ばわりしたケースについては、アメリカ森林局の調査が入ったという話だった。

だが、連邦政府の職員の話はそれとはまったくちがっていた。三人の苦情申し立てについて森林局に問い合わせたところ、森林局はそうした苦情には直接関与しないという。陳情書は対象の下請け会社（この場合はカリフォルニア・ランド・マネジメント）に転送することになっている。それが森林局の正式な方針なのだ。公有地での営業許可を与え、更新している森林局が、公有地の管理運営の最終的な責任を負っているにもかかわらず。

「民間企業に対して労働基準法違反や差別、その他もろもろに関するどんな苦情が寄せられようと、森林局にはそれに対処する権限も、調査する権限もありません」ジョン・ハイル報道官のeメールにはそう書かれていた(16)。

私はメールのお礼に電話をかけ、その姿勢は森林局にとって本当に望ましいものなのかと尋ねた。

「従業員が働いているのは森林局が認可した企業ですよね。であれば、表向きは森林局の監督下にあるわけです。それなのに全くコントロールが及ばないのは、おかしな話だと思うのですが」

ハイル氏は言った。森林局の規定を調べたところ、すべての書状は営業許可をもつ下請け会社に転送する決まりになっています。それ以上、お話しすることはありません。

リンダがハンナ・フラット・キャンプ場に慣れるあいだの二週間半、私もキャンプ場に滞在して彼女の仕事を観察した。夜はトレーラーに何時間もお邪魔した。リンダはこれまでの人生を少しずつ、何度にも分けて語ってくれた。リンダは三人兄弟の一番上で、父母が（いろいろと欠点のある親ではあったが）大好きだった。父親はサンディエゴの造船所で機械の修理工をしていたが、酒飲みで、何度仕事をもらっても長続きしなかった。母親は長らくうつ病を患っていた。家族は年に七回も引越しをし、あちこちのアパートを転々としたのちに、サウスダコタ州ブラックヒルズにいた親類を頼ってカリフォルニアを離れた。一家はトラックで東に向かったが、リンダと両親、二人の弟、ダックスフントのピーター・ジョンズ・ペリー、それに家財道具を詰め込んだトラックはぎゅうぎゅう詰めだった。ちょうどその頃、母は歯を何本か抜かなければならなかったが、「父の収入では母に入れ歯をつくってあげられなかったの」とリンダは言う。「そうやって家財一式といっしょに、トラックの荷台にすし詰めになったわけ。歯のない母と、子どもが三人と、あのしょうもない犬とでね」

やがて、リンダの父親はどんどん怒りっぽく、暴力的になっていった。夕飯の席では、取り分け用の大きなスプーンで末の弟の頭を叩くこともあった。母親のことも殴り、階段の上から投げ落とし、「ボロ人形のようにこづき回した」。そうした喧嘩の最中に、七歳ぐらいだったろうか、リンダは寝室に逃げ込み、二段ベッドの上段の隅に身を潜めた。そのとき、自分に誓った。「私は絶対に、こんな結婚はするものか」

だれも知らなかったが、その頃リンダは失読症に悩んでいた。学校から届いた成績表には「大学に行ける能力はありますが、やる気に欠けます」と書かれていた。リンダ自身、自分は欠陥品だと思っていた。岸にいる人の目には努力もせず水に浮いているだけに見えたかもしれないが、水面下では必死に足を掻いていたのだ。

リンダは高校を中退したが、最終的には高卒認定資格のほか建設技術資格と準学士号を取得した。彼女が経験した仕事はトラック運転手、ホステス、施工管理をする現場監督、フローリング店の経営者、保険会社の役員、建築検査官、国税庁の電話相談員、外傷性脳損傷施設の介護職員、犬のブリーダー兼犬舎清掃員（これは政府のシニア向け雇用促進プログラムで得た仕事だった。そのときシーズー犬に噛まれた傷跡が、いまも残っている）、狩猟小屋でのアヒルやウズラの羽むしり係など、多岐にわたる。しかもリンダは、ほぼ独力で二人の娘も育て上げたのだ。

私はひと言も聞き漏らさないように、ひたすらリンダの話を聞いた。私には答えを知りたくてたまらない疑問があって、そのヒントになるのではという期待もあった。働き者の六四歳の女性が、どうして家も終の住処もなく、不安定な低賃金の仕事に頼ることになってしまったのか？　雪がやんでは降りつづく、どこにピューマが潜んでいるかわからないような標高二〇〇〇メートル以上の山の中で、小さなトレーラーに住み、トイレを磨いているなんて。しかも、いつでもその気になれば労働時間を減らし、クビにすることさえできる雇い主の言いなりになっているなんて、どうしてだろう？　そんな暮らしをしていたら、未来はどんなふうに見えるのだろう？

答えが見つからないまま、私の帰宅の日が来てしまった。余った食料品は残していくことにした。冷製肉のスライス、トマト、玉子、ベーコン、チーズ、ケール、スープ、人参、トルティーヤ。そのほとんどはリンダのものになった。シルビアンは食事制限をしているからだ。

「すごく助かるわ」リンダはさばさばと言った。「お給料日まで、あと一〇ドルしかなくなっちゃったから」

私が荷造りをしているあいだに、リンダとシルビアンはキャンプファイヤーの火をおこしてくれた。二人が焚きつけにしていたのは使用済みの事務用紙だった。予約済みのキャンプサイトを確認するのに使った到着報告書のコピーの山は、燃やすかシュレッダーにかけるかすることになっている。この煙が天にメッセージを届けてくれるとしたら、どんなメッセージかしら？　私が言うと、リンダが答えた。

「キャンプに行ったよ！　とっても楽しかったよ！　トイレはぴかぴかだったよ！　ってとこね」

日が西に傾き、空気が冷え込んできた。すでにフード付きのセーターとフリースの裏地のついた上着を着込んでいたリンダとシルビアンも寒さに身震いし、夕食を始めようと言った。その晩はもう、客の到着予定はなかった。入り口に「満員」の立て札も立ててある。

そこで私はさよならを言い、車をスタートさせた。二人は手を振って見送ってくれた。「お客さんが山火事を起こさないよう、気をつけてね！」私は叫んだ。リンダは首を振って叫び返した。

「そんなことになったら失業よ！」

第2章　八方塞がり

二〇一〇年の感謝祭の日――リンダのノマド人生が始まる以前のことだ――、アリゾナ州ニューリバーで暮らしていたトレーラーハウスの中に、六〇歳のリンダ・メイは一人で座っていた。孫もいる白髪のおばあちゃんだが、光熱費を払う余裕がなく、電気も水道も止められていた。仕事は見つからなかった。失業保険も使い切った。低賃金の仕事を転々としながらリンダが長年身を寄せていた長女の一家は、最近アパートを引っ越した。こんどのアパートは以前より手狭で、六人家族に寝室が三つだけ。もう一緒に住むのは無理だった。リンダは暗いトレーラーハウスに閉じ込められ、どこにも行き場がなくなった。

「ありったけのお酒を飲んで、プロパンガスの栓を開けるのよ。そうすれば、気を失っているうちに死ねる」リンダは自分に言った。「万一目が覚めちゃったら、タバコに火をつければいい。そしたら爆発してそれっきりよ」

二匹の小型犬ココとドゥードルがリンダを見つめていた（トイプードルのドゥードルはその後、リンダがスクイーズ・インに移る前に死んでしまった）。それを見て、リンダはひるんだ。この子たちも一緒に吹き飛ばすなんて、本当にできる？　だめ、それだけはできない。そこでリンダは死ぬのをやめ、友人の招きを受けて感謝祭の食事をご馳走になった。

だがあのときのことは、あの迷いの瞬間は、簡単には忘れられなかった。自分は「陽気な楽しい人間」だとリンダは言う。すべてに見切りをつけようなんて真剣に考えたのは、それが初めてだったと。「あのときはすごく落ち込んでいて、お先真っ暗だったのよ」当時のことをふり返って、彼女は言う。なにかを変える必要があった。

二年後、気がつくとリンダはまたもや窮地に立っていた。当時リンダはカリフォルニア州レイクエルシノア市のホームデポ〔米最大手のDIY小売りチェーン〕で時給一〇ドル五〇セントでレジ係をしていたが、勤務のシフトは、週によっては二〇〜二五時間しか入らなかった。町をはさんだショア・エーカーズ・トレーラーパークで借りているトレーラーハウスの賃料は月六〇〇ドルだから、それをやっと払えるかどうかの額だ。だが、そこで雇ってもらうまでにも何カ月もかかったのだ。履歴書には建築関連の学位が二つと、ラスベガスのホームデポで一年半、施工管理の専門家として時給一五ドルで働いた経歴が並んでいたのに、まったく考慮してもらえなかった。顧客一人ひとりと向き合って問題を解決する施工管理の仕事は楽しかった。そんな経験のあとでレジ係をするのは、降格されたような気分だ。それでもリンダは、与えられた機会を最大限に楽しもうとした。「これだけの経験がある私に、レジ係をやれって言うわけね。いいわ、だったら店で一番のレジ係になってやろうじゃないの！」リンダは客とのおしゃべりを楽しみ、リフォームの計画を尋ね、可能なかぎりの手助けをした。屋根を直すのだと言ってそれには不向きな木材を持ってレジにやってきた客には〝配向性ストランドボード〟のほうが良い（しかも五〇〇ドル安い）とアドバイスもした。ホームデポはなぜそれほどの人材をレジの前に立たせ、せっかくの知識を無駄にしたのだろう？　「私に言わせりゃ、高齢者に対する偏見よ」リンダは言った。

リンダは昔から何度も、「高齢者」になる余裕がある人ってどんな人だろうと不思議に思ってきた。これまで多くの仕事をしてきたが、ささやかながらも先々までの経済的な安定を約束してくれる仕事は、ひとつとしてなかった。「個人年金の積立なんて、とても無理だった」とリンダは言う。

あと数年たてば、公的年金は受給できる。だが、ずっと毎年の収支計算書に無関心だったリンダは、ちゃんと読んでみて驚いた。年金の額は、月たったの五〇〇ドルほどだという。それっぽっちでは、トレーラーハウスの賃貸料さえ払えない。

リンダはシングルマザーとして二人の娘を育て上げた。かつかつの生活がどういうものかは、子どもの頃から知っていた。リンダの母親はリンダと二人の弟の一週間分の食事を、四～五〇〇グラムのミートパティひとつでまかなってみせた。夕食のメニューがスパゲッティ・ミートソースのときは、お皿のなかのどこを探しても肉が見あたらないものだから、子どもたちが「靴下にひき肉を詰めてお鍋の上で振って、肉の香りだけつけたんでしょう」と母親をからかったものだ。それでも一家は、事情のある子どもを引き取ったことがあるという。「人数が増えたって、肉入り靴下をいつもより一回多く振るぐらいしかできなかったんだけどね」リンダは冗談めかして言った。

たぶんこういう生い立ちのせいで、リンダはつきに見放された人たちに共感できるのだろう。一九九〇年代の前半、リンダはアリゾナ州ブルヘッド市でカーペットとタイルの店〝チェロキー・インテリア〟を経営していた。夕方に店を閉めると、建物の裏の水道を使いにホームレスの男たちが集まってきて、体を洗ったり飲水を汲んだりした。「好きなだけ使って」リンダはその人たちに言った。「だけど、使い終わったら蛇口を閉めておいてちょうだい。忘れないでね！」店は丸太小屋のような造りで、ポーチには何本も柱があり、大きな屋根がついていた。男たちがそこで寝るようになると、リンダは彼らを門番に任命した。「ここで寝るんなら、あなたたちは夜間警備員よ」リンダは言い、もし警察に尋問されたらそう言えばいい、とほのめかした。

そのうちの一人、元植木職人だった男が、ホームレスから足を洗いたいのだがと相談してきた。雑草が伸び放題の敷地に市が下請けを派遣して草取りをしているが、その仕事でいくらか稼げないかと考えているという。リンダは寄付を募り、働くのに必要な鋤と芝刈り機、それに少々のガソリン代を集めた。そして市が競売にかけていた雑草だらけの区画を、一緒に車で見て回った。自分の営業許可証を利用して、リンダはいくつかの契約を勝ちとった。

その後、リンダは二つの不運にたて続けに見舞われた。まず、経営していた店がつぶれた。共同経営者が二重帳簿をつけ、利益の一部を自分の懐に入れていたからだ。さらに元植木職人が、リンダが世話した仕事を放り出した。ラスベガスで家のペンキ塗りをしないかと誘われて、こっそり町を抜け出したのだ。草取りを任された区画に、一つも手をつけずに。

それでも、リンダはついていると思った。「『神様、日毎の糧をありがとうございます』って感謝したわ。お金を稼ぐ手立てがなくなっても、草取りの契約が残ったんだから」。数日後には、彼女は芝刈り機を押していた。日によっては気温が四九度にも達する、からからに乾いた暑い夏だった。リンダは熱中症の症状に詳しくなった。「万一、カンカン照りのなかで寒気を感じたら、すぐに日陰に移動しなきゃだめよ！」草取りの報酬は一区画につき一五〇ドルだった。リンダはよく、夜明けとともに仕事にかかり、正午には中断した。夕方涼しくなってからまた現場に戻り、刈った草をレーキで集め、ごみを袋に詰めるのだ。

「まだお給料をもらっていなかった初日は、ごみを集積場まで運ぶお金がなかった。それで湖畔に持っていって燃やしたの。でもその日はとても風が強かった」リンダはミード湖に行ったときのことを思い出しながら言った。「干からびた草が、風に乗って湖の向こうまで飛んでいった。そうしたら森林警備隊が来て言ったの。『焚き火は禁止だぞ』って。私、言ってやったわ。『わかってます。いま土をかぶせてるところです。火はすぐに消しますから』って」

「それで考えた。四九度の暑さのなかでずっと雑草をひっこぬき続けるなんて、無理。そんなことをするために大学を出たんじゃないって」リンダは大学で建築技術を学んだのだ。その頃、長女夫婦は二人とも、忙しいカジノ業界で働いていた。娘はレストランに勤め口を得ていて、娘婿はバレーパーキング〔駐車代行サービス〕の運転手だった。まもなくリンダも、つかの間のギャンブルブームに湧いていたネバダ州ラフリンで、リバーサイドホテルのカジノのタバコの売り子の仕事にありついた（町名の由来となったリバーサイドホテルのオーナー、ドン・ラフリンは、ほんとうは町名を「カジノ」にしたかったのだが、郵政公社に拒否されたという）[1]。リンダは雇ってもらえたことにとても感謝して、ドン・ラフリンに一ダースのバラを送った。するとラフリンのオフィスに呼ばれた。

「これは何かね？」ラフリンは当惑して訊いた。「心からの感謝のしるしです」リンダは答えた。「他意はありません。仕事をいただけたことに御礼を申し上げたくて。それだけです」。リンダはキャンディーや花やタバコを載せたトレイを肩から吊るして、カジノ内を売り歩いた。トレイはひどく重く、最初のうちは腰にサポーターを巻いて支えなければならなかったほどだ。それでさえ、ずいぶん骨が折れた。「タバコを売るだけで、服のサイズが一四から一〇に落ちたわ」当時を思い出してリンダは言った。

リンダはバラを一本九六セントの卸値で仕入れ、四ドルで売った。普通はそれに、一ドルのチップがついてきた。タバコはカートンで仕入れ、一箱につき五〇セントの利益を乗せて売った。そうするうち、だんだん常連客と顔なじみになった。しつこい頭痛に悩んでいたある男性は、いつも必ず、原価二五セントのアスピリンを五ドルで買ってくれた。好調なときは、ひと晩に二、三〇〇ドルもの売上があった。副収入の道もつかんだ。カジノ内に飾られているシルク製の人工観葉植物の清掃を請負い、作業員を数人雇い入れたのだ。

だがリバーサイドホテルでのタバコ売りの全盛期は、突然終わりを告げた。自動販売機が導入されたのだ。ドンはまたリンダをオフィスに呼び、もうタバコ売りは時代遅れになったと言った。だが、リンダをクビにしたくはなかったので、総支配人のデールに相談して別の仕事を世話してもらうよう勧めた。リンダは総支配人を見つけ出し、単刀直入に訊いた。

「このホテルで一番お金を稼げる仕事って何ですか？」

「そうだなあ、カジノのディーラーか、バーのホステスだろうね」デールは答えた。

「それならだんぜんホステスだわ」リンダは言った。

新しい仕事には制服があった。ぴったりしたタキシードコートに艶のある真っ赤なカマーバンド、ダンス用のハイレグショーツにストッキング、ハイヒールといういでたちだ。露出度の高いこの衣裳は、リンダを不安にさせた。「こんな格好、とてもできない！」と思ったが、とにかく試してみることにし

制服姿のリンダ。リバーサイド・カジノにて

た。それを着て初めて上司の前に出ると、すてきだとほめてもらえた。意外なことに、自分でも悪くない気がした。カジノでは、用心棒が守ってくれるので安心だった。ホステスに無礼を働くギャンブラーがいれば、用心棒が容赦しなかった。リンダはお客が首根っこをつかまれて、入り口のドアから放り出されるのを見たこともあるという。

リバーサイドホテルでの日々を振り返るリンダは、楽しそうだった。当時の制服姿の写真を見せてもらうと、黒髪をショートカットにして、コロラド川を背景に微笑むリンダが写っていた。だがこのとき彼女はすでに四〇代だった。仕事の選択肢は長年の経験によって広がるのではなく、むしろ年齢とともに狭まっていこうとしていた。低賃金の重労働から逃れるすべは、どこにもなさそうだった。

六〇代に突入した頃には、働くのをやめる余裕をどうしたら持てるのだろう、という疑問が大きく膨れ上がっていた。リンダはそれまでの人生の大半を、これといった貯金もないまま、収入ぎりぎりで暮らしてきた。公的年金が唯一のセーフティネットだが、その額は恐ろしいほど少ない。月にわずか五〇〇ドルの年金で、どうやってリタイアできるというのだろう？

そんな心配と同時に、リンダには長く温めている将来の夢があった。フロリダでゲート付きの高級住宅地に住みたいとか、ゴルフを数ラウンド楽しみたいとかいう使い古された夢ではない。人が捨てたゴミと土でつくる、文字通り地に足のついた夢だ。

リンダの夢は「アースシップ」をつくることだ。アースシップとはパッシブソーラー式〔家の構造や素材を工夫することで、特別な装置を使わず太陽熱を利用する暖房システム〕の自作の住宅で、土を詰めた古タイヤを耐力壁とし、空き缶や空き瓶などの廃棄物を建材にする。考案したのはニューメキシコの革新的な建築家、マイケル・レイノルズ。一九七〇年代から続けている研究の成果で、電力も水も完全に自給自足できるような設計になっている。タイヤの壁は蓄電池の役目を果たす。日中は南向きにたくさん並んだ窓から太陽の熱を吸収し、夜間にはその熱を放射することで、屋内の温度を一定に保つ。雨や雪解け水は屋根から貯水槽へと流れ込み、ろ過されて飲料水や生活用水となる。屋内栽培の野菜や果物の生育、水洗トイレにも使われる。電力は主にソーラーパネルによってまかなうが、風車を利用することもある。

その徹底した実用主義にもかかわらず、多くのアースシップには豊かなイマジネーションの息づかいがある。たとえば、尖塔や小塔、円柱にアーチ、日干しレンガに覆われた色鮮やかな壁、何列も並べて埋め込まれたステンドグラスにも似たガラス瓶などに、それが表れている。アースシップを建てるのに、高度な技術はいらない。だから素人でもつくれるし、創造力を発揮する余地がある。ニューメキシコ州タオス郊外の砂漠のなかの分譲地「グレーター・ワールド・アースシップ・コミュニティ」には、そうしてつくられたアースシップが何十軒も点在している。遠くから見ると、まるでドクター・スース〔アメリカの有名な絵本作家〕とアントニ・ガウディと『スター・ウォーズ』の美術デザイナーが協力してつくった月面基地のようだ。

自給自足ができて生態系と調和する、世界に一つだけの家をつくるというアイデアに、リンダは強く惹かれている。「大量生産の家とはちがう。まるで芸術作品のなかに住んでいるみたい。それに、自分で建てられるのよ。この二本の腕でね」リンダは言う。アースシップに憧れるようになったのは、テレビドラマ『ガンスモーク』に出演していたデニス・ウィーバーが一九八九年にコロラドに移住して、アースシップの建設を始めたときからだ。デニスは家づくりの過程をドキュメンタリー番組に仕立てて公共テレビで何年にもわたって放送し、[2]アースシップのコンセプトを一般のアメリカ人に広めた。番組の冒頭、白髪のデニスは低い壁の上に立ち、大きなハンマーでタイヤのなかに土を叩き込んでいる。それから顔を上げ、何か言いたげにカメラに向かって歩いてくる。「電気代もかからない、エアコンも暖房ダクトもない、それでいて真冬の厳寒のなかでも真夏の酷暑のなかでも完璧に快適に暮らせる、そんな家に、きみも住んでみないか?」とデニス。「とても信じられないって?」そう言うと、デニスは建設作業中の仲間に混じって楽しそうに働きだす。丸太の皮を剥いで梁材をつくる。並べたタイヤと空き缶のうえに、泥と砂と藁を混ぜたものをたっぷり塗る。寝室の壁にするのだという。

だが、美化されたタイヤの山の中に住みたいというデニスの情熱を、すべての人が理解したわけではなかった。地元の人たちは彼の家を、タイヤメーカーの名前をとって「ミシュラン邸」と呼んでいる。

テレビの深夜番組『ザ・トゥナイト・ショー』で、司会者のジェイ・レノは言った。「ゴミを持って外に出るたびに、増築していると近所から思われるんじゃないか」。さらにはこんなジョークを飛ばした。「ゴミ収集人は、どうやってゴミと家の区別をすればいいんだ?」(3)

ごく質素な資材を別にしても、デニス・ウィーバーが建てた九三〇平米の家には一〇〇万ドルの費用がかかった。(4) この家はいわば「お金持ち有名人のアースシップ」の極めつけだが、大半のアースシップも、結局は普通の家と同じくらいの建築費がかかってしまう。だが、あるニュージーランド人の一家は二万ドル以下の予算でアースシップを建てることに成功した。(5) 五歳の子どもの父親であるブライアン・ガブは誇らしげに「子どもの労働力はあてにできます」とウェブサイトに投稿した。そして、最初は妻に「アースシップをつくりたいだなんて」と正気を疑われたと付け加えている。アースシップの熱心な支持者たちが、まったくお金をかけずに簡易版の小さいアースシップを建設するプロジェクトもシアトルで始まった。資源は廃材と、ボランティアの労働力と、友人が気前よく寄付してくれた私道だ。ローカル週刊紙にアースシップならぬアースディンギー〔ディンギーは小型ボートの意〕と呼ばれるこの小さな建物は、目下建設中だ。(6)

南極大陸を除く地球上のすべての大陸に、アースシップは存在している。世界各地を飛び回っている災害救助ボランティアが、二〇〇四年のインド洋津波、二〇一〇年のハイチ地震、二〇一三年にフィリピンを襲った台風三〇号といった大災害のあとに、現地で建設したものだ。いまのところ最も悪名高い製作者は、おそらくニューメキシコの所有地にアースシップを建てたカルト団体「ヘヴンズ・ゲート」だろう。一九九七年にメンバーが集団自殺した事件でメディアが報道合戦をくりひろげた際、マイケル・レイノルズはアースシップと集団自殺との関係を明確に否定した。「どんなに狂ったオカルト集団でも、住居が必要なのは、普通の人と同じです」彼はAP通信社にそう語った。「わたしたちが教えているのは、地球と結びつくことです。（ヘヴンズ・ゲートが主張した）地球を離れることではありません」(7)

リンダもレイノルズの熱烈な崇拝者のひとりだ。レイノルズは理想を実現するために、難解な建築規制を振りかざす役人に勇敢に立ち向かったが、その姿勢を尊敬している。レイノルズの闘いぶりは、ドキュメンタリー映画『ゴミの戦士（Garbage Warrior）』に詳しい(8)。

「マイケル・レイノルズが何を考えているのか、頭のなかを覗いてみたくない？　七〇年代からずっと闘い続けているのよ」リンダは熱っぽく語った。「彼、建築士の資格を剥奪されたこともあるの。初期の作品に欠陥があったからといってね」

近年レイノルズは、「アースシップは市場原理に左右されずに人間の基本的な必要を満たすことに、一定の役割を演じうる」と主張している。「我々は経済という名の怪物の餌食になることのない、安全な生命維持装置を見つけなければならない」。これは、彼のウェブサイトの声明文だ(9)。「経済はゲームだ。ゲームなんだから、バイク、コンピューター、テレビなど、あってもなくてもいいものを相手にするべきだ。家族を養うこと、生きていくこと、住む家をもつこと……そういう大事なことが経済の犠牲になっていいはずがない」

一〇年ほど前から、リンダはアースシップの間取り図や配電図、インテリア写真などをインターネットで漁っている。気に入ったものがあればプリントアウトして、木目模様のビニールカバーの三穴のバインダーにまとめている。フェイスブックのプロフィールページに掲載されているのもアースシップの写真だ。ニューメキシコのピンク色の夕焼けを背景に、砂漠のシャパラル〔常緑の低木から成るカリフォルニアの生物群系〕のあいだに建っている。写真の横には「これが私の夢です」という言葉とともに、こんな説明がある。「アースシップはタイヤ、空き瓶、空き缶などの廃棄物をリサイクルしてつくられます。電気、水道、ガスを必要としない自己完結型で、電力は太陽光や風力で、水は雨や雪でまかないます。水は四度にわたって、くり返し利用します。食物は屋内庭園で栽培します。つまり、まったくお金をかけずに暮らせるんです。公共料金だって、払う必要なし。それなのに私ときたら、『住宅ローンの残りを支払うには、どんなに嫌でもこの仕事をするしかない』と何度自分に言い聞かせてきたことか」

どこかに安くて建築規制のゆるい土地、レイノルズが「自由のポケット」と呼ぶ土地を見つけたいとリンダは思っている。建設作業を手伝ってくれるボランティアと無料の資材の集め方については、おおよその見当がついている。だがわずかな年金はほとんど頼りにならず、低賃金の仕事から離れられない。その給料はトレーラーハウスの賃貸料に消えていく。そんな状態で、どうしたらそんな野心的な計画を実行に移せるだろう？　リンダに必要なのは、何か新たな収入の道、すでに切り詰めている生活費をいっそう切り詰めつつ、継続的に収入が得られるような戦略だった。それこそが、アースシップへの足がかりだ。

リンダはもう時間がないとわかっている。この先二度と若返ることはないが、家を建てるにはそこそこの体力が必要だ。資材を集めるにも時間がかかるだろう。だが、もしうまくやれれば、建てた家は単なる個性的な隠居場所以上のものになる。アースシップは後世に何かを残せるチャンスであり、一〇〇年、いやもしかしたらそれ以上の長きにわたって受け継がれるかもしれない記念碑なのだ。リンダは言う。「持てるかぎりの技術とノウハウと心血を注いで、何かずっと後まで残るものをつくりたいの。子どもや孫に残してやりたいから」

リンダは自給自足の生活を切実に望んでいる。食糧、電力、温度調節、水のすべてをまかなえる自立システムを備えたアースシップは、いわば人間と共生する生き物のようなものだとリンダは考えるようになった。そんな住居をつくり、維持することができれば、住居のほうでも彼女の面倒を見てくれるだろう。そういう安定が手に入ると思うと、心が安らぐ。なんといっても、リンダは年齢的に言って、全人口のなかの「不安定層」に足を踏み入れかけているのだ。二〇一五年の国勢調査によると、ひとり暮らしの高齢女性は、六人に一人以上が貧困ライン以下の生活をしている。[10] 貧困ラインを割っているアメリカ人高齢者の数は、女性（二七一万人）と男性（一四九万人）で倍近い開きがある。公的年金に関して言えば、女性は男性より平均で月に三四一ドルも受給額が少ない。[11] 支払った所得税の合計額が、男性より少ないからだ。あまり認識されていないが、こんなところにも男女の賃金格差が影響しているのだ。二〇一五年の統計では、男性の収入一ドルに対して女性の収入はいまだに八〇セント程度にとどまっている。[12] しかも無償で両親や乳幼児の世話をしている割合は、女性のほうが高い（リンダも二人の子どもを育て上げたほか、九〇年代半ばには悪性の脳腫瘍を患った同居の母を介護した）。そのため女性は生涯賃金が男性より少なく、結果として貯蓄額も少ない。平均寿命は女性のほうが男性より五年長いから、[13] 女性は男性より少ない貯蓄で、男性より長期間やりくりしなければならない。

二〇一二年六月一日、リンダ・メイは六二歳になった。翌月、初めての年金が小切手で郵送されてきた。「本当は六五歳まで待つべきだったんだけど」あとになってリンダは言った。「年金額があまりに少ないから、何パーセントか上乗せしてもらっても、たいして違わないと思ったの」

どちらにしても、リンダは問題を抱えていた。「この先いったいどんな暮らし方をすれば、死ぬまで働かなくてすむのだろう？　どうしたら子どもたちに迷惑をかけずに生きられるだろう？」リンダは悩んでいた。アースシップがその長期的な解決になるなら、どんなにいいだろう。だが、そんな夢みたいなことを、実現できるのだろうか？

第3章　アメリカを生きのびる

　リンダがトレーラーハウスといっしょに自爆しようかという迷いを断ち切ったのは、二〇一〇年の感謝祭だった。そのちょうど一週間後、エンパイアに悪いニュースがもたらされた。エンパイアはネバダ州北西部のブラックロック砂漠の端にささくれみたいにしがみついている、人口三〇〇人の工場町だった。アメリカでは残り少ない伝統的な企業城下町のひとつで、石膏ボード「シートロック」を製造するユナイテッド・ステーツ・ジプサム・カンパニー（USジプサム）が町全体を所有していた。大いに美化されてきたアメリカ製造業の全盛時代への、先祖返りとでもいうようなこの町では、工場での仕事についていれば、中流階級における確固たる地歩を固め、解雇される心配なしに家族を養うことができた。

　セレニート山地の山裾に抱かれた「ジプ坑」（露天掘りのジプサム《石膏》採掘坑）から北に約一〇キロのところに、エンパイアはあった。ジプ坑では鉱夫がアンホ（硝酸アンモニウムと燃料油を混ぜた爆薬）を爆発させて、五段に掘り下げたいくつもの立坑——最大のもので直径八〇〇メートルもある——から白いチョークのようなジプサムを大量に採掘していた。採れたジプサムは六〇トンずつ、ジプ抗と町を往復する運搬トラックに積み込まれて国道を北上し、町外れの石膏ボード工場に運び込まれる。そこで粉砕され、巨大な薬缶に入れられて摂氏二六〇度まで加熱されたのち、アメリカ西部のどの家庭にもあるような壁面ボード形に成形されるのだった。

町外れの工場を通り過ぎると、ハコヤナギやニレ、ホワイトポプラが植わった四本の大通り沿いに、平屋建てのコテージが立ち並ぶ住宅街に入る。USジプサムによる家賃補助があるので、家賃は驚くほど安かった。アパートで一一〇ドル、戸建てで二五〇ドルといったところだ（工場の時給は、機械工で最高で二二ドル、作業員はそれをわずかに下回る額だった。一、二日分の給料で月々の家賃をまかなえたのだ）。そのほか、テレビ料金、下水道使用料、ごみ処理費、インターネットサービス代もUSジプサムから支給された。生活費を安く抑えられるうえ安定した収入を約束されたこの町は、大半の人が神経のすり減る不安定なその日暮らしをしている外界とは、比較的無縁だった。戦後の好景気が続いた一九五〇年代に、いつまでも留め置かれているかのように。「お金を貯めるには最高の場所だった」工場の研究所で一五年にわたり石膏ボードの検査をしていたアンナ＝マリー・マークスは言う。

全盛期には、町の人口は七五〇人以上になったと、USジプサムの社内報ジプサム・ニュースの一九六一年七月号は伝えている。「エンパイアの住人は全員、幸せなひとつの家族です」とある。人口は近代化とともに徐々に減り、二〇一〇年には全盛期の半数以下になっていたが、この住民感情は相変わらずだった。町内は全員顔見知りなので、玄関の鍵はだれもかけなかったし、車内にキーを置いたまま、ロックもせずに駐車することも多かった。「チンピラもいないし、パトカーのサイレンも鳴らない。暴力沙汰もなかったのよ」工場の元監督官の妻トーニャ・リンチは、思い入れたっぷりにそう言う。エンパイアは陸の孤島のようなものだったから（実際、州道四四七号線沿いに昔から立っている背の高い看板には、「名もない秘境へようこそ」と書いてある）、自分たちどうしで楽しみ、楽しませるしかなかったのだ。いきおい、野外パーティーや持ち寄り夕食会、バンコというサイコロゲームの集まりがさかんになった。シカやアンテロープ、イワシャコ〔縞模様の羽に鮮やかな赤の嘴をもつ鳥〕を狩りに、誘い合って砂漠に出ていくこともあった。町民の多くは驚くほど青々とした芝生を庭にたくわえ、市民としての誇りを見せつけていた。乾いた砂漠の風景を、押し退けようとするかのようだ。人間の縄張りを示す芝草が途切れたところから先には、ブラックロック砂漠が四方の地平線まで途切れることなく広がっている。衛星写真で見れば、エンパイアの位置は一目瞭然だ。一面に茶色い荒野のなかに、一箇所だけ緑のしみがあったら、それがエンパイアだ。

他から孤立していることには、マイナス面もあった。「隣組監視システムがあった」工場で保守責任者をしていたエロン・コンスタブルは冗談めかして言う。「つねに周りから見られているんだ。望むと望まないとにかかわらず」仕事仲間はみな近所に住んでいたから、そういう暮らしは何十年も続いた。もともと、一九二三年に作業員がつくったテント村から発展した町だ。一部の記述によると、エンパイアは一九一〇年にパシフィック・ポートランド・セメント会社が初めて採掘権を獲得して以来、国内最長の操業期間を誇る鉱山だったという。

二〇一〇年一二月二日、エンパイアの歴史は突如として終わった。朝七時半、安全靴にヘルメット姿の工員たちは公民館に招集され、そこでジプサム工場のマネージャー、口調の穏やかなマイク・スピルマンから残酷な通告を受けた。エンパイアの町は閉鎖されます。集会場を埋め尽くした顔という顔が、呆然となった。全員、六月二〇日までに退去してください。しばしの静寂のあと、会場は悲嘆に覆われた。「九二人の従業員の前に立って、〝あなたがたは失業しました。それだけでなく、住む家もなくなります〟と言わなければならなかったんです」のちにマイクはその時のことを思い出して、重いため息をついた。その日はそのまま休業になった。従業員たちは公民館を出た。雲の垂れ込めた、寒い冬の朝だった。家に帰って（その家からも、まもなく出ていかなければならないが）、この突然の事態についてじっくり考え、家族に伝えなければならない。

時価総額四〇億ドルを誇ったUSジプサムは、二〇一〇年第三四半期末決算で二億八四〇〇万ドルの巨大損失を計上した。当時のCEO、ウィリアム・C・フートはその理由を〝市場の景気低迷が長引き、出荷量が著しく減少した〟ためだと説明している。だが、この常套句に隠されていたのは、単純な事実だった。エンパイアにおける生産量にみあう需要が、もはやなくなったのだ。壁面ボード会社の命運は建設業界の景気に左右される。その建設業界では、住宅市場の崩壊による不景気が、あまりに長く続いていた。そのせいで、単に不景気の痛手を被っただけで済んだ他の多くの町とちがって、エンパイアは完全に姿を消すことになった。

二〇一一年一月、私は雑誌記事の取材のためにエンパイアを訪ねた。作業監督と品質管理監督官を歴任したカルビン・ライルは、一九七一年七月一日からUSジプサムの工場で働いていた。「三九年七カ月間働いたよ」彼は事もなげに言った。「一日も休まなかったし、けがもしなかった」勤続年数が最も長かったカルビンは、生産ラインを停止する栄誉を担わされた。工場では息子も保守管理専門の機械工として働いていた。当時六二歳のカルビンはコンベヤーベルトの脇に立ち、仲間が見守るなか、右手を挙げた。そして停止ボタンを押すと、むせび泣いた。「石膏ボード工場で起こりうる最悪の事態は、機械音が消えて静かになることなんだ」カルビンは言った。「おれたちがつくっていたのは、単なる石膏ボードじゃない。アメリカそのものだったんだ」それに、大自然に囲まれ経済的安定を約束してくれるエンパイアは、子育てに最高だったとカルビンはつけ加えた。庭に植えたバラの苗は、掘り上げて持っていくことにした。住む人がいなくなれば、雑草がたちまち町を飲み込むにちがいないからだ。「きっと、あの『ヒルズ・ハブ・アイズ』(1)（有名なカルトホラー映画をリメークした二〇〇六年の作品。舞台として重要な役割を果たす砂漠のなかの村は、核実験の後に見捨てられ、朽ちた家と、そこに隠れ住む人喰い族だらけになる）みたいになるだろうね」カルバンは真顔で言った。「二〇一一年版、ネバダのゴーストタウンさ」

工場が見える労働者聖ヨセフカトリック教会で、最後のミサが行われた。教会には新しい木彫りの看板がかかっていた。工場で三一年間電気工を務めた、信者のトム・アンダーソン（61）の手づくりだ。トムはカルビンのバラと同様、トムもここを離れるときにはこの看板を持っていくつもりだと言った。この日、近隣の教区民二十数人とともにミサに参加した。ミサが終わりに近づき、神父が訊いた。どなたか特別な祈りを捧げてくれる人はいませんか。ラベンダー色のプリンセス・ドレスを着た六歳の少女が声をあげた。「家を探すのに、手助けがいる人たちのために、お祈りをしたいです」少女はたどたどしい口調で言った。「それから、生活に必要なものがなくて、困っている人たちのためにも」皆、押し黙っていた。

町の南部の採石場にはすでに、車両の進入を防ぐ巨大な砂利の山が築かれていた。エンパイアの終焉を告げるさまざまなしるしが、すぐに他でも見られるようになった。町を囲んで、上に有刺鉄線を張り巡らした高さ二・四メートルの金網フェンスが設置された。「まるで強制収容所だ」というのが町民の感想だった。にわか失業者たちは、即席の記念式典を行った。郵便局から建設用ヘルメットを投げて、木の枝にひっかけたのだ（USジプサムのヘルメットは、かつては皆の誇りだった。いわば会社版のチームユニフォームだったのだ。シールを貼ったり絵の具やペンで絵を描いたりして、思い思いにデザインする者も多かった。カルビンのような勤続二五年超の従業員だけがかぶれる、金色のヘルメットもあった）。

離散はゆっくりと始まった。住宅市場の壊滅によって一時はぺしゃんこになった経済は金価格の暴騰で息をふき返し、ネバダの鉱山には雇用が生まれていた。エンパイア住人の一二人以上が、近隣に数箇所の鉱山を所有するバリック・ゴールド社に職を得て出ていった。だが、行くあてのなくなった者のなかには、困難に圧し潰されそうな者もいた。

「いくつか履歴書を提出したけど、まったく相手にしてもらえない」という元サプライチェーン・マネージャーのダン・モランは「まきでも割って食べていくしかないかもしれない」と言った。エンパイア育ちのモニカ・ベイカー（22）は、ハワイのオアフ島から二人の幼い子どもをつれて、最近戻ってきたばかりだった。工場に働き口を約束されていたが、戻った途端にエンパイアの閉鎖を告げられた。「まったく腹が立つわ。こっちに来れば仕事があるからと、しつこく誘われて来たのに」。金鉱で雇ってもらえるとは聞くが、有毒な濾過池の近くで働くのは不安だ。金の採掘による水銀汚染は深刻で、ネバダ北部で獲れた魚はだれも口にしないほどだった。モニカはエンパイアから一〇〇キロ以上南の小さな町ファーンリーで運だめしをするつもりだ。ファーンリーなら、チェーン店がある。製造業から小売・サービス業へという、アメリカ経済の潮流に乗るのだ。「ウォルマートかロウズあたりのチェーン店なら雇ってもらえるんじゃないかしら」モニカは言った。

従業員の家族の大量脱出は、六月末まで続いた。最後の一家が出発すると同時に、町は金網フェンスで封鎖され、立入禁止の看板と監視カメラが設置された。町営プール周辺のコテージ、二つの教会、郵便局、ゴルフのハーフコースはそのまま放置された。八九四〇五という郵便番号まで抹消された。雑草の繁茂を抑えるために、会社は二十数匹のヤギを放した。新たに出現したゴーストタウンを歩き回る、生きた草刈り機の群れといったところか。この町はのちのち、チェルノブイリにたとえられることになる(2)。ある日突然中断された生活の痕跡が、大量に残っているのだ。工場のオフィスのデスクには、飲みかけのコーヒーカップがいくつも置かれている。カレンダーの表示は、いまだに閉鎖の日のままだ(3)。

不気味なことに、エンパイアが生き続けている場所が、一つだけある。二〇一七年現在の、グーグル・マップのストリート・ビューだ。町の南端のサークル・ドライブに小さなアバターを降ろして歩きまわると、停車中の車、芝生に置かれたガーデン家具、庭に水を撒く人々といった、町の閉鎖前と変わらない生活が見られる。二〇〇九年以降更新されていない、じっと動かない写真の風景だ(4)。

◆

エンパイアが終焉を迎えたと同時に、南に一〇〇キロ離れた場所で、まったく異種の新たな企業城下町が栄えだした。この町は多くの点で、エンパイアとは正反対にみえる。中流の安定した生活を保証するどころではない。住民の大半が、低賃金とひきかえに臨時雇いで働く「プレカリアート」と呼ばれる不安定層だ。もっと具体的に言えば、住人は何百人もの移動労働者で、キャンピングカーやトレーラー、ヴァンに住んでいる。少数ながらテントで暮らす者さえいる。毎年初秋になると、ファーンリー近郊のトレーラーパークは埋まりだす。このときはまだ知らなかったが、リンダものちにその一団に加わることになった。集まってくる人の多くは六〇代から七〇代で、昔ならとうにリタイアしているか、定年間近の高齢者だ。その大半は、倉庫での臨時雇いの仕事で時給一一・五ドル＋残業代を稼ぐために、犯罪歴を照合されたり尿の薬物反応を検査されたりという屈辱を経験したうえで、何百キロもの道のりをやってきた人たちだ。冬の初めまではここにいる予定だが、住み処の車のほとんどは、氷点下での生活を想定してつくられたものではない。彼らの雇い主は、アマゾン・ドット・コムだ。

アマゾンがノマドを採用するのは、同社のキャンパーフォース・プログラムの一環だ。キャンパーフォースは繁忙期限定のノマドによる労働チームで、フルフィルメント・センター（FC）と呼ばれる倉庫のいくつかで働いている。アマゾンは従来型の派遣社員も何千人と採用しているが、配送量が劇的に増える繁忙期、つまり三、四カ月続くクリスマスセールの間は、ノマドを追加投入する。

アマゾンは正確な採用数を公表していないが、私はアリゾナの求人デスクでさり気なく尋ねてみた。キャンパーフォースの担当者によると、採用者数は二〇〇〇人ほどだったらしい（これは二〇一四年の話だ。二〇一六年には、アマゾンはキャンパーフォースの採用を例年より早く打ち切った。「記録的な数の応募者が集まった」からだと、元キャンパーフォース担当者がフェイスブックに投稿していた）。

勤務はシフト制で、最低でも一〇時間は通して働く。その間ずっと、コンクリートの固い床の上を歩き回り、屈んだりしゃがんだり背伸びしたり階段を上ったりしながら、商品のバーコードをスキャンし、商品を仕分けし、箱詰めする。一回の勤務で二四キロ以上歩く人もいる。[5] だが繁忙期が終われば、キャンパーフォースは用済みになり、雇用契約は打ち切られる。お役御免になったノマドは、マネージャーが明るく言うところの「テールライトの行列」をつくって去っていく。

キャンパーフォースのメンバーのうち私が初めて長期間（数カ月以上にわたって）接触したのは、ドン・ウィーラーという男性だった（理由はあとで説明するが、これは仮名だ）。現役時代の最後の二年間はソフトウェア企業の重役として、香港、パリ、シドニー、テルアビブを転々とした。二〇〇二年に定年退職したときは、やっと一つところに——カリフォルニア州バークレーに——腰を落ち着けられると思った。妻との共同名義で、一九三〇年代のスパニッシュ・コロニアルのリバイバル様式の家を所有していた。若い頃から好きだった趣味の高速車に没頭する時間もできた。そこで赤白ツートンカラーのミニクーパーSを買い、二一〇馬力にチューンアップして練習を積み、USツーリングカー・チャンピオンシップのプロ・シリーズで全米第三位にランクされるまでになった。

だが、華々しい日々は長くは続かなかった。私がeメールのやり取りを始めたとき、ドンは六九歳で、離婚し、ファーンリーのアマゾン倉庫に近いデザート・ローズRVパークに住んでいた。バークレーの家は元妻のものになったのだ。二〇〇八年の金融崩壊で、貯えは消え失せた。ミニクーパーは売却せざるを得なかった。

ドンは体重七キロほどのジャックラッセルテリアのリゾといっしょに、一九九〇年モデルのエアストリーム300LEで暮らしている。彼が「エリー」と呼ぶ愛車のダッシュボードにはプラスチック製のフラガールが、ブラインドの内側にはレーシングカーのポスターが飾られている。昔は年一〇〇万ドル以上の暮らしをしていたが、いまは週にわずか七五ドルでやっていくすべを学んだ。

二〇一三年のホリデーシーズンが終わるまで、アマゾンの倉庫で週五回、夜明け前までの深夜勤務を続ける予定だとドンは言った。これは一二時間の長時間シフトで、あいだに三〇分の昼休み一回と一五分の休憩が二回入る。休憩時間以外はほぼ立ちどおしで荷受けをし、バーコードをスキャンをして棚に納める。

「きつい仕事だが、ペイは良い」と言うドンは、禿頭で細いメタルフレームのメガネをかけ、真っ白なあごひげを生やしている。右腰には人工股関節が入っている。オレゴン州のキャンプ場で臨時スタッフとして働いていて、ピックアップトラックから落ちたときからだ。文句ばかり言う者には我慢できないドンも、他のメンバーと同じように、契約が終わる一二月二三日を指折り数えて待っていた。

いま、アメリカ社会にはある現象が広がりつつあって、自分もその一部だとドンは言う。ドンもキャンパーフォースの他のメンバーも、その他さまざまな季節労働をしているノマドたちも、自分たちを「ワーキャンパー」と呼ぶ。私はこの言葉を耳にしたことはあったが、ドンほど的確な定義をする人には会ったことがなかった。以下は、ドンがフェイスブックで送ってくれた私へのメッセージだ。

ワーキャンパーとは短期の雇用を求めてアメリカじゅうを車で移動する、季節労働者だ。仕事の対価は電気、水、下水道つきの、無料で使えるキャンプサイト。賃金は出ることもあれば、出ないこともある。現代特有の現象だと思うかもしれないが、じつはワーキャンパーには非常に古い歴史がある。古代にはローマ軍団について移動し、剣を研いだり甲冑をつくろったりしていた。西部開拓時代には各地にできた新しい町を渡り歩き、時計や機械や鍋を修理した。石壁を積み、飲み放題のリンゴ酒つきで一フィートにつき一ペニーを稼いだ。道具と技術を幌馬車に積んで、開拓団についていった。ナイフを研ぎ、壊れたものを何でも直し、開墾を手伝い、小屋に屋根をかけ、畑を耕し、収穫しては、食事とわずかな金にありついて、また次の仕事を探しに出かけた。ワーキャンパーの祖先は、旅回りの鋳掛け屋ってわけさ。

その鋳掛け屋の馬車は、いまじゃ快適なワゴン車やキャンピングトレーラーに進化した。現代のワーキャンパーはほとんどがリタイア組だから、ビジネスの世界で培ってきたスキルが売り物に加わっている。店の経営、家周りの手入れやペンキ塗り、トラックやフォークリフトの運転、配送物の荷造り、機械修理、ＰＣやネットワーク関連のトラブルの防止や解決、ビーツの収穫、造園、浴室掃除、なんでもござれだ。現代のワーキャンパーは、ハイテクの鋳掛け屋なんだ。

他のワーキャンパーも、それぞれの言葉でワーキャンパーについて説明してくれた。多くの人は自分のことを「リタイア組」と呼びつつも、七〇代、八〇代になっても働き続けるだろうと予想していた。自らを「旅人」「ノマド」「ラバートランプ〔車に乗った放浪者〕」と呼ぶ人、苦笑いしながら「ジプシーさ」と言う人もいる。当事者以外の人がつけた、もっと別の名称もある。「リーマンショック時代のオーキー〔大恐慌時代に急増したオクラホマからの出稼ぎ労働者に対する蔑称〕」、「アメリカ難民」、「裕福なホームレス」など、さまざまだ。「現代版フルーツ・トランプ〔農場を転々としつつ期間限定の苛酷な収穫作業をした一九三〇年代の季節労働者〕」と言う人もいる。[6]

呼び方はどうあれ、ワーキャンパーは仕事を探して西海岸から東海岸まで国じゅうをくまなく移動し、ときにはカナダにまで出かけていく。こうした地下経済を生み出しているのは、ワーカーズ・オン・ホイールズ〔車に寝泊まりしながら移動して仕事を探す労働者の意〕、ワーキャンパー・ニュースといったウェブサイト[7]に求人広告を載せている、何百という数の企業だ。ワーキャンパーはさまざまな季節に、さまざまな場所で必要とされる。

バーモントではラズベリー摘みに、ワシントンではリンゴの収穫に、ケンタッキーではブルーベリー摘みにワーキャンパーが動員されている。ワーキャンパーは魚の孵化場でツアー客を案内し、ナスカー・レースでチケットをもぎり、テキサスの油田で警備をする[*1]（「あれはひどかったわ」テキサス州ゴンザレスで夫婦で油田の警備をしたワーキャンパーは言った。一日二四時間勤務で、夫婦二人に対する報酬は一二五ドル。一時間五ドルの計算だ。睡眠を小刻みにしかとれないため、二人ともたちまち疲れ果ててしまった。「ひと晩じゅう、出入りする全員の資格証と名札をチェックしないといけなかった。仕事を辞めた時は、私も夫も完全にゾンビになってたわ」）。アリゾナ州フェニックスで毎春開催されるカクタスリーグのオープン戦の際にも、ワーキャンパーは売店でハンバーガーを売る。ヒューストンのNRGスタジアムでも、年一回のロデオイベントや二〇一七年のスーパーボウルの際に売店を切り盛りするのはワーキャンパーだ（求人広告は「アップセル〔より高額な商品を提案し購入してもらう販売手法〕に抵抗がないこと」という条件付きだ）。

ワーキャンパーはアメリカ森林局や陸軍工兵隊の下請の民間企業に雇われ、グランドキャニオンからナイアガラの滝に至る広大な範囲の、何百というキャンプ場やトレーラーパークを維持管理している。ワーキャンパーはまた、全国の主要な観光地で、観光客目当ての店でも働いている。全長二四メートルもあるコンクリート製のブロントサウルスやロボットのカウボーイたちが出迎えてくれるショッピングモール「ウォール・ドラッグ」。アリゾナ・フリーウェイ沿いの荒野の中に突如現れる、珍奇なものを集めたアトラクション「ザ・シング？」。このフリーウェイを通る車は、「百聞は一見にしかず」「砂漠のミステリー」などと書かれた「ザ・シング？」の黄色い看板を、何十本も目にすることになる。

ワーキャンパーは休暇シーズンになると、道端の屋台でハロウィーンのカボチャや七月四日の独立記念日の花火を売る（あるワーキャンパーは、花火売りの仕事への応募中に「爆発物でいっぱいのテントの横で一週間もキャンプをしようだなんて、わたしってどうかしているかしら?」と書いている[8]）。クリスマスツリーを売るワーキャンパーもいる（「キャンプ用クリスマスツリー、お試しあれ！」というワーキャンパー募集の広告があるかと思えば、「愚痴っぽい人、お断り！」と文句をつける広告も）。シーズキャンディーズやヒッコリーファームズなど大手製菓店が売り出す贈答用の季節限定商品を、ショッピングセンターのキオスクで売るのもワーキャンパーだ。また、天然ガスのパイプラインのガスも検査員として雇われるワーキャンパーもいる。爆発を予防するために、「フレームパック」と呼ばれる炭化水素レベルの測定器を手に、地中に埋設されたガス管に沿って何キロも何キロも歩き続ける仕事だ。

フロリダ州漁業狩猟省はハンターの検問所の運営係としてワーキャンパーを雇っている。ワーキャンパーは獲物の野ブタやシカの重量を計り、生体試料（具体的にはシカの顎骨）を採取する。その一帯に生息する群れの年齢や健康状態を調べるためだ。サウスダコタのキジ猟専門のロッジも、「鳥処理」部門にワーキャンパーを採用している。

ワーキャンパーはテネシー州のドリーウッド、アイオワ州のアドベンチャーランド、ニューヨーク州のデリエン・レイク、ニューハンプシャー州のストーリーランド〔すべてアミューズメントパークの名称〕で、アトラクションスタッフとしても働いている（「ワーキャンパーのみなさんは、世界中から日々新たにやってくるお客さまのために

＊1　二〇一〇年に全国紙で大きく取り上げられたワーキャンパーもいる。雇い主のゲートガード・サービス社（テキサス州コーパスクリスティ）がワーキャンパーを従業員ではなく個人事業者として扱い、その結果六二〇万ドルの未払い賃金が発生していると、労働省から指摘された。のちに連邦判事はこの訴えを却下した。

働けるだけでなく、子どもたちの夢をかなえるという純粋な喜びを毎日味わえるのです！」ストーリーランドの求人広告は、そううたっている(9)。

報酬として時給を支払うのは、雇い主の一部にすぎない。ジョージア州のある農場は「毎日のラマの実地訓練」を行うワーキャンパーを募集している(10)。一週間に二〇～二四時間無給で働けば、電気、水道、ガスなどが使えるキャンピングカーの駐車スペース一台分が提供される。週二四時間を超えて働いた分については、七・五ドルの時給が支払われるという。農場によっては、食事と駐車スペースだけを提供する方式もある。この場合、駐車スペースは舗装されているとは限らず、平らで傾斜がなく、電気、水道、下水設備があればラッキーだと思わねばならない（そうした無給の求人広告の一例に、「ボートを操縦できますか？　ボートが好きですか？」と訊き、「カリフォルニア州ポート・サンルイス・ハーバー・ディストリクトで、水上タクシーのボランティア運転手を探しています」というのがある。このボランティアをするとキャンピングカーを停めるスペースが与えられるが、週に四〇時間の只働きが要求される(11)）。そしてもちろん、毎年恒例のビーツの収穫がある。九月の最終週になると、アメリカン・クリスタルシュガー・カンパニー（ACS）はモンタナ州、ノースダコタ州、ミネソタ州に何百人ものワーキャンパーを呼び込む。天気さえ許せば、ワーキャンパーは昼夜を問わず、一二時間ずつのシフトで働く。見返りは最低一二ドルの時給（自給は経験に応じてアップする）と残業代、それに標準的な駐車場だ。

こうしてノマド《遊牧民》的に暮らしている人がアメリカ全土に何人くらいいるのか、はっきりした数字はわかっていない。一定の場所に住まず、常に移動している人たちの存在は人口学者の悩みの種だ。統計上は、彼らは他の定住者に溶け込んでいる。だれでも定住所を――つまりノマドの場合は偽の住所を――もつことが、法律で義務づけられているからだ。どれだけ広範に動き回っていようと、ノマドも表向きはどこかに「定住」していなければならない。定住所のある州こそが、車を登録し、車検を受け、免許の更新をし、税金を支払い、投票し、陪審員となり、健康保険の届け出をし（メディケアの対象者を除く）、その他諸々の雑多な責任を果たすべき場所だからだ。実際にはどこにも住んでいないということは、少なくとも書類上は、どこでも好きな場所に住めるということだ。そこでノマドの多くは、最も面倒が少ないフロリダ、サウスダコタ、テキサスといった州を選ぶ。州所得税がないため、昔から人気の高い州だ。そして常に連絡がとれるよう、郵便転送サービスを利用している。サウスダコタの州民になるための条件は、特にゆるい。州内のモーテルにひと晩泊まり、サウスダコタ郵便転送サービスに登録すればいい。モーテルと郵便局でもらったレシートを公安局で提示すれば、それだけで州民になれる。(12)

ノマドの確かな人数は不明だが、私の知り得た事例の数々からは、住宅バブルの崩壊とともに急増し、その後も増え続けていることがうかがえる。一一〇カ所のキャンプ場で約三〇〇〇人のワーキャンパーを雇い入れているレクリエーション・リソースマネージメント社のウォレン・マイヤー社長は、「二〇〇八年以降、応募者が急増しています。ここに応募者リストがありますが、二万五〇〇〇人で受け付けを締め切らざるを得ませんでした。ワーキャンパーのほとんどがカップルで暮らしていることを考慮すれば、我が社の五〇の求人に対して実際には五万人ほどの応募があったと考えられます」とアルジャジーラの記者に語っている。「二〇〇八年には、定年退職者が集まる会議に出向いては、なんとか働いてほしいと頭を下げたものでしたが(13)」

ワーキャンパーを大量に雇い入れているキャンプグラウンズ・オブ・アメリカ（KOA）（アメリカとカナダに約五〇〇カ

所のキャンプ場を展開するキャンプ場の専門会社〕の代理人が全米退職者協会に語ったところでは、ＫＯＡは自社や提携先の国内各地のキャンプ場で、毎年約一五〇〇組の男女を採用しているという。ウェブサイトでの求人広告サービスが人気の、隔月刊の雑誌『ワーキャンパー・ニュース』は、一万四〇〇〇人の購読者数をコンスタントに増やしているそうだ(14)。

また『ニューヨーク・タイムズ・マガジン』は二〇一一年一一月、「ヴァンに住むこと、つまり〝車上生活〟が今、ファッショナブル」として、年内に一二〇万戸の住宅再取得が見込まれるいっぽう、キャンピングカーの販売台数は二四パーセント増加したと報告している(15)。

ワーキャンパーを採用している企業や官公庁のなかで、最も過激な求人を行ってきたのはアマゾンのキャンパーフォースだ。「(アマゾンＣＥＯの)ジェフ・ベゾスの予想では、二〇二〇年までにアメリカ国内のワーキャンパーの四人に一人はアマゾン勤務経験者になる」。採用時の説明会で見せられるスライドの一つには、そう書かれている。ネコの手も借りたいアマゾンは、国内各地の一二以上の州で、ノマドが集まるイベント会場(ほとんどはキャンピングカーのショーや大会だ)に求人窓口を設置している。採用担当者はキャンパーフォースのＴシャツを着て「求人中」のチラシと宣伝用グッズを配布する。宣伝グッズは、シール、メモパッド、うちわ、リップクリーム、美しい風景写真付きのカレンダー、〝クージー〟(保冷用ボトルカバー)など。どれもキャンパーフォースのロゴ入りだ。黒いシルエットで描かれた、走行中のキャンピングカー。側面に、アマゾン特有のスマイルマークがついている。

最近になって、キャンピングカー用の大きなフロントガラスカバーもつくられた。そこにも、このロゴとキャンパーフォースの求人サイトへのリンクがプリントされている。これは二〇一五年、どこへ行

国内各地で開かれるキャンピングカーのショーで、キャンパーフォースの採用担当者が配布する宣伝グッズ

っても駐車中にはこのカバーをするようにと、キャンパーフォースの数人に配布された。また、新たな人員を紹介してその人が採用されると、一人につき一二五ドル（二〇一二年には五〇ドルだった）の謝礼を受け取れる紹介制度も導入された[16]。初めてキャンパーフォースで働く人向けに、オンラインのニュースレターも発行されていて、そこには熟練者からのこんなアドバイスが掲載されている[17]。

ドンナ・ボネット：「仕事に新品の靴を履いて来てはだめ！　必ず前もって履き慣らしておきましょう」

ジョイス・クーリー：「一番大事なのは前向きな姿勢です。なんでも与えられると思ったら間違い。働いて勝ち取らないとね」

キャロル・ペティ：「どんな仕事かあらかじめ知っておくのが大事です。これはお金のためのアルバイトで、一生の仕事ではありません」

ジョージ・ネルソン：「流れに逆らわず、文句を言わないこと。ぼくたちはこの仕事のプロじゃなく、期間限定のアルバイトにすぎないんだから」

ブライアン・ネルソン：「倉庫でピッキング〔伝票や指示書にしたがって倉庫などで商品や製品を取り出していく作業〕をするのは、お金をもらいながらのエクササイズだと思うことにしている。商品から商品までの距離が長いときは、早足で歩くといい。そうすればカロリー燃焼量が増えるうえ、生産性もアップする」

シャロン・スコフィールド：「箱を扱うので、手にちょっと切り傷や擦り傷ができるかもしれませんが、アマゾンから軍手の支給があります。良いハンドクリームを用意して、念入りにマッサージするといいですよ」

ニュースレターには、非番のあいだに楽しめるアマゾン倉庫周辺のお勧め観光スポットの紹介もある。たとえば「一〇月にはファーンリーで〝ハードタイム・ダンス〟の催しがあります。参加者は一九三〇年代の〝ハードタイム《苦難の時代》〟の服装で集まります」といった具合だ[18]。カンザス州コフィービルのキャンパーフォース向けには、「敷地内には木の実も生り、黒グルミやピーカンナッツ、ヒッコリーナッツが拾い放題です。昨年はピーカンナッツを四五キロ以上も拾って販売したご夫婦もいらっしゃいました」というのもあった[19]。

アマゾンの求人冊子には、応募者への警告文が書かれている。気温がときに摂氏三二度以上になる環境で、一度に二三キロもの荷物を持ち上げなくてはならないこともありうる、というのだ。スタッフ向けニュースレターには、「よく働こう。楽しもう。歴史をつくろう」という会社の標語がくり返し出てくる。そして、キャンパーフォースで得られる目に見えない報酬が強調される。「キャンパーフォースの仲間に囲まれて、一緒に楽しみながら友だちをつくり、旧交をあたためてください。美味しい食事をともにし、語り合い、キャンプファイヤーやテーブルを囲んで楽しい時間を過ごせます。いろいろな意味で、お金に換えられない経験になるでしょう」*2(20) フェイスブック上の「アマゾン・キャンパーフォース・コミュニティ」というスタッフ限定のグループで、ある女性が「三カ月働いたら一一キロ以上痩せた」と報告した。だれかがそれに答えて言った。「毎日欠かさずハーフマラソンの距離を歩いたら、それくらい痩せるのは簡単よね。しかも疲れすぎて食べる気にもなれないし」。もう一人のメンバーは、一〇週間の勤務で合計八八〇キロも歩いたと自慢したが、その記録はやがて破られた。フィットビット〔フィットネス用の、ウエアラブルの活動量計〕の歩行距離の記録が一二週間半で一三二〇キロに達した画像を、別のメンバーが投稿したのだ。

◆

この新種の「企業城下町」を、自分の目で見てみたい。私がそう言うと、元キャンパーフォースの採用担当だったという人が、取材するならベストのタイミングは一〇月下旬だと教えてくれた。「(その頃なら)みんなまだ、そこまで疲れ切っていないだろうから」と。

その助言に従って、私は二〇一三年、ハロウィーンの一週間前にファーンリーを訪ねた。ワーキャン

---

*2　だが、こういう親密さにだれもが重きを置くわけではないようだ。二〇一四年のある『ワーキャンパー・ニュース』は、巻頭でキャンパーフォースの特集を組んだ。キャンパーフォースのメンバー数人を対象にしたそのインタビュー記事には、こんな大見出しがついていた。「ワーキャンパーがアマゾンで働く理由。それは、お金」(21)

パーたちはすでに、リノのグランド・シエラリゾート&カジノのRVパークなど、いくつものRVパークにすし詰めになっていた。なかにはアマゾンの倉庫から六〇キロも離れたRVパークもあった（じつはリンダもファーンリーのキャンパーフォースにいて、そのとき近くのファロンの町に滞在していたことを、私は三カ月後にアリゾナでばったり再会するまで知らなかった）。こうしたRVパークの多くは何カ月も前から予約でいっぱいで、キャンセル待ちの長いリストができていた。倉庫に一番近いという理由で一番人気なのは、国道五〇号線沿いのデザート・ローズRVパークだ。砂利敷きで、真上にさし渡された高圧電線がパチパチと音を立てる、そんな場所だ。そこに、キャンパーフォースの人々がドアマットやガーデン家具を広げていた。ハコヤナギの枝に風鈴を吊るしたり、小鳥の餌台をセットしたり、旗を挙げている人もいる。旗には鮮やかな色合いで「美しい国、アメリカ」とか「さあ飲もう、地球のどこかじゃもう五時だ」とか書かれている。自作のガーデンアートもある。干し草の俵、乾燥トウモロコシの茎、ピンクに輝くカボチャなどでハロウィーンの飾りつけをしている人もいる。飾りつけをしていないと思えば、そこにはささやかな交流を楽しんでいる人たちがいたりして、この場所全体に共同体の雰囲気ができつつある。ガソリン代を節約するために車を相乗りしたり、休日に楽しめる安いレストラン情報を交換したりしているのだ（お勧めのメニューはファーンリーのパイオニア・クロッシング・カジノ&レストランが提供するゴールドパン・スペシャル。玉子二個とパンケーキ二枚、それにベーコンかソーセージかハムと、ハッシュドポテトかフライドポテトがついて、一〇パーセントのシニア割引を使えばたったの二ドル七〇セントだ）。

私は長いこと、RV（キャンピングカー）に乗っている人たちというのは何十年という会社勤めのあと、リタイア後に手に入れた自由な時間を楽しみながら、アメリカじゅうをのんびりと観光旅行しているの

キャンパーフォースのメンバー、ハーパー夫妻（アンジェラとケニー）。カンザス州コフィービルのビッグチーフRVパークにて

だろうと思っていた。そもそもRVという言葉は、「レクリエーション用の車両《Recreational Vehicle》」という意味なのだから。そういう気楽な年金生活者は、いまもいる。でも、そこには新種のノマドも加わっている。たとえばデザート・ローズRVパークの住人の大半は、レクリエーションのことなど考えていない。ここに来たばかりの人たちは、半日だけのシフトで慣らし運転をする「適応訓練」のことで頭がいっぱいだし、以前からいる人は、すでに倉庫勤務のリズムについていくのに懸命だ。

「こういう単純労働をするのは生まれて初めて。こんなに大変だなんて、思いもしなかったわ」ワシントン州立大学で履修指導員をしていたというリンダ・チェッサー（68）は言った。話を聞いたとき、彼女はデザート・ローズRVパークのランドリールームでシャツを干していた。洗濯室にはまあまあの品揃えの貸本の棚があるほか、やりかけの一〇〇〇ピースのジグソーパズルの表面に、野花が咲き乱れる野原が現れ始めていた。痛み止めのイブプロフェンが頼りなの、と彼女は言った。「朝仕事に行くときに四錠、帰ったときにまた四錠飲むのよ」。でも、イブプロフェンでは足りないワーキャンパーもいる。腰に二つの人工股関節を入れている元バス運転手のカレン・チェンバレン（68）は、キャンパーフォースを五週間で辞めたそうだ。あまりに膝が痛くて、コンクリートの床の上を長時間歩くのは無理だったと言う。アマゾンが用意したもう一つのキャンプ地、カンザス州コフィービルのビッグチーフRVパークで取材したケニー・ハーパーも、その取材のすぐあとにキャンパーフォースを辞めた。のちに届いたeメールによると、「左の回旋筋が悲鳴をあげた」からだという。そのほか、「ばね指」という腱鞘炎の症状を訴える人も多い。バーコードスキャナーでのスキャンなど、同じ動作を何度も反復する仕事に伴いがちな症状だ。そして私が足を踏み入れたキャンピングカーの多くはどっさり薬を積み込んでいて、まるで移動薬局のようだった。痛みを和らげる塗り薬「アイシーホット」、疲れた足を浸すためのたらいと入浴剤「エプソムソルト」、痛み止めの「アリーヴ」に「アドビル」。もし薬を切らしてしまっても、困ることはない。アマゾンが倉庫の壁に鎮痛剤のディスペンサーを取り付けて、無料で提供しているからだ。

◆

「ここは住宅難民のたまり場じゃないか！」キャンパーフォースの一員になるためにファーンリーにやって来たとき、ボビーは妻のアニタにそう言ったのを記憶している。リタイアしたらヨットで暮らすのが夢だった夫婦は、その資金を作るため、オレゴン州ビーバートンの三寝室の自宅を担保にローンを組んだ。住宅価格が最も高騰していた時に三四万ドルで購入し、二万ドルをかけて改修した自宅だ。その後住宅バブルは崩壊し、家の価値は二六万ドルに暴落した。バブルが崩壊するまでは、生活はうまくいっていた。ボビーは木工製品の会社の経理をしていた。好きな仕事ではなかったが、たしかな収入源ではあった。アニタはインテリア・デコレーターとして働くかたわら、介護のパートをしていた。家の価値を上回るローンの支払いのために人生の残りを捧げるなんて問題外だと思った二人は、二〇〇三年モデルのキャンピングトレーラー「カーディナル」を購入し、路上に出た。「私たちはあっさり退場したのよ」とアニタは言う。「『このゲームはもうおしまい』と自分に言い聞かせながらね」

こんなことになったのはウォールストリートの腹黒な連中のせいだ、とボビーは言う。家を諦めると決めた経緯を話すときは弁解めいた口調になり、支払いが遅れたことは一度もなかったし信用も高かった、と大急ぎで付け加えた。失敗は、住宅の価格がいつまでも上がり続けるものと、なんの疑いもなく信じたことだった。「住宅の価値が下がるところを、それまで一度も見たことがなかったんだ」とボビーは首を振った。自分の新しい人生が「ゆっくりと見えてくる現実」を、ボビーは映画『マトリックス』の一場面にたとえた。それまで現実だと信じていた快適で予想可能な世界は幻にすぎず、じつは残酷なディストピアを覆い隠すための嘘だった、と主人公が悟る場面だ。「大半の人が安心しきって信じていることが、ぼくには幻に思えてしかたがないんだ」ボビーは言う。「本当だと信じていたことが本当じゃないとわかると、人は方向を見失う。自分の一部になるほど信じていたものを手放すのは、ひどい打撃だよ」私が取材した時点では、この夫婦が公的年金をもらえるまでに、まだ数年あった。ボビーは六五歳まではキャンパーフォースで季節労働を続けるつもりだったが、アニタは高卒の資格がないためキャンパーフォースに応募できない。そこで、RVパーク内の半端仕事を請け負うことにした。キャンパーフォースの居住地になっているRVパークには、ちょっとした経済圏が形成される。その主役は、メンバーが倉庫で働いているあいだ車に残っているパートナーだ。そういう人たちが、提供できるサービス――犬の散歩、食事の支度、縫い物、椅子の張替え、初心者向け絵画教室などなど――を共用の洗濯室の掲示板で告知して、利用者を募っている。

アマゾンのキャンパーフォースには、ボビーとアニタ夫妻以外にも差し押さえの犠牲者がいた。私はネバダ、カンザス、ケンタッキーの各州で何十人ものワーキャンパーから話を聞いたが、金銭トラブルの話はあまりにどこにでもころがっていて、大恐慌の後の難民収容所――いわゆる「雇用なき景気回復」によって伝統的な労働の場から追放されたアメリカ人が最後に頼った場所――を歩いているような錯覚に陥ることがあった。でなければ、囚人と話しているような気がすることも。にこやかな会話はさっさと終わらせて、「何をやらかしてここに来たの?」と訊きたい誘惑にかられるのだ。

取材した人のなかには、投資に失敗して貯金を使い果たした人もいれば、二〇〇八年の金融恐慌で401k〔米国の確定拠出型年金〕を失った人もいた。充分なセーフティネットを構築できていなかったために、離婚、病気、怪我などがなければ乗り越えられたであろう危機を、乗り越えられなかったケースもあった。解雇されたケース、経営していた事業が不景気でつぶれたケースも見た。少数だが五〇歳未満の人にも会って、その人達が失った（あるいは最初から見つからなかったか、始められなかった）仕事の話を聞いた。多額の学生ローンと、実社会ではほとんど価値がないことが判明した学位のせいで、問題はさらにこじれていた。多くの人は空虚な未来から脱出する手段として、車上生活に望みをかけていた。

キャンパーフォースは実験的な試みとしてスタートしたが、偶然、その時期に住宅バブルが崩壊した。国内の広い範囲に散らばっていたアマゾンの倉庫は長年、クリスマス需要に追いつくだけの人材を確保するのに苦戦していた。さまざまな雇用プログラムを試行し、三～五時間もかかる遠方からも、バスで労働者を輸送していた。[22] そんななか、二〇〇八年、クリスマスセールの時期に、カンザス州コフィービルの倉庫に大量のワーキャンパーが送り込まれた。手配したのは人材派遣会社のエクスプレス・エンプロイメント・プロフェッショナルズだ。これに味をしめたアマゾンは、この雇用プログラムにキャンパーフォースという名称をつけてロゴを作成し、ブランド化した。そしてネバダ州ファーンリーやケンタッキー州キャンベルズビルの倉庫にも拡大した。さらには人材派遣会社と手を切って、ワーキャンパーを直接雇用するようになった。その後、アマゾンはキャンパーフォースのベテランのなかから信頼できる人材を選び、「アウェイ・チーム」と呼ばれる新人指導チームをつくり、カリフォルニア州トレーシー、テネシー州マーフリーズボロ、ニュージャージー州ロビンズビルにできたばかりの新倉庫でワーキャンパーの指導にあたらせた。二〇一七年の前半にはキャンベルズビルとマーフリーズボロのほか、テキサス州のハスレットとサンマルコスの倉庫がキャンパーフォース募集の広告を出している（このとき、ファーンリーの倉庫はすでに閉鎖されていた。かわりにネバダ州リノに新しくできた倉庫では、キャンパーフォースを採用していない）。

ワーキャンパーは季節的な人材確保を求める雇用側にとって、便利な即戦力の典型だ。必要とする場所に、必要とするタイミングで集まってくれる。住居と一緒にやってきて、つかの間RVパークに企業町をつくるが、その町は仕事が終わればきれいさっぱり消えてなくなる。組合が結成されるほど長時間留まることはない。しかも体力的にきつい仕事なので、勤務時間が終わってもお互いに交流などできないほど疲れきってしまう。

ワーキャンパーはまた、福利厚生や社会保険をほとんど要求しない。逆に、私が取材一年目にインタビューした五〇人以上のワーキャンパーたちのほとんどは、短期の仕事が与えてくれる安定に（それがどんなにうわべだけのものであっても）感謝していた。たとえばジョアン・ジョンソン（57）はアマゾンのキャンベルズビルの倉庫で階段を駆け上がっていたときに足を滑らせて落ち、コンベヤーベルトの支柱に頭をぶつけた。そしてアムケア[23]と呼ばれる社内診療所で包帯を巻かれたあと、救急治療室に搬送された。

この事故でジョアンは髪の生え際を九針縫い、両目の回りに黒いあざをつくった。「仕事は続けさせてもらえたわ。クビにならなかったのよ」ジョアンはうれしそうにふり返った。しかも怪我をした翌日、六七歳の元ワーキャンパーの夫と暮らしているキャンピングカーを、人事部の責任者が訪ねてくれたのだと。ジョアンは二度と階段を駆け上がらないとアマゾンに約束した。そして、この訪問にいたく感激していた。「まったく驚いたわ。責任者がわざわざ時間をとって、こんなに遠くまで様子を見に来てくれるなんてねえ」

アマゾンのような会社が、若い人向きと思われる仕事になぜ高齢者を歓迎するのか、私は不思議だった。「高齢者のほうが信頼できるからよ」とジョアンは言った。「高齢者は、いったんやりだしたことにはベストを尽くすから。どうしてもっていうとき以外、休みもとらないしね」（ジョアンは怪我から回復するあいだ、勤務をたった一日しか休まなかった。休んだ日の給料は支払われなかった）。

アマゾンのキャンパーフォース責任者も、高齢者には高い職業倫理があるという信念を強調する。『ワーキャンパー・ニュース』が主催したあるオンライン・ジョブ・セミナーで、キャンベルズビルのキャンパーフォース責任者、ケリー・カルマスは「八〇代のメンバーのなかには、目をみはるような働きをしてくれる人が何人もいます」と語っている。「高齢者を多数採用するメリットは、それまでの人生で培った仕事の経験をキャンパーフォースに持ち込んでもらえることです。高齢者のみなさんは、仕事というものを知っていて、仕事に専念してくださいます。私たちは、仕事とは短距離走ではなく長距離走だと考えています。言ってみれば、ウサギとカメのようなものだと。キャンパーフォースには若いスタッフもいくらか混じっています。でも、高齢者のみなさんはとても順序よく仕事をされて、ひとつ、またひとつと、着実にタスクをこなしていきます。そして結局は、信じられないかもしれませんが、若い人とほとんど同時にゴールするんです[24]」

そのうえ、「追加生活保護の対象となる所得の高齢者」や「フードスタンプ〔政府が発行する食料配給券〕の受給者」など、「雇用機会上のハンデをもつ」とされるカテゴリーに属する労働者を雇うことで、アマゾンは賃金の二五〜四〇パーセントの連邦税控除を受けている。キャンパーフォースのなかでも事情通のメンバーは、そうした報奨制度をよく知っている。ある移動労働者は「Tales from the Rampage（怒れる労働者の物語）」と題するブログに「〝雇用税額控除〟を受けられるからこそ、アマゾンはこんなに動きの遅い無能な高齢者を雇うんです」と書いている。「生活保護受給者がアマゾンで働けば、政府は年三カ月間は保護費を払わずにすみ、そのぶんが雇用税額控除に回る。アマゾンにとって私たちは、税額控除の手段にすぎないのです[25]」

高齢者の雇用を歓迎する姿勢は、アマゾンに限ったことではない。人材派遣会社エクスプレス・エンプロイメント・プロフェッショナルズの業務執行役員スコット・リンドグレンも、年に一度のビーツ収穫に向けたオンライン求人セミナーで、高齢ワーキャンパーの仕事ぶりを賞賛している。「ワーキャンパーのみなさんの高い労働倫理に、我が社は拍手を惜しみません」スコットは言う。「ワーキャンパーのみなさんは、一生涯真面目に働いてこられた方々です。あなた方なら職務を確実にまっとうしてくれると、私たちは安心していられます。あなた方は、我が社最高の人材です[26]」

ワーキャンパーのデイビッド・ロデリック（77）も同意見だ。「頼れる定年退職者は、会社にとって大事な存在だ。必要なときにちゃんと現場にやって来て、懸命に働く。奴隷のようなもんだ」。言いながら、デイビッドは二〇一二年の冬を思い出していた。一五年落ちのキャンピングカー「レイジーデイズ」で七〇代の奥さんと暮らしながら、カリフォルニア州のサン・マテオ・イベント・センターで夫婦一緒にクリスマスツリーの販売をしたときのことだ。大きいものだと三メートル近くもあるモミの木を運び、客の車の荷台に積み込む仕事だった。週六日、一日八～一〇時間は働いた。「販売するだけなら楽しいが、お客に見えないところでモミの木を切ったり運んだりするのは、どう考えても若者向けのきつい仕事だ。だが、販売チームの大半が、私らのようなリタイア組だった」

デザート・ローズRVパークで初めて会ったときに、もしデイビッドがターコイズ・ブルーのキャンパーフォースのTシャツを着ていなかったら、白髪にあごひげを生やしたこの老人がワーキャンパーの一員かもしれないなんて、思いもよらなかっただろう。デイビッドはカリフォルニア・コミュニティ・カレッジで化学と海洋学を教えるところからキャリアをスタートし、エコツーリズムの草分け的な会社を立ち上げた。その後、国務省のイングリッシュ・ランゲージ・フェロー（英語教育の専門家）としてヨルダンで働いたこともある（その後すぐに、サウジアラビアとクウェートからも英語を教えてほしいと頼まれたが、デイビッドが両国の定年年齢の七〇歳になったと知ったとたん、どちらも依頼を撤回した）。

だがデイビッドが退職後に頼れるはずだった、いざというときの備えは、とうに消え失せていた。若い頃に一度離婚したせいで、カリフォルニア・コミュニティ・カレッジで教鞭をとった一六年間で積み立てた年金を、早期に引き出さざるを得なかったからだ。もし手付かずにしておけばいまごろは、国の拠出分込みで、最低五〇万ドルにはなっていたはずだった。それが現状は二万二〇〇〇ドルを残すのみで、それも離婚した妻と折半しなければならない。デイビッドはのちに再婚したが、その女性も経済危機のあおりを受け、最初の結婚で得られたはずの六五万ドルの年金を失っていた。その原因となったのは、一九九一年のエグゼクティブ・ライフ保険会社の経営破綻。保険業で過去最大規模の破綻だった。

デイビッドは屈んではつま先立って手を伸ばすという、アマゾン倉庫で日に何百回もくり返している動作を実演してみせてくれた。体のあちこちが痛む妻とくらべれば、自分はラッキーだとデイビッドは言った。デイビッドの概算によると、アマゾンでの稼ぎは過去一番稼いでいたときの五分の一ほどだという。

「職探しに困ったことは一度もないが、給料は奴隷並みだ」デイビッドは言った。「ぼくらは新時代のリタイア族だな」

デイビッドのようなワーキャンパーの話を聞けばきくほど、アマゾンのRVパークが国家的災厄の縮図のように思えてきた。RVパークにごった返しているワーキャンパーは、これまでずっとあたりまえだと思っていた中流階級の安楽な暮らしから、はるか隔たったところに落ち込んでしまった人たちだ。ここ数十年アメリカ国民を苦しめている経済的な苦境を、声高に叫ぶ者たちだ。だれもに、語るべき経験がある。

チャック・スタウト（70）もそのひとりだ。注文に応じて棚から商品を集めるピッカーとして、倉庫のなかを毎日二一キロほどは歩いているという。「ピッカーのことを〝囚人〟と言う人もいる。倉庫で一列縦隊で歩き、タイムレコーダーを押し、一人で黙々と働くからね」とチャックは言った。チャックは引退まで四五年間、マクドナルドの社員だった。一九七〇年代後半には世界本社の商品開発ディレクターを務めた。だが音楽教師をしていた妻のバーバラ（57）とチャックは株で四一万ドルの損失を出し、二〇一一年に自己破産した。サウスカロライナ州マートルビーチ〔大西洋岸の美しいビーチにあるリゾート地。著名なデザイナーが手がけたゴルフコースでも知られている〕のゲート付き高級住宅街、ヘロン・ポイント内のゴルフコース脇にあった持ち家も失い、キャンピングバス「ナショナル・シーブリーズ」の一九九六年モデルに移り住んだ（二人はこのバスをTCと呼んでいる。良い日には「Totally Comfortable《完璧に快適》」、悪い日にはただの「Tin Can《空き缶》」。いずれにしてもTCだ）。TCの中には「ハグあるところに我が家あり」とクロスステッチされた刺繍作品が飾られている。アマゾンの仕事が終わったら、二人はオークランド・アスレチックスの春のオープン戦の会場で、ビールとハンバーガーを販売する予定だ。

フィル・デピール（48）は、湾岸戦争の〝砂漠の嵐作戦〟からの帰還兵だ。「ここでの仕事はたった二カ月のことだと、ずっと自分に言い聞かせている」フィルは言った。「兵役が務まったんだから、アマゾンも大丈夫だ、ってね」フィルと妻のロビン（46）は二〇〇八年のリーマンショック後に自宅を差し押さえられ、ワーキャンパーになった。価格高騰による競争激化が原因で、フィルが経営していた金屑回収会社「We-R-Junk」が倒産したのだ。「スクラップの価格が異常に高騰した。スクラップを載せられる車の屋根があるってだけで、だれもが回収業に乗り出したんだ」。二人はいま、キャンピングトレーラーに住んでいる。このトレーラーを牽引しているのは、金と茶色に塗り分けた一九九三年モデルのダッジP350ピックアップトラック。側面に貼ってある「あぶく銭」と書かれたステッカーについて訊くと、「買ったときから貼ってあったんだ」とフィルは言った。

◆

高・中所得者層から低所得者層に移行する高齢者の人口は近年急激に増加していて、私が取材したアマゾンのワーキャンパーの多くはその一員だった。いわゆる、高齢アメリカ人の貧困化だ。エンパイアのような企業町の全盛時代、つまり安定した雇用と年金を誇った「強い中流階級」の時代には、だれひとり想像できなかった状況だ。

経済政策研究所（EPI）の経済学者モニーク・モリシーに、この前代未聞の変化について説明してもらった。「私たちが直面しているのは、退職後の保障が無に帰すという、近代アメリカ史上初の事態です。後期ベビーブーム以降に生まれた人たちは世代が進むほど、リタイア後にそれまでと同程度の生活をするのが難しくなっています」

ということは、もはや高齢者に休息はないということだ。二〇一六年には六五歳以上のアメリカ人被雇用者数は九〇〇万人ちかくにのぼった[27]。一〇年間で六〇パーセント増加している。全労働者に占める高齢者の割合とともに、この人数も増加を続けるだろうと経済学者は予測している。最近の世論調査からうかがえるのは、いまのアメリカ人にとっては長生きしすぎてお金がなくなることのほうが、死ぬより怖いという現実だ[28]。高齢アメリカ人のほとんどが、リタイア後は「余暇の時間」だと考えているが、その余暇にまったく働かずに過ごせる見込みの人はわずか一七パーセントしかいないことが、別の調査で判明している。

◆

リタイアそのものは、比較的歴史の浅い考え方だ[29]。歴史の大部分において、人間は死ぬまで、もしくは衰弱のあまり指一本動かせなくなるまで（そうなれば、どのみち死期は近い）働いてきた。一七九五年、先見の明のあったアメリカ建国の祖トマス・ペインは『土地配分の正義』と題するパンフレットを執筆し、当時の平均寿命五〇歳に達した人に毎年一〇ポンドの年金を支給することを提案した。ところがアメリカ人は一世紀以上もこれを無視し、そのあいだにドイツの政治家オットー・フォン・ビスマルクが世界初の老齢保険法案を帝国議会に提出、一八八九年に可決された。この法案は、労働者が七〇歳の誕生日を迎えたときから年金を支給するという内容だったが、その目的は、マルクス主義者の挑発を安上がりに回避することだった。というのも、そんなに長生きするドイツ人は、当時めったにいなかったからだ。帝国樹立の立役者であり鉄血宰相とあだ名された右派のビスマルクは、この法案で保守派からの

「国民に甘すぎる」という批判の矢面に立たされた。だが、ビスマルクはそんな批判をずっと無視し続けた。一八八一年、国保制度をめぐる論議が始まった帝国議会で、ビスマルクはこう答弁した。「社会主義とでもなんでも言いたまえ。どう呼ばれようと私は動じない」

リタイアの概念が二〇世紀初頭にアメリカに広まったのは、ウィリアム・オスラーの功績だ。ウィリアム・オスラーは積極的に社会的な発言をした著名な医師で、ジョンズ・ホプキンス医学校の設立にも貢献している。彼は一九〇五年の演説で、労働者の体力は四〇代でピークを迎え、六〇代に向けて下降すると主張した。さらには、六〇代になったらクロロホルムで始末したほうがましかもしれない、という笑えない冗談を言った。この発言は「クロロホルム・スピーチ」として有名になり、全国版のスキャンダルに発展した。『ニューヨーク・タイムズ』の編集委員会はオスラーを「邪魔になった老人の頭を若者が殴り飛ばすのが慣わしの、野蛮な部族」にたとえた[30]。しばらくのあいだ、『オスラる』という言葉も流行した。老人を安楽死させるという意味だ（オスラーを皮肉るこの造語は、必ずしも正当ではなかった。というもの安楽死を義務化するというアイデアの元になったのは、アンソニー・トロロープのディストピア小説『The Fixed Period』だったからだ。だが、この小説はわずか八七七冊しか売れなかった。トロロープの作品のなかで、おそらく最も人気のない作品といえるだろう[31]）。

年金の擁護者リー・ウェリング・スクワイア〔年金の歴史と高齢者の経済的依存の原因を論じた『Old Age Dependency in the United States』（1912）の著者〕も一九一二年に同様の発言をしているが、こちらにはそれほど冗談めいた調子はない。

六〇歳を超えると、独立していたはずの人間はいとも簡単に、だれかに頼らなければ生きていけなくなる。

財産を失い、友人を亡くし、あるいは疎遠になり、親戚もほとんどいなくなり、野心が潰え、余命わずか数年となり、あとは歓迎すべき死を待つだけという状況になれば、いつの間にか、そして当然の帰結として、希望にあふれた独立した市民だった者が、無力な貧困層へと転落してしまうのだ。[32]

多くの先進工業国が、ドイツにならってなんらかの老齢保険制度をとり入れた。だが、徹底した個人主義の国アメリカは、この流れに乗り遅れた。二〇世紀半ばまで、老いて働けなくなったアメリカ人には二つの選択肢があった。一つ、子どもがいれば子どもと同居する。二つ、救貧院に行く。イギリス由来の陰鬱な救貧院での生活はみじめで、「収容者」と呼ばれる住民にとっては「オスラれる」ほうがましなほどだ。オハイオ州サンダスキーでそんな救貧院のひとつを訪ねた人が、その様子をつぎのように報告している。「建物は非常に古く、ぼろぼろだ。壁はひどい状態だ。網戸はなく、いたるところにハエがたかっている。座り心地の良い椅子もない。どの部屋も、とても汚い。院内の仕事は入居者がしている。食事はひどく貧しい。病院と呼ばれている悲惨な場所は、病院というより牢獄のようだ」一九二〇年にコロラド州の慈善委員会に提出された報告書にも、同じようにみじめな施設の記述がある。「建物は、住居として不適格だとして五年前に使用禁止になった古い教会。壁がぐらぐらで、いまにも崩れそうだ。戸外の寒さを遮るすべはほとんどない。古い床には亀裂が入り、汚れている。ベッドも作りつけの寝台も見るに耐えない。結核性股関節炎のため九月からずっと寝たきりで、一度も入浴していない入居者がいる。別の崩れかけた部屋には、ボロをまとった九十何歳の女性が古いストーブに覆いかぶさるようにして、なんとか暖をとろうとしている」[33]

かように象徴的で恐ろしい存在だったせいで、第一世代の「モノポリー」にはボードの隅に「救貧院」のマスが設けられていた。一九〇四年のルールによれば、このマスは〝支出を賄うには所持金が足りず、借り入れも不動産の売却も不動産担保ローンもできない〟プレーヤーが最後に行くところ、ということになっている。なお、後世代の「モノポリー」では、救貧院があったところが舗装され、「無料駐車場」となっている[34]。

アメリカでリタイアが現実のものとなるには、大恐慌という代償が必要だった。大恐慌時代には労働者が町にあふれ、雇用はあまりに少なく、その結果として高齢者を戦力外に押しやるしかない、という暗黙の合意が生まれた。そもそも高齢の労働者のほうも、さほど上手くやれていたわけではない。一九三四年には高齢者の半数以上が自力で食べていけない状況になっていた[35]。つぎはぎだらけの老齢年金制度を考案した州もあるが、その制度では困窮高齢者のごく一部しか救えなかった。カリフォルニアの医師で飼料用の畑と業績不振のドライアイス工場の経営もしていたフランシス・タウンゼントは、のちに「タウンゼント・プラン」と呼ばれる法案の通過を求めて働きかけを始めた。六〇歳で定年退職した労働者には、政府が月二〇〇ドルの年金を支給するという法案だった。たちまち、何千という草の根の「タウンゼント・クラブ」がアメリカじゅうに発足した。この大衆迎合策を無視できなかったことも一因で、フランクリン・ルーズベルト大統領と民主党が多数を占める連邦議会は一九三五年、連邦社会保障法（公的年金法）を可決した。だがこの法律は、タウンゼントの法案とちがい、将来の退職者が全労働期間を通じて保険料を支払い、それを共通の基金に充てる方式だった。その五年後、バーモント州の弁護士事務所の秘書を退職したアイダ・メイ・フラー（65）に、初の公的年金が支払われた。金額は二二ドル五四セントだったという。

ニューディール政策の後、経済学者はアメリカの年金システムを〝三本脚の椅子〟に例えるようになった。椅子を支えている頑丈な三本脚にあたるのが、公的年金、個人年金、それに投資と貯蓄の合計というわけだ。近年になってこのうち二本が失われたことは、言うまでもない。アメリカ人の多くはリーマンショックで資産を失った。すでにそれ以前も、貯蓄額は減るいっぽうだった。しかも一九八〇年代以降、雇用側は年金の転換を進めていた。その結果、年金は、会社が財源を拠出し、労働者が死ぬまで一定額を支給する確定給付型から、労働者自らの拠出に頼り、死ぬ前に干上がってしまう可能性がある確定拠出型（401k）へと変更された。401kは労働者自身が投資先を選択できる金融自由化の手段とうたわれて登場した制度だが、じつはアメリカが社会全体による共同責任主義から、より不安定な自己責任の社会へと舵を切ったことの表れでもあった。言い替えれば、401kは企業にとって、それまでの年金制度よりはるかに安上がりだったのだ。

イェール大学のジェイコブ・S・ハッカー政治学教授は著書『The Great Risk Shift（リスクの巨大シフト）』で次のように警鐘を鳴らしている。「私たちの一つ前の世代に、経済的リスクの受け皿に重大な変化が起きた。企業や政府をスポンサーに含む幅広い保険制度が担っていたリスクを、いまや各世帯の脆弱な家計が担わされている」。「私たちは自己責任の時代に生きている」という重要なメッセージを伝えているのだ。[36]

六五歳以上のアメリカ人の大半にとって、公的年金はいま、最大にして唯一の収入源になっている。[37]だがその年金額は、驚くほど少ない。投資信託協会（ICI）に所属する経済学者、ピーター・ブレイディーは言っている。「私たちに〝三本脚の椅子〟はない。あるのはホッピング用の（一本脚の）ポールだけだ(38)」

この言葉は言い得て妙だ。つまり公的年金だけではあまりにぎりぎりで、やっと食いつなげるどうか、というレベルなのだ。ニューヨーク市にあるニュースクール大学のテレサ・ギラルドゥッチ教授によれば、中流層の労働者の半数近くは、退職後は日にわずか五ドルの食費でやりくりすることになるという(39)。「私はこの現象を『定年の消滅』と呼んでいます」取材の際、教授はそうコメントした。定年退職者の多くは何らかの労働収入なしには生き延びられない。それなのに、高齢者向けの仕事は賃金が下がるいっぽうで、肉体的にも厳しいものになっている。教授はこの現実を憂えて、「私たちはリー・ウェリング・スクワイア〔97頁〕が一〇〇年以上前に描いた世界に、逆戻りしつつあるのではないか」と言う。また、この問題を真剣に議論しようとすると、社会的な偏見のせいで必ずややこしくなってしまうとも言っている。「この問題を話し合うとき、私は決して『定年』という言葉を使いません。アメリカ人は伝統的に、人に依存したり非生産的であったりすることを非常に嫌うからです」

「定年」という言葉を口にするだけでも〝強欲老人〟というイメージを喚起するリスクがあるのは否めない。二一世紀への変わり目にこのイメージをつくり上げて衆目の的にしたのは、公的年金を批判する人々だった。その筆頭がワイオミング州選出の元上院議員、アラン・シンプソンだ。「〝強欲老人〟は現役世代の血税を飲み干しつつ、ゆたかなレジャーを楽しみながら老後を過ごす、老人病の吸血鬼だ」と説いた(40)。まるで七〇歳代版ロナルド・レーガンの〝福祉女王〟だ〔レーガンは福祉予算削減を正当化するために、生活保護を受けながら女王のような豪華な生活をする福祉詐欺師の話を捏造した〕。ちがいといえば、レーガンの女王がキャデラックを乗り回していたのに対し、シンプソンの吸血鬼はレクサスに乗っていたことぐらいだろう。シンプソンはまた、実在しない公的年金推進グループ〝ピンク・パンサーズ〟を激しく非難したことでも有名だ。議論を有利に運ぶために、そんなでっち上げまで行ったのだ。高齢者と女性を差別する暴言を吐いたことを実在の公的年金擁護団体である高齢女性連盟に非難されると、シンプソンはますます意固地になり、「公的年金は三億一〇〇〇万の乳房から乳を絞られる乳牛のようなものになってしまった」とeメールで反論した。

このeメールは皮肉な言葉で結ばれていた。シンプソンはアマゾンがつくった新しい企業町に足を踏み入れたこともなければ、わずかな給付金の足しにするために長時間労働を余儀なくされている多くのアメリカ人に会ったこともないらしい。

というのも、結びの言葉は「まっとうな仕事に就いてから連絡してください」だったのだから。

第4章　脱出計画

公的年金が少なすぎるという、どうすることもできない問題に直面したリンダは、誰もがするように、インターネットで解決策を探した。すると、こんな言葉が書かれたサイトが目にとまった。


あなたは前世ではジプシーだったかもしれないし、さすらい人だったかもしれません。あるいは、ホーボーだったかも。

それでも、憧れの自由な生活なんて絶対に無理だと思いますか？

果てしない競争にはもう飽き飽きして、生活をシンプルにしたいとは思いませんか？

諦めることはありません。私たちがその方法をお教えします！(1)

リンダはそれ以前に、『CheapRVLiving.com（安上がりRV生活）』というウェブサイトを見つけていた。アラスカ出身の元セイフウェイ商品管理係〔セイフウェイは米国の大手スーパーマーケット・チェーン〕、ボブ・ウェルズがつくったサイトだ。反消費主義の教義が「繁栄の福音」派〔キリスト教系新興宗教の一派〕の熱意で説かれるところを想像してみてほしい。それこそがボブのメッセージだった。ボブは、より少ない所有物で幸福に暮らそうと説く。

彼の書くものすべてに通底しているのは、「自由になる一番の方法は世間でホームレスと呼ばれる存在になることだ」という基本理念だ。

「大半の人にとって一番大きな出費は住居費だ。反消費主義の鍵は、その住居費の削減だ」とボブは書き、伝統的な家やアパートを避けて、一部のノマドが「車上住宅」と呼ぶトラックや自家用車、キャンピングカーなどに住むよう勧めている。そして月に五〇〇ドル以下（リンダにはしごく納得のいく金額だ）で生活している車上生活者もいると言い、その一例として、このわずかな額ですべての必要経費を賄う予算例を挙げている。必要経費に含まれるのは、食費、自動車保険料、ガソリン、携帯電話使用料、それに緊急の場合に備えるための少額の貯金だ。

ボブ自身の車上生活の探求は、二〇年ちかく前に始まった。だが、最初からいまほど車上生活に入れ込んでいたわけではない。一九九五年、ボブは一三年間連れ添った妻であり、幼い二人の息子の母でもある女性との離婚の辛さを味わった。自身で言うところの〝借金中毒〟にもなっていて、クレジットカードを限度額まで使い切って三万ドルの負債を背負い込み、自己破産の手続きに入っていた。

アンカレッジで家族とひしめき合って暮らしていたトレーラーハウスを出るときが来て、ボブはひとりアラスカ州ワシラに向かった。家を建てようと何年も前に買っておいた数エーカーの土地が、そこにあったからだ。だが当時建設中だった家は、まだ基礎と床までしかできていなかった。それをものともせず、ボブはそこにテントを張って暮らし、そこから八〇キロ以上離れたアンカレッジへの通勤を始めた。

まもなくボブは、子どもたちにも勤務先のセイフウェイにも、もっと近い場所で暮らしたくなった。

(ボブの父親はセイフウェイの管理職で、ボブが一六歳の誕生日に初めてレジの袋詰めの仕事をしたのもセイフウェイだった)。だがアンカレッジのアパートは賃貸料が高いうえ、自分と妻との二つの世帯の経済を立ち行かせるのも不可能に近いことに思われた。二四〇〇ドルの月収の半分は元妻に渡していた。「一二〇〇ドルは元妻が取り、手元に残るのは一二〇〇ドルだけだった。それでアンカレッジにアパートを借りるのは無理だった」とボブは言う。「他の場所ならいざ知らず、アンカレッジではとてもとても」。そのいっぽう、毎日の通勤でアンカレッジとワシラを往復していると、時間もガソリンもどんどん無くなった。なんとかする必要があった。

そこで実験をすることにした。ガソリンを節約するために、平日は市内に留まり、古いピックアップトラック「フォード・クーリエ」にキャンパーシェル〔ピックアップトラックの荷台部分に取り付けて使う、脱着可能な居室部分〕を載せて、そこで寝る。そして、週末だけワシラに戻るのだ。この方法で、通勤の負担はいくらか軽減した。アンカレッジで寝るときはセイフウェイのすぐ外に車を停めたが、上司たちは気にしなかった。それどころか、勤務時間になっても姿を見せない者がいると、その分の仕事をボブに回した。なにしろボブは、すぐ眼の前にいたのだから。そうやって、思わぬ時間外手当も入ってきた。この経験からボブは、一生この方式でやっていけるんじゃないか、と思うようになった。

このキャンピングシェルでは小さすぎてとても自宅にはできないが、他にどんな選択肢があるだろう、とボブは考え始めた。通勤途中にいつも通る電器屋の前に、売出し中の札をつけたシボレーの箱型トラックが停まっていた。かなり使い込んである。店に入って訊いてみると、機械的な問題はないのだが、あまりにおんぼろでみっともないので、電器修理の依頼先に行くのに使えないのだという。売り値は一五〇〇ドルで、貯金の残高とぴったり同じだった。ボブはこの車に賭けて、貯金をはたいた。

シャッター式のリアゲートがついたトラックのボックス部分は、高さ二メートル一三センチ、横二メートル四三センチ、縦三メートル六六センチ。小さな寝室ほどの大きさはある、とボブはマットレスと毛布を広げながら判断した。だがそこで寝た最初の晩、ベッドに入ったボブは、気がつくとむせび泣いていた。自分にどう言い聞かせようと、これが自分の新たな生き方だと思うと胸が潰れそうだった。生まれて四〇年、ボブは特に陽気になることも楽観的になることもなく生きてきたが、それも役には立たなかった。子どもの頃から生活の基盤が揺らぐ経験を（比喩的な意味でも文字通りの意味でも）何度も味わい、そこから、永久に続くものは何ひとつないと学んできた。幼い頃は両親が不仲だったうえ、一家はアリゾナ州のフラッグスタッフ、プレスコット、オクラホマ州のポンカ・シティを転々とした。一九六一年、ボブが六歳になった年に、家族はアンカレッジに落ち着いた。三年後、世界は終わりを迎えた。少なくとも、子どもだったボブにはそう思われた。一九六四年三月二七日午後五時三六分、観測史上二番目に大きな地震がアラスカ中南部を襲った[2]。太平洋プレートと北米プレートの境の断層が断裂して起きた、聖金曜日地震の異名をもつアラスカ大地震だ。マグニチュード九・二を記録したこの地震は四分半も続き、無数の余震をともなった。アラスカ沿岸部は津波にさらわれ、アンカレッジは地滑りのため市全域が壊滅。高さ一八・三メートルのアンカレッジ国際空港の管制塔も崩壊した。J・C・ペニーの五階建てビルの前面を覆っていたコンクリート板が、下にいた人や車の上に落ちかかった。ボブが通っていたデナリ小学校の建物は、基礎に亀裂が入り、レンガの煙突が倒れて屋根を突き破ったため、翌年末まで閉鎖された[3]。

ボブは明りも暖房もない家の中で身を丸めていた。外気温は氷点下で、地面には雪が積もっていた。「自分の周りの地面がぱっくり口を開けたんだと思った。余震が夜じゅう続いた」ボブは言う。「家が爆発する音が何度も聞こえた。ベッドに寝ていたら家が吹き飛ぶ。そんなことが本当にあるんだ。天然ガスが漏れていて、何かの拍子に点火すればね」

ボブの家はその夜は爆発しなかった。だがある意味、七年後に爆発したともいえる。ボブが一七歳のとき、両親がついに離婚した。妹は母親と暮らすことを選んだ。ボブは父親が気の毒で父の元に留まったが、まもなく継母も一緒に暮らすことになった。ボブはその継母が嫌いだった。空虚感に襲われながら大人になったボブは、心にぽっかり開いた穴を埋めようと、借金、食べもの、セックス、宗教と手あたり次第に手を出した。

それまでの生き方に特段の誇りはなかったが、四〇歳で箱型トラックに移り住んだとき、わずかに残っていた自尊心は最後のひとかけらまで消え失せた。落ちるところまで落ちたと思った。自分を批判的に見れば、結婚に失敗し、仕事こそしているものの車上生活をするまでに落ちぶれた、二児の父親だ。おれはホームレスの落伍者だ、と思った。「毎晩のように、泣きながら眠った」とボブは振り返る。

ボブがヴァンと呼ぶその箱型トラックは、その後六年間、ボブの家となった。車上生活に入るのは惨めな暮らしへの転落だと思っていたが、そうではなかった。荷台を住みやすい場所に変えたら、ちがう局面が開けてきたのだ。合板と木材で二段ベッドを作り、下段で寝て上段を納戸用のロフトとして使用することにした。座り心地の良いリクライニングチェアを運び込んだ。プラスチック製の棚を壁にネジ止めした。アイスボックスとコールマン製の二口コンロがキッチンがわりだ。水はコンビニエンス・ストアのトイレで大きな容器を満杯にした。仕事が休みの日には息子たちが遊びにきた。一人は二段ベッドに、もうひとりはリクライニングチェアに寝かせた。

ほどなく、以前の暮らしを思い出してもさほど恋しく思わなくなった。逆に、もう家賃も水道光熱費も払わずにすむことを思うと、得をした気分だった。浮いたお金で、ボブはトラックをより快適な居室にした。まず壁と屋根に断熱材を入れ、気温がマイナス三四度以上に落ち込む冬も暖かく過ごせるよう、触媒ヒーターと四〇ガロン入りのプロパンガスのタンクを買った。夏の暑さ対策には、換気扇つきのシーリングファンを取り付けた。発電機と蓄電池、インバーターを導入したあとは、夜も明るく、苦もなく過ごせるようになった。電子レンジとブラウン管テレビまで備え付けるのに、時間はかからなかった。

ボブはこの新しいライフスタイルがとても気に入ったので、トラックがエンジンブローを起こしたときも、迷いはなかった。ワシラの土地を（クレジットカードのローンで建て続けていた家の骨組みもろとも）売り払い、利益の一部でエンジンを修理した。

「必要に迫られなくてもあそこまでしただろうか。勇気が出たかどうか、正直言ってわからない」ボブはウェブサイトでそう認めている。だがあとになってみると、必要に迫られて良かったと思っている。

「トラックに移り住んでみて、世間の常識は嘘だとわかった。結婚して白い柵に囲まれたマイホームに住み、毎日仕事に出かけなさい。そうすれば幸せな死を迎えられます。でもそれまでは、惨めに暮らさねばなりません、って世間は言うんだ。だがぼくは、車上生活をして生まれて初めて幸せを感じた」と。(4)

二〇〇五年、ボブはリンダが見たウェブサイト『安上がりRV生活』を立ち上げた。最初は、わずかな予算で車上生活をする秘訣として、ハウツー記事をほんのいくつか掲載しただけだった。倹約の鍵は、有料のRVパークに用意されている送電網や上下水道に頼らず、電力や水を自分で賄う「ブーンドッキング」だ（まちがった使い方が広がっているが、ブーンドッキングという言葉には――狂信的なブーンドッカーにはただちに指摘されそうだが――手つかずの原野に停泊するという意味合いもある。都市部でこの種の車上生活をしても、厳密にはブーンドッキングとはいえない。それはステルス・パーキングまたはステルス・キャンピングだ。つまり、人目を盗んで駐車あるいはキャンプしているだけ、ということになる。でも、ボブのウェブサイトの戦略は、ブーンドッキングとステルス・キャンピングのどちらにも有効だ）。

二〇〇八年の金融危機後、ボブのウェブサイトへのアクセスは爆発的に増えた。(5)「失業した人、貯金をすべて失った人、家の差し押さえが決まった人たちからのeメールが毎日のように届いた」。のちにボブはそう書いている。中流層からはじき出された人たちが、生き延びるすべを模索していた。「節約生活」「車上生活」などのキーワードでグーグル検索した結果、ボブのウェブサイトに誘導されたのだ。「経済的な不運は本人のせいだと非難するのがいまの世の風潮だが、ボブは彼らを非難するのではなく励ました。「世間の常識どおりに学校に行き、就職し、懸命に働きさえすれば、すべてうまくいく。かつての世の中にはそういう社会的契約が存在していた。だが、そんな常識はもう過去のものだ。すべて世間から期待されるとおりにやってのけて、それでも無一文になったり、ひとりぼっちになったり、ホームレスになったりする可能性はある」とボブは読者に訴えている。「普通の暮らしを捨てて車上生活を始めれば、ぼくたちをはじき出す現在の社会システムに異を唱える〝良心的兵役拒否者〟になれる。ぼくたちは生まれ変わって、自由と冒険の人生を生き直せるんだ」

◆

こうしたことにはすべて前例があった。アメリカが大恐慌に陥っていた一九三〇年代半ば、トレーラーハウスが初めて大量生産された。愛好家や小規模製造業者のあいだでは面白い工夫を凝らした製品が長年つくられていたが、このときになって人気が急上昇したのだ。(6) 二年後、ビジネス誌『フォーチュン』にこんな記事が載った。「最初、トレーラーハウスはキャンプ場で個性的に見える、その程度の存在だった。だがやがて、住居として使えることに気がつく人が出てきた」(7)

何十年もの後にボブが味わうことになった同じ思いを、当時、アメリカで自宅からの立ち退きを余儀なくされた数百万人が味わった。彼らは〝社会的契約〟を守ったにもかかわらず、社会システムに裏切られたのだ。そうした人の一部が、トレーラーハウスに移り住めば家賃というくびきから抜けだせることに気がついた。ノマドになれば、自由になれる。フーバービル〔三〇年代の世界恐慌当時、ホームレスの人々が住んだ掘っ立て小屋の並ぶ地域〕よりはましじゃないか、と。一九三六年の車雑誌『オートモーティブ・インダストリーズ』の記事には、こんな一文がある。「どこにでも行けて、どこにでも泊まれて、税金も家賃もなし。最高だ。こんなすごい特典をまとめて手に入れるには、昔なら死ぬしかなかった」(8)

「アメリカはすみやかに車上国家に移行しつつある」一九三六年の『ニューヨーク・タイムズ』では、ある高名な社会学者がこう語っている。「所持品をまとめてモバイルホームに積み込み、友人に別れを告げ、路上に出た家族の数は、いまでさえ数十万にのぼる。（遠からず）この数はますます増え、全人口の大きな割合を占めることになるだろう」一九二九年の大恐慌を予言して金融界の予言者の異名をとったロジャー・W・バブソンは、一九五〇年代までにアメリカ人の半数がトレーラーハウスに住むことになるだろうと予言して注目を浴びた。(9)『ハーパーズ・マガジン』は「モバイルホームに住むという新しいライフスタイルが、我々の社会構造、倫理観、法律、産業システム、税制を変えることになるだろう」と予告した。(10)

その後の二五年間で、アメリカ国内の車庫や裏庭に、推計一五〇万台から二〇〇万台のトレーラーハウスが購入または建造された。(11)だが、このトレーラーハウス熱は一九六〇年頃に終息した。その頃、トレーラーハウスより広くて安い、いわゆる〝モバイルホーム〟が盛んになったからだ。だが、モバイルホームはいったんトレーラーパークに落ち着いたら基本的にはそこに留まることになるので、トレーラーハウスより自由度は低かった。

トレーラーハウスに住む人々について、社会評論家の意見は真っ二つに分かれた。自由を愛する時代の先駆けと称賛する声があるかと思えば、社会分断の凶兆だという見方もあった。両親が一五年前からトレーラーハウスで生活していたという作家のデイビッド・A・ソーンバーグは、自己決定権を手にすることへの両親の強い意思に、静かな革命を読みとっていた。ソーンバーグは車上住宅の歴史をテーマにした著書『疾走するロッジ』(12)に、次のように書いている。

そういうわけで、大恐慌のさなかに生まれたのが、脱出という新たな夢だった。雪と氷からの、重税と高い家賃からの、もはや誰も信を置かなくなった経済システムからの脱出だ。脱出するぞ！　冬のあいだ、週末だけでも、あるいは死ぬまでずっと、脱出するんだ。必要なのは、ほんの少しの勇気と六〇〇ドルのトレーラーハウスだけだ。

そして、さらに詳しく説明している。

大恐慌はすべての世代、すべての階級の、何百万人ものアメリカ人を無力な青二才に変えた。だがひとにぎりの者が、この混沌のさなかにチャンスを見出した。従来よりも個人的で、おそらくより強い生命力をもつ世界を、そして価値を、再建するチャンスを。世界の再建をめざしたこうした人々のなかに、三〇年代にトレーラーハウスに住んだ一〇〇万人以上が含まれていた。彼らは思慮深く、理想主義的で、因習を打破しようとし、意図的にドロップアウトした人々だった。政府や大企業が手を差し伸べるのを待たないと決めた人々、自身の財政の行く末を自身の手でコントロールしようと決めた人々、中流階級の束縛から抜け出し、まったく新たなサブカルチャーの担い手になることを選んだ人々。従来より少しだけ自由で、少しだけ自律的な、そして心配に支配されることのより少ない、心のおもむくところに少しだけ近づいた、そんな人生をえらんだ人々だった。

◆

株式市場が持ち直しても、ボブのもとには相変わらず、「雇用なき景気回復」が救えなかった新たな経済難民の声が届き続けた。三〇年代のトレーラーハウス生活者の大半が、最終的には〝ふつうの〟家に回帰したのに対し、現代のノマドはより永続的な移行に向かっているらしかった。

「ぼくたち全員にとって一番大きな問題はお金だ。今日のような不況下では特にそうだ」予算配分に関する二〇一二年の記事に、ボブはそう書いている。[13]「失業して家を立ち退かされることになったという読者からのeメールが、ぼくのところには毎週のように届く。よくある質問のひとつが、車上生活をする経済的余裕があるのだろうかという質問だ。ぼくは返事を書いて、反問する。『車上生活をしないという経済的余裕はあるんですか?』と。長い目で見れば、車上生活は他のどんな方法よりはるかに安上がりだと、ぼくは確信している」

このとき、ボブのウェブサイトにはさまざまな車における車上生活についての投稿が集まっていた。極小型のフォード・フェスティバやトヨタ・プリウスから、とんでもなく古いトラック、払い下げの空軍バスに至るまで、ありとあらゆるサイズの車の情報があった。ボブは車上生活者を数人とりあげて、紹介した。シャーリーン・スワンキー(通称スワンキー・ホイールズ)もその一人だ。膝の関節痛とぜんそくを抱えていた六四歳のとき、そこそこのアパートを借りるだけのお金がなくなって、箱型トラックに移り住んだ。車上生活は彼女に合っていた。三〇キロ近く体重を落とした彼女は、ルーフトップに載せた黄色いカヤックで五〇州すべてを制覇するという挑戦に乗り出した(そして七〇歳のとき、これを達成した。新たな目標は全長一三〇〇キロのアリゾナ・トレイルを踏破することだ)。[14] 別の記事では、トゥルーパー・ダンと呼ばれるノマドが紹介されている。[15] オハイオ州に住んでいたとき失業し、トヨタの白いピックアップトラックに赤いキャンパーシェルを載せて、フロリダ南部にやって来た。ダンは自分の車を

bug-out vehicle《緊急避難車両》の頭文字をとってBOVと呼んでいる。サバイバルに情熱を燃やすダンは、長年、万一の災難に備えてきた。「ぼくは昨今の不況の犠牲になっただけの、ごく普通の人間だ。基本的に、キャンプをしているつもりでいる。自分のことをホームレスだとは思わない」とダンは言う。「これは、これから起こることの前触れだと思う。そのうち、みんながいたる所でテントや車上生活をするようになるだろう（大恐慌時代のフーバービルのように）。〝移動するホームレス〟の問題はあまりに大きくなりすぎて、もはや警察の手には負えなくなっている」

『安上がりRV生活』のアドバイスは車の選び方や装備のし方から季節限定の仕事の探し方、車上生活での健康的な食事まで、多岐にわたる。ルーフトップ用ソーラーパネルの取り付け方の説明動画もある。ソーラーパネルの価格はここ一〇年間で大幅に下がり、かつては比較的裕福な人だけのものだった技術が、低予算の車上生活者にも手が届くようになっている。人目を引くと通行人に嫌がらせされたり、もっと悪ければ警察の手入れが入ってチケットを切られたりすることもあるので、ソーラーパネルはルーフキャリアやルーフレールの間に隠すのがお勧めだという。

記事の多くは純粋に実用的な内容だが、ボブはそこに哲学的な内容も紛れ込ませている。映画『ブレイブハート』や、デール・カーネギー、ヘレン・ケラー、ソロー、トールキンなどさまざまな思想家の、心に響く言葉を引用しているのだ。ボブはこうした引用に自分自身の存在論的考察を加えて、「よりシンプルで逍遙学派的なライフスタイルは人間の基本的な必要を満たすだけでなく、より高尚な志——自由、自己実現、冒険——への扉だ」と提言している。

一般のアメリカ人は、この種の無常観に現代版『怒りの葡萄』を想起するだろう。だがそこには重要

スワンキー・ホイールズのトラック内には、カヤックで全 50 州を制覇した記念地図が飾られている

な差異があることを指摘したい。ダストボウル〔一九三〇年代にアメリカ中西部で吹き荒れた砂嵐。農地が耕作不能となった原因〕が多数の難民を生んだ三〇年代に「オーキー」と蔑まれたオクラホマ州の難民にとって、自尊心とはすなわち、あるたいせつな希望の残り火を絶やさず燃やし続けることだった。それは、いつかすべてが元通りになり、普通の家に住める日がくる、そうしてわずかばかりの安定を取り戻せるはずだ、という希望だった。

ボブも、彼の影響を受けた多数のノマドも、車上生活をそれとは異なる角度から見ている。ボブの予想では、アメリカでは将来、経済的、環境的大変動が日常的になる。だからボブは、ノマド的生活を、社会が安定を取り戻すまで乗り切り、時期が来ればまた一般社会に戻るための、その場しのぎの解決策とは考えていない。むしろ彼が目指しているのは、壊れつつある社会秩序の外で（さらにはそれを超越したところで）生きられる、さまよえるトライブを生み出すこと。つまり、車輪の上のパラレルワールドをつくることなのだ。

二〇一三年の終わりに四五〇〇人以上だったボブのウェブサイトの登録読者数は、それから三年を待たずして六五〇〇〇人以上に増えた。そこでは郵便物を遅滞なく受け取る方法、孤独とのつき合い方、警察による嫌がらせへの対処方法まで、ノマドの生活のあらゆることが相談され、アドバイスが交わされている。協力し合う環境が整っていて、「シャワーはどうすればいいの?」といったごく基本的な質問にも、うまい解決法を教えるコメントが殺到する。たとえばこの質問に対しては、「格安のスポーツクラブ(よく選ばれているのは「プラネット・フィットネス」だ)に入会して、会員証を全国各地のシャワールームへの入場券のように使うのがお勧め」という回答が複数寄せられた。水を含ませたスポンジで体を拭き、ベビー用のお尻拭きを気前よく使うのが一番、という人もいた。巨大な点滴バッグのような形のソーラーシャワー(熱を吸収するために片面が黒く塗られている)が良いと言う人、水圧を調整できる庭用の水撒き器を使うという人、コインランドリーのなかには裏手にコインシャワーがついているものがあると教えてくれる人もいた。フライングJ、ラブズ、パイロットなどのトラックステーションを使う手もある。こうしたトラックステーションは往々にして、給油した人にシャワーの無料券を配布している。長距離トラックの運転手が、精算のときに居合わせた他のドライバーに、あまった無料券を譲ってくれることも珍しくない。[*1]

掲示板の会話が活発になっていたのは、『安上がりRV生活』だけではない。アメリカ各地で低予算生活をするノマドの情報交換や助け合いはインターネット上で急速に拡大していて、ボブのサイトもそのコミュニティの一部にすぎなかった。このコミュニティの始まりは「lance5g」を名乗る謎めいた人物が『Live in Your Van（愛車に住もう）』と題するヤフー掲示板をつくったときだから、遅くとも二〇〇〇年の一一月に遡る。[16] 最初の投稿は、次のような簡単な紹介文だった。

ようこそ。興味がおありのみなさんに、節約を目的とした（それ以外に、いったい何が？）車上生活の方法をお教えしたいと思います。

このテーマは一見、独身男性向けに思われるかもしれませんが、女性にも有益です。

記事カテゴリー：入浴、睡眠、駐車、トイレ、安全確保、発覚回避、室内の整頓、冬の夜の過ごし方

その後、lance5g は二度と書き込みをしなかった。まるで啓蒙思想の時代の神学者たちが考えた「時計職人の神」の低家賃版さながら、lance5g は世界を構築し、ネジを巻き、そのまま立ち去ってしまったのだ。だが彼がつくった世界は彼なしで発展し、vangypsy だとか vwtank-girl だとかいうハンドルネームの投稿者たちが、固い絆で結ばれた集団をつくるに至った。そこへ問題が生じた。ヤフーが掲示板をすべて新しいプラットフォームに移行すると決定したのだ。オーナー不在のコミュニティは、この

＊1　二〇一四～一五年の冬にアリゾナ州クォーツサイトに行ったとき、私は生まれて初めて、トラックステーションで無料でシャワーを使った。石鹸、シャンプー、ビーチサンダルの入ったビニール袋を下げて車を降り、レジに行くと、シャワーは一二ドルだと言われた。私はたぶん、顔をしかめたのだろう。右側のレジにいたトラックの運転手が、カウンター越しにシャワーの無料券をこちらに滑らせ、私のシャワー代にあてるようレジの人に言ってくれた。「いまこのカードをお使いになると今後二四時間はシャワーを使えなくなりますが、よろしいですか」レジの人は言った。運転手は両肘を上げて左、右と脇の下の臭いを嗅ぎ、肩をすくめて言った。「ううう。この前シャワーを浴びてからもう一週間か」

移行を機に閉鎖されるという話だった。

『愛車に住もう』で最も活発に発言していたメンバーは、ゴースト・ダンサーと呼ばれる社交的なノマドだった。二〇〇二年一月一日、ゴースト・ダンサーはインディアナ州ビンセンズで、国道四一号線沿いのマクドナルドに停泊していた。彼の家は、茶色のフォードF150ピックアップトラックの一九八九年モデルだった。ヤフー掲示板の移行はその夜、日付が変わると同時に完了するという。国じゅうに散らばった新しい仲間の集会場が、失われてしまうのだろうか。ゴースト・ダンサーは気が気ではなかった。先の見えない不安は、彼にとっては西暦二〇〇〇年問題の縮小版のようなものだった。だが、彼には何の準備もなかった。

解決策は、思いついてみれば、わかりきったことに思われた。いままでの掲示板がなくなる前に、新たな集合場所をつくればいい。だがそのために、ノートパソコンを持ってマクドナルドに入るというシンプルな選択肢は、ゴースト・ダンサーにはなかった。そもそもノートパソコンを持っていなかったし、WiFiホットスポットが一般的になるのは、その数年先のことだったからだ。そこでゴースト・ダンサーは手持ちの音響カプラ（受話器に取りつけることで電話回線を通じたデータ通信を可能にする機器）と公衆電話を使った。何時間もかけて回線をいじりまわしたあげく、公衆電話に三五セント分の硬貨を入れると、ついにゴースト・ダンサーはインターネットとの接続を果たした。(17) さっそくヤフーのアカウントにログインし、「車上生活者の会：愛車に住もう2」(18) という掲示板を立ち上げた。これは彼の自慢のエピソードで、いまも語りつがれている。ゴースト・ダンサーを「車上生活文明の開祖」と呼ぶ有名ブロガーもいるほどだ。(19)

現在の住まいの箱型トラックに座るゴースト・ダンサー

ゴースト・ダンサーはあとになって失敗に気づいた。時差があるのを失念し、締切りの時間を数時間まちがえていたのだ。だが、問題はなかった。メンバーは彼がつくった新しい掲示板に再集結した。ヤフーは結局『愛車に住もう』のオリジナルの掲示板を閉鎖しなかったが、そちらはゴーストタウン状態になり、「偶然の出会い」とか「倒錯サイバーシングル」とかいう文句が並んだアダルト業界のスパム広告に乗っ取られ、見る者は誰もいなくなった。いっぽう『車上生活者の会：愛車に住もう2』のほうにはボブ・ウェルズを含む新規登録者が何千人と集まり、とどまるところを知らぬ勢いだ。二〇〇八年の金融危機後の四年間で、その数は二倍以上の八五六〇人にふくらんだ。車上生活者の会の紹介文は、以下のとおりだ。

『車上生活者の会』は全国に散らばっているノマド・トライブの集会所です。高齢者の集まりであり、自らの選択で、あるいは事情があってこのコミュニティに足を踏み入れようとしている人の育成所です。また、初心者が通過儀礼を行う場所であり、有益な情報を仕入れた者が、それをトライブのメンバーと共有する場所です。

メンバー間のやりとりは、プラットフォームの垣根を越えて広がっている。二〇一〇年にはヤフー掲示板のあるメンバーが、フェイスブック上に『車上生活者の会：愛車に住もう』を立ち上げた。[20] そちらの「よくある質問」ページにも同様の綱領が掲げられている。

互いを思いやり、共有し、知識を分け与え、友情を育み、助け合うことを目的としています。

この文言で、車上生活者の互助ネットワークへの参加に微妙な問題が生じた。車上生活者が財政困難に陥るのは珍しくないからだ。

メンバーのほとんどは貧乏です。災難に見舞われて無一文になり、親類や友人、ときには見ず知らずの人の好意に頼るしかなくなるのは、珍しいことではありません。このグループを、オンラインで物乞いをする場にしたくはありませんが、お金が無くてどうしようもなくなったメンバーが、助けを求めるケースもままあるでしょう。みなさんそれぞれがご自身の判断で、自分に何ができるか、どうしたいかを考えてください。

アメリカ最大のソーシャルニュースサイトである『reddit』にも、二〇一〇年に『車上生活者の会』というスレッドができ、いまや二万六〇〇〇人以上の読者がいる。[21] ユーチューブでは何十人ものＤＩＹ愛好者が、車上生活のボブ・ビーラ〔住宅リフォーム分野の有名人で、いくつものリフォーム番組の司会を務めた〕になるべく、月並みな乗用車を設備の整った車輪付き住宅に変えるアイデアを競って披露し、しのぎを削っている。国内各地の旅行者から旅のヒントや最新情報を募り、それをまとめて検索可能な地図にして、ノマドに提供しているウェブサイトもある。そのひとつ『FreeCampsites.net』は、自然に囲まれたのどかな場所にある無料キャンプ場を見つけられるサイトだ。市営の小さな公園から広大な国立公園まで網羅している『AllStays.com』は、トラックステーション、カジノ、カベラス〔全米第二位のアウトドアスポーツ用品専門店〕のアウトレット、クラッカー・バレル・レストランといった、停泊ができる商業施設のリストを提供している。さらに、「ウォーリードッキング」（ウォルマートでのブーンドッキングを意味する造語）専用のアプリもここから購入できる。

ウォルマートはキャンパーが駐車場に停泊するのを黙認することで、昔からキャンピングカーのオーナーに愛されてきた。熱心な鳥猟ハンターだった創業者のサム・ウォルトンが、アウトドア派への仲間意識から始めたことだと信じる人もいれば、買い物客を増やすための抜け目のない戦略だと考える人もいる。どちらにせよ、ノマドはこれをありがたく受け入れている。顧客を奪われる有料キャンプ場やＲＶパークは、心中穏やかでないにしても。だが、すべてのウォルマートの駐車場が停泊に使えるわけではない。停泊を禁止しているウォルマートも都市部にはある。バーベキューの道具やガーデン家具を並べたり、半永久的に腰を落ち着けたりと、行き過ぎた長期滞在をする者がいたために、停泊を禁止した店もある。二〇一五年三月、アリゾナ州コットンウッドのウォルマートの駐車場で、車上生活をしていたクリスチャンの音楽家一家が警察と乱闘騒ぎを起こし、警官と銃を取り合った末に八人家族の一人が亡くなった。(22) その後、その店は駐車場での停泊を禁じた（ウェブサイト『RV Daily Report』の編集者は「頭のいかれたひと握りの人たちのせいで、せっかくの好条件がふいになってしまうのはじつに嘆かわしいことだ」とコメントした）。(23) ウォルマートの一部は、いまのところグレーゾーンにある。駐車場で夜を過ごす客（その多くは不況とともに増えている車上生活者だ）がどんどん増えることに、頭を悩ましているのだ。テキサス州オースティンでは「Mobile Loaves & Fishes」〔新約聖書のキリストのパンと魚の奇跡に由来する名称。食糧支援車といった意味〕という支援グループが、ウォルマートの駐車場で定期的に移動式屋台を出している。(24)「ウォルマートのお客さんは、駐車場に停めた車のなかで寝ている人たちを見て、おそらく少し困惑しているでしょう」支援グループの創設者アラン・グレアムは地元ラジオ局のレポーターに語った。「それでも（ウォルマートが）受け入れてくれるのは、ありがたいことです」

ところで、眠い目をこすりながら運転しているノマドが、国内の何千ものウォルマートのどれが好意的かを常に把握しておくなんて、できるのだろうか？　それを可能にするのが『AllStays.com』のアプリだ。「停泊可能なウォルマート駐車場検索アプリ」(25) を開くと、アメリカとカナダ全土のウォルマートが小さなWの文字で表示される。そのいくつかは赤文字だ。赤文字の店に車を停めると、追い出されるか、悪くするとレッカー移動されてしまう可能性がある。だが、Wの文字のほとんどは黄色だ。クリックすると口コミが表示される。たとえば、以下はネバダ州パランプ店の口コミだ。

#5101 ウォルマートスーパーセンター

二〇一五年七月　快適に車中泊できました。キャンピングカーはほかにも二台停まっていました。

二〇一五年五月　キャンピングカー、他に一台有り。夜間お客さまサービスの係員から許可証をもらった。搬入口に近い、一番手前の木立のそばに停泊した。早朝に運搬車の出入りが激しくなるので、充分にスペースを空けて駐車するといい。

二〇一〇年九月　係員が好意的でした。運搬車の邪魔にならないよう、駐車場の南端に車を停めました。

小さなWの文字と口コミは、現代版のホーボー・サインみたいだ。ホーボー・サインとは一九世紀の終わりから二〇世紀初頭版のクラウドソーシングともいうべきもので、ホーボー（移動労働者）が特定の場所についての知識をあとから来るホーボーに伝えるために使った絵文字だ。壁や戸板にチョークや木炭で書かれ、ときには木の幹に彫りつけられて、危険（警察がうるさい、性悪の犬がいる、この水は飲んではいけない、等）や有益な情報（安全な停泊場所だ、親切な女性がいる、仕事有り、等）を伝えた。

二〇〇〇〜〇五年にかけてブログが急激に普及し、それまで孤立していたノマドたちは自身の経験を時系列に従って記述して広く公表するようになった。そんななかから、ノマド界で有名になる人たちが現れた。最も早い時期に名を馳せ、多くの記事を書いたのは、元がん患者のジョージ・レーラー、通称〝タイオガ・ジョージ〟だ。(26) ブログを書くようになったのは、六〇代半ばだった二〇〇三年。住宅費と食費の両方をまかなうのは難しくなり、大型キャンピングカーに移り住んでからだ。キャンピングカーは全長八・二メートルのフリートウッド社製タイオガ・アロー。ソーラーパネルと衛星インターネットを装備している。ジョージは自身のブログ『The Adventures of Tioga and George（タイオガとジョージの冒険）』で、自分と頼れる相棒タイオガ・アローは「歴史上、世界で最も偉大な放浪者だ」と言い、「家賃は金輪際払わない！」という感動的なモットーを表明している。ジョージが気まぐれに投稿する旅の記録にはキャンピングカーの「タイオガ嬢」のほか、同じく擬人化された旅の仲間が登場する。ソニー・マビカ氏（カメラ）、チップスさん（デスクトップコンピューター）、サニーさん（太陽光発電システム）、データ・ストーム氏（衛星アンテナ）、ドメティック氏（冷蔵庫）、デローム氏（GPSシステム）といった面々だ。タイオガ・ジョージは一日のうちに記事を何本もアップすることも多かった。友だちになったノマドの話、侵入してきた小さなアリとの闘い、大好きなメキシコで意地悪な警官に金を巻き上げられたことなど、話題はさまざまだ。収入と支出の詳細も報告している。二〇一〇年八月にはグーグル広告による収入が一三〇〇ドルを上回ったことも、包み隠さず書いている。息子のデイビッドの自殺についての胸を打つ書き込みもあり、勤めていたAutoCAD（オートキャド）の販売会社が一九九〇年代前半の不況の波に沈んだ後、息子の小さな家の食堂の床で眠ったときのことを回想している。開始から一〇年もたたずして、ジョージのブログは約七〇〇万人の訪問者数を記録した。

タイオガ・ジョージはブーンドッキング世代のブロガーに影響を与えた。テラ・バーンズもその一人だ。テラは二〇代の風俗嬢で、九八年モデルのシボレー・アストロで暮らしながら、人気ブログ『Hobo Stripper（ホーボー・ストリッパー）』で「お金のために脱ぎながら国じゅうを走り回る車上生活」の詳細を報告している。[27] ボーダーコリーのブロと一緒にストリップクラブを渡り歩くかたわら、キーボードに向かい、ラップ・ダンス〔ストリップクラブなどで行われる、座っている客に接触しながら踊るダンス〕のコツやエンジン冷却用のウォーターポンプの交換方法などを読者に伝授している。ジョージア州出身の元算数教師、六〇代のスーザン・ロジャースも、人気ブロガーのひとりだ。『RV Sue & Her Canine Crew（RVスーと乗組犬）』[28]と題するブログには、車上生活を始めようと思い立ったのはタイオガ・ジョージのおかげだとある。スーが全長五・二メートルのキャンピングトレーラー、カシータを牽引する二〇〇五年モデルのシボレー・エクスプレスから毎日発信し続ける記事は、熱心なファンを集めている。二〇一二年には全国ニュースにも取り上げられた。彼女がブログで呼びかけたことで、やはり車上生活（ピックアップトラックに載せた迷彩色のキャンパーシェルでの）をしていた退役軍人のラスティ・リードが、失踪した愛犬ティンバーとの再会を果たしたのだ。「低予算、高経験の暮らし」「持ち物を減らし、人生をより楽しむ」を標榜するスーは、多くの読者のロールモデルになっている。ピックアップキャンパーでやはり車上生活をしているZenOnWheelsを名乗るブロガーは「RVスーはRV界のぼくの守り神だ」と言い、「スーのユーモアと謙虚さに惹かれて、ぼくは彼女の車上生活の記録を次から次へと読みあさった。何カ月もかけて読むうちにだんだん、そうだ、ぼくにもできるはずだ、と思うようになった」と書いている。そして、スーの「率直さ、親切さ、とんでもなく話上手なこと」に感謝の意を表している。

タイオガ・ジョージと同じくRVスーも家計を公開していて、二〇一三年からはブログによる広告収入も含まれるようになった。二〇一三年の終わりには月に一〇〇〇ドル以上稼げることも珍しくなくなり、ブログから収入を得たいのになかなか成功しない、彼女ほど人気がない他のブロガーを歯ぎしりさせた（車上生活者がブログの広告収入を手にすることを、大半の読者は妬んではいないようだ。だがブログに広告報酬が伴うことは、ミニマリストや大量消費反対論者のサイトに表示される広告が、ときに不適切に感じられる事情をよく物語っている。たとえば『安上がりRV生活』に投稿された「所有物を減らす」と題するメッセージには、バートランド・ラッセルの次の言葉が引用されている。「モノを所有しなければという先入観は、自由に高貴に生きることを他の何よりも妨げる」。ところが、そのすぐ隣にアマゾンのリンクが表示され、一二ボルト電源用ポータブルクッカーやら携帯トイレの便座やらを売り込もうとする。どう見てもミスマッチだ)。

似たような境遇のノマドがオンライン上でこれほど活発にやりとりしていれば、やがては現実の集まりに発展していくものだ。国内各地の森や砂漠でキャンプファイヤーを囲んだノマドたちは、小説家のアーミステッド・モーピンが「バイオロジカル《生物学的》」ならぬ「ロジカル《論理的》」なファミリーと呼んだ、一種の疑似家族を形成する（ファミリーのかわりに〝ヴァニリー〈ヴァンとファミリーの合成語〉〟と呼ぶ人もいる）。休日を本当の血縁者と過ごすより、ノマドのファミリーと過ごすことを望むノマドもいる。たとえば、よくあるのはこんなシーンだ。カリフォルニア州の月面のように荒涼とした砂漠での、クリスマスディナー。州間高速道一〇号線に近いところに、一〇台以上の車が集結している。車の主は二〇代から七〇代までのさまざまな年代のノマドだ。骨を取り、半分にカットし、二台のポータブルグリルで焼いた、七キロ近くもある七面鳥をみんなで分け合う。つけ合せはマッシュポテト、グレービー、クランベリーソースだ。パイも二種類ある。お皿に残った食べかすを舐めている犬さえ満腹するまで、存分に食べる。

GTG《get-together》とも呼ばれるこうした集会はアメリカ西部で開かれることが多いが、東部のオハイオ、アラバマ、ジョージア、テネシーなどにも広がっている。大勢が昔の幌馬車隊のようにキャンピングカーを連ね、道すがらキャンプを設営したり畳んだりしながら移動することもあって、当人たちはこれを〝移動

GTG〟と呼んでいる。ボブ・ウェルズは二〇一一年、のちに一年で最も待ち望まれることになるイベントを初めて企画した。それがラバートランプ集会《ランデヴー》（RTR）〔ラバートランプは、車（ラバータイヤ）で放浪する人（トランプ）の意〕だ。*2 RTRの思いつきは、一年の大半を人里離れた山の中で過ごした一九世紀の山男からヒントを得た。山男たちは罠をしかけて獲物を捕りながら苦労と孤独に耐え、年に一度だけ毛皮市で顔を合わせたのだ。アリゾナ州クォーツサイトに近い砂漠のなかの公有地で、一月中の二週間にわたって開催される冬のさなかのRTRは、ノマドたちがさまざまな技術やエピソードを伝え合い、友だちをつくり、新参者にノマドの生活スタイルを教える絶好の機会だ。ときには、これから車上生活をしたいという人も、テントを持参したりトラックをレンタルしたりしてやってくる。実際に車上生活に入る前に、できるだけ多くのことを学んでおこうというわけだ。参加は無料。ほぼ口コミだけで、広く知られるようになった。

　RTRの仲間にとって、直に顔を合わせることは決してたやすいことではない。メンバーは一年のほとんどを全国に散らばって過ごす。長距離を一度に移動するにはガソリン代が足りない、ということも珍しくない。さらに、ノマドの多くは一匹狼を自認している。そうした人のなかでもとりわけ孤高の印象が強いのが、RVスーだ。ブログの読者に「私がキャンプしているのを見かけても、前触れもなくキャンプサイトに立ち寄らないでください」と頼み「ブログを書くのは性に合うわ。おもしろいたくさんの人たちと、実際に顔を合わせることなく交流できるから」と言っている。ファンのなかには、道中で

*2　私が初めてこのイベントに参加した二〇一三年には、およそ六〇台のキャンピングカーが集結していた。その四年後の二〇一七年には、その数は推計五〇〇台に増えていた。

見覚えのある五・二メートルのカシータを見かけたが、そのトレーラーが誰のものだったかを思い出して急いで離れた、と投稿する人もいる。

RTRの参加者のなかには、わざとキャンプエリアの一番端に車を停める人もいれば、人との接触にわずかしか耐えられず、二週間の会期中のほんの短い間しか滞在しない人もいる。「引っ込み思案が参加しています。内気な私たちは、ここで気まずい思いをしています。家に帰りたいです」とプリントしたTシャツを着て会場に現れたスワンキーは、その日一日、賛同の微笑みや頷きを浴びっぱなしだった。

ボブ・ウェルズは、このどんどん膨れ上がる一匹狼の群れの、事実上の取りまとめ役を自任するようになった。RTRが終わって参加者が散り散りになると、毎年数人がボブの次のキャンプ地までついてくるようにもなった（無料の公共キャンプ場の多くに、滞在は二週間までという決まりがある。RTRの開催地も例外ではない。期限が来れば、どこか新しい、四〇キロ以上離れたキャンプ地へ移動しなければならない）。ボブは彼らを歓迎し、彼等はうやうやしく距離を空けて車を停める。ブログのある読者が、きまってボブについていくグループがいることに気づいて、冗談まじりに彼らのことを〝弟子〟と呼んだ。するとボブはこんな冗談を返した。「マインドコントロールしたり、洗脳したり、人心を操ったり、一生懸命やっている。それなのに、まだだれも弟子入りしてくれないんだ！」

だが、ボブの口調はいつもこんなに陽気とは限らない。ある読者とのもっと真面目なやりとりでは、こんな返信をしている。「きみの言うとおり、これからはもっともっと多くの人が、いまよりずっとシンプルな生活をせざるを得なくなるだろう。ぼくの目標は、そういう人たちがなるべく楽に新たなライフスタイルに移行できるよう手助けすることだ。そしてできれば、その生活に喜びを感じられるように

国立公園の地図を掲げるボブ・ウェルズ。RTR でのブーンドッキング講習会にて

なってもらいたい。いままでそれをしてきた多くの仲間と同じように」

◆

『安上がりRV生活』のウェブサイトで生活が一変したという数々のエピソードを読むうちに、リンダは思いついた。「閃いた！　この人たちにできるなら、私にもできるはずよ」ボブにかかると、極端な倹約生活も自由への道であるように思われてくる。欠乏ではなく解放だ、と思うようになるのだ。リンダに言わせると、それは「手持ちのもので豊かに暮らす」ことだ。それに、一人きりで放浪したとしても、本当に独りぼっちになることは決してないのは明らかだった。その気になればとても多くの放浪者と出会えるし、リンダと同年代の女性が一人きりで放浪しているケースは、いくらでもあるのだから。そういう人たちみんながこのサブカルチャーの担い手で、独自の習慣を確立し、さまざまな生き残り戦術を試し、最良の戦術を伝え合い、経済の底辺で生きるための作戦を立てている。その種の連帯はリンダにとって重要だった。「私ってすごく社交的なの」リンダは言う。「独りぼっちで路上に出ていって、暗い気持ちでかつかつの生活をするタイプじゃないわ。もっとエキサイティングで充実した、創造的な人生を送れるはずよ」

リンダは理想の車を夢見て、ネット上のコミュニティサイト、クレイグスリストをチェックするようになった。何十もの広告を見ているうちに、とても良い出物に出くわした。だが、良し悪しにかかわらず、お金はとても工面できなかった。結局、一番年長の自閉症の孫が、住居費の安さに惹かれてその車を買うことになった。両親と三人の兄弟が住む家からさほど離れていないところにRVパークがあり、月五〇〇ドル、プラス電気代で借りられるのだ。孫がその車を手に入れたのを、リンダは喜んだ。彼が独立して暮らすには、それ以外の選択肢はほとんどなかったからだ。「バーガーキングでアルバイトするだけじゃ、普通にはやっていけないものね」リンダはぽつりと言った。

やがて、思いがけない幸運が転がり込んだ。娘婿のコリンは倉庫会社に勤めていて、銃や証拠品を保管する警察のロッカーから博物館の記録文書の保管庫にいたるまで、あらゆる倉庫の設置を手がけている。あるとき、復員軍人省のある病院で近々実施されるはずの計画に穴があるのに気がついた。館内の案内表示をすべて新しく付け替えることになっているのに、その下準備の予定が入っていなかったのだ。古い表示を取り外し、あとが残った壁の穴を埋め、塗り直さねばならない。リンダの娘のオードラがその仕事を引き受け、一部をリンダに委託してくれた。「退役軍人病院の壁を塗るだけで時給五〇ドルもらえるなんて、夢みたいだった」というリンダは、二カ月後には一万ドルを手にしていた。

二〇一三年四月、クレイグスリストをチェックしていたリンダは、青と黒のストライプが入った一九九四年モデルのエルドラドに行き当たった。まだたった四万七〇〇〇キロしか走っていない、全長八・五メートルのキャンピングカー。普通なら一万七〇〇〇ドルはするはずだが、売値は四〇〇〇ドルだった。

リンダは大喜びで、早速売り手に会う約束をとりつけ、ひとりでは心細いので友人を連れて出かけた。そして、友人と一緒に車をチェックした。タイヤがぼろぼろなのと、助手席側のロフトに大きなへこみがあるのを除けば、外見はまあまあだった。へこみの部分はコーキング材で修理されていたが、まるで練り歯磨きを埋め込んだみたいに見えた（リンダは憤慨した。「あんなことする必要はなかったのに。持ち主は何を考えていたんだか。私に言わせりゃ〝建築用材の乱用〟だわ」）。オーナーによると、アーチ型の路面（中央が高く、両サイドが低くなっているので車が外側に傾く）を走っていたとき、内側に傾いていた電柱にぶつかったという話だった。

車のドアを開けると、むっとしたカビ臭い匂いがした。床は防水シートとベニヤ板で覆われていた。壁にはゴミ袋みたいなビニールが掛かっている。水漏れするんだわ、とリンダはがっかりした。でも、内部をもっと詳細に調べてみると、臭気の元はシャワールームだと判明した。穴が開いているのだが、直すのは難しくなさそうだ。その他の点は、すべて完璧だった。後部にある心地良さそうな寝室も、キッチンの横にあるミニダイニングも。壁の内張り、カーテン、カーペットはどれも、とてもすてきだった。オーナーはA型人間〔競争的でエネルギッシュな、活動的なタイプ。血液型とは無関係〕だとリンダは判断した。キャンピングカーの中に入る前に、必ず靴を脱ぐタイプだ。これまでクレイグスリストでチェックしてきた他のキャンピングカーと比べると、この車は高級ホテルのようだった。ジェネレーターは壊れていたが、それ以外はほぼすべてが正常に動いた。水洗トイレがちゃんと使えるのは、うれしかった（二〇リットル入りのバケツにビニール袋をセットしてポータブルトイレとして使っている車上生活者がいるのはブログで読んで知っていたが、それだけは嫌だとリンダは心に決めていた）。

持ち前の楽観主義がよみがえってきた。そこへ友人の聞き慣れた声が割って入った。「無理よ、これは直せっこないわ」。だが、もう遅かった。リンダはすでに心を決めていた。「やめてよ、『無理無理おばさん』！」リンダは言い返した。「私のモットーは『私ならできる』よ」

リンダはそのキャンピングカーを買った。シャワールームを修理し、カビ臭さを追い払った。運転台上部の凹みに詰まったコーキング剤は魅力的とは言えなかったが、いまのところしっかりくっついているようだ。タイヤは待ったなしの状態だったので、一二〇〇ドルかけて交換した。それだけが大きな出費だったが、リンダが購入したのは自身の未来——自由——そのものだった。路上に出てからどう収入を確保するかについては、すでに考えがあった。

ボブのブログには、カリフォルニア・ランド・マネジメントに雇われて、シエラ・ナショナル・フォレストのキャンプ場スタッフとして三シーズンにわたって働いた経験が綴られている。リンダもボブにならって同じ会社の求人に応募し、ヨセミテ国立公園の近くに短期の仕事を得た。「キャンピングカーがあるだけであんなにすぐ仕事が見つかるなんて、信じられなかった」のちにリンダはそう振り返った。サンクレメンテのホームデポで求人がかかるのを半年間も待ったことがあるが、あの経験が転換点だった。高齢になると、老人差別があるせいで新たな職探しはうんざりするほど困難になる。それを思い知らされたのだ。だが、季節労働者を雇う人たちには、他の雇い主とは違うルールがあるらしかった。「キャンピングカーさえあれば、インターネットで検索するだけで、仕事が見つかるまでたった六秒よ！」リンダは驚いて言った。

ジム・メルビンのブログ『Jimbo's Journeys（ジンボの旅）』(29)も、リンダのお気に入りだ。白い口ひげをたくわえたジムは、六〇代後半までチェーン店のロウズで家電製品の販売員をしていた。カリフォルニアに住んでいる限り定年を迎える余裕はなく、一生働き続けるしかないと悟ったジムは、一九九二年モデルの白とパウダーブルーのキャンピングカー「レイジーデイズ」で路上に出た。ブログにはタイオガ・ジョージに感化された、とある。以来、季節労働をしながら各地を渡り歩いている。最初は一人だったが、のちに、とあるトレーラーパークでお腹を空かして迷い込んできたチワワのチカが家族になった。以来、チカはジムのソウルメイトだという。ジムの職歴は多彩だ。七月の気温が三八度以上になるテキサス州パイニーリッジRVエステートでの管理人、オレゴン中部にあるオーココ・ディヴァイド・キャンプ場でのキャンプ場スタッフ、ロサンゼルス・エンゼルスの春キャンプ中の、アリゾナ州テンピ・ディアブロ・スタジアムでのハンバーガー売り、それにファーンリーのアマゾン倉庫でのキャンパーフォース。これまでの仕事で一番きつかったのはキャンパーフォースだという。続けるには鎮痛剤を毎日二錠ずつのむ必要があったそうだ。しかも体のあちこちの痛みは、仕事が終わった後も何カ月も引かなかったという。だが他の仕事よりペイが良いし、他のワーキャンパー仲間との絆ができるのも気に入っている。「とても親切で楽しい、たくさんの仲間に会えた」とジムはブログに書いている。「来年もやるかって？　もちろんさ！」

リンダもアマゾンの仕事に応募することにした。アマゾンは紹介者に五〇ドルの紹介料を払う。リンダは紹介者としてジムの名前を書いた。「ブログを書いてくれる人たちがいて、本当にありがたいわ」リンダは言う。「若いときはブログなんてなかったのよ、想像できる？　何か知りたくても『近所の人は知ってるかしら？　どこへ行けば情報が得られるの？』って感じだった。こんな仲間がいるなんて、そのなかのだれかとたまたま知り合わない限り、わからなかったのよ」

キャンプ場スタッフの仕事が終わった途端にキャンパーフォースに入ることになるが、それさえ乗り切れれば、そのあとしばらくは失業保険をもらいながら休めるだろうとリンダは算段している。そのうえ、RTRの会場までのガソリン代も出せるだろう。リンダが新しく加わった、けれどもまだ会ったことのないトライブの面々と会えるのだ。

本当の家族は、リンダが計画を話すと応援してくれた。「すごくわくわくするわね！」娘のオードラは言った。そして、いつでも連絡できるようにスマートフォンを持っていってね、月々の使用料は家族割引にして私が出すからと言ってくれた。「大容量データ通信ができるプランにしますよ」娘婿のコリンも請け合ってくれた。

リンダの計画は、うまくいくのだろうか？　だれひとりその答えを知らなかったが、一つだけ確かなことがあった。リンダの人生は変わろうとしていた。そして当面は、それで充分だった。

第2部

第5章　アマゾン・タウン(1)

二〇一三年六月、六三歳になったリンダは、クレイグスリストで見つけて買ったエルドラドを運転し、ヨセミテ国立公園の東玄関から三キロ強のところにあるジャンクションキャンプ場に向かっていた。ワーキャンパーとしてのリンダの新しい人生が、このとき始まった。野の花が咲き乱れる原野、きらめく小川、ロッジポールマツとシロマツの木立。山の空気はきりっと冷たく、山渓に点々と雪を残したシエラネバダ山脈は絵葉書のように美しい。カリフォルニア・ランド・マネジメントに雇われるのは初めてなので、リンダは週三〇時間、時給八ドル五〇セントで働くことになっていた（この時給では、フルタイムで週に四〇時間、休暇なしで一年中働けたとしても、年に一万七六八〇ドルにしかならない。もちろん、諸手当もつかない）。

それまでレジ係をしていたレイクエルシノア市のホームデポからはたった半日の距離だが、手つかずの自然に囲まれていると、とんでもない山奥にいるように感じられた。キャンプ場スタッフという新たな仕事は、大規模小売店の薄暗い電灯の下でレジ係をするのとは正反対だった。のみならず、それまで経験してきたどんな仕事ともかけ離れていた。レストラン、建設現場、カジノ、企業のオフィスで、ずいぶん人生の時間を切り売りしたものだが。何より、家賃を払わずに給料をもらえるのは大きかった。

リンダのキャンプサイトには水道光熱設備はなかったが、上司が発電機を貸してくれたし、火曜日ごとに給水車をよこしてくれたので、そのたびに自分の車の五五ガロン（約二〇〇リットル）タンクをいっぱいにした。必要な生活費はいまや、食費と発電用の軽油代、料理用のプロパンガス代だけだ。リンダは大喜びだった。

ジャンクションキャンプ場の仕事はさほどきつくなかった。一三カ所のキャンプサイトは先着順に貸し出されていて、煩わしい予約も、それにともなう手間暇のかかる文書業務もない。しかも、掃除しなければならない屋外トイレは、たった二カ所だ。そこでリンダはもう一つ、タイオガ湖近くの小さなキャンプ場も担当することに同意した。

リンダはこの仕事に人との出会いがあるのがうれしくて、休暇を過ごしにやってくる人々とのおしゃべりを楽しんでいた。リンダが気に入ったお客さんのひとりが、単独行のロック・クライマー、六九歳の〝ブラウンさん〟だ。何十年も岩肌に刺さったままで腐食しだしたアンカー[2]を取り除くために、ヨセミテのあらゆる人気ルートを登ってきた人物だ。登山者は岩肌に残ったアンカーに命綱を結びつけるので、アンカーの腐食は人命にかかわる。ブラウンさんはそういうアンカーを見つけるたびにそれをえぐり出し、新しいアンカーを打ち込んでいる。リンダが本人から聞いたところでは、もう一五年もこの仕事を続けているそうだ。「それがまた、持っていく荷物の大きいことといったら」リンダは感嘆の面持ちで言う。「びっくりよ。怪物みたいな力持ちだわ」ブラウンさんの気前の良さやスタミナを賞賛しつつも、リンダは心配していた。「落ちて死んでしまうかも、と思わないんですか？」と訊くと、「いいや、まったく」ブラウンさんは山男らしく、むっつりと返事をした。「やり方を心得ているからね」。リンダが出会った客のなかには、ビリーとヘリーンという七〇代の夫婦もいた。姓はアウトローという。冗談のようだが実名だ。この二人も車上生活者で、キャンプ場スタッフの仕事を探しているというので、リンダは上司に紹介した。二人はまもなく、リンダがしていたタイオガ湖の仕事を引き継いだ。リンダはその頃、キャンプ場スタッフの仕事がだれにでも合うわけではないことを知った。元国境パトロール隊員だったという同僚は、仕事のあいだ銃を携行したいと主張した。「銃なしではいられないと、その人は思い込んでいたの」とリンダは説明した。「でも、キャンプ場スタッフは銃を持ち歩けない。国立公園のキャンプ場スタッフが銃を持ってるなんて、とても許せないでしょう。会社はしかたなくその人を辞めさせたわ」

ヨセミテでのリンダの夏は、八月の半ばまで無事に続いた。八月半ばのある日、調べによると、一人でボウハンティングをしていた男性が、松の枝葉で焚き火をして——焚き火は当時すでに違法だったが——スープを温め、バックパックのゴミを燃やした(3)。男性がシカを追っていたスタニスロース国立森林公園のクラビー・リバー・キャニオンは、ジャンクションキャンプ場から西に八〇キロのところにある。焚き火の残り火が乾ききった茂みに飛び移り、カリフォルニア史上三番目に大きな山火事が始まった。「リム・ファイヤー」と命名されたこの山火事はその後二カ月間にわたって燃えさかり、マンハッタンの一七倍以上の面積を焼き尽くした。

キャンプ場に立ちこめる煙は濃さを増し続け、九月になった。次の場所へ移動する時期だ。リンダは仲間に別れを告げ、ファーンリーめざして北上した。ワーキャンパーとして二番目に応募した仕事、アマゾンのキャンパーフォースに加わるのだ。アマゾンの倉庫に近いトレーラーパークはすでに喧騒に包まれていて、季節労働者の予約で満杯だった。停泊スペースの不足は深刻で、オリエンテーションの際にアマゾン側が、近くに土地を購入して自前のトレーラーパークを建設予定だと言ったほどだった。リンダは予約をしていなかった。ほぼひと夏いっぱい、携帯電話の電波もインターネットもない山奥で過ごしていたからだ。倉庫の三七キロ南東に、リンダはセイジバレーRVパークを見つけた。ネバダ州ファロンの町内、国道五〇号線からすぐの、フェンスに囲まれたRVパークだ。砂利の敷かれた敷地内にハコヤナギの木立ちが点在している。近くに牛の牧草地があるため、かぐわしい臭いが漂っている。こちらもすでにキャンパーフォースのメンバーの予約でいっぱいだったが、リンダは親切な管理人と交渉し、なんとかスペースをつくってもらった。

二〇一三年の繁忙期が始まる前に、アマゾンは就業予定者に最新のオンラインのニュースレターを送付していた。六月号のトップページには「キャンパーフォースで培う友情の価値」とある(4)。求人用のリーフレットと同じ明るい調子のせいで、厳しい肉体労働がまるでサマーキャンプか何かのようだ。「(キャンパーフォースの) メリットのひとつは、お金に代え難い貴重なもの。長く続く友情です！　この仕事が選ばれる理由のトップは〝お給料〟ですが、〝友情〟も僅差で二位につけています。この仕事で育まれ、〝テールライトの行進〟がアマゾンを離れた直後から続く友情や人間関係の話は、毎年あとを断ちません」と熱く語っている。

この記事は三月号の記事と比べると対照的だ。「二〇一三年の歴史的偉業達成へ！」と題する三月号の記事(5)には、準備運動の勧めと、老化にともなう問題への対処法が書かれている。

アマゾンの繁忙期を上手に乗り切るには、肉体的・精神的準備が欠かせません。とくに開始前の肉体的準備がいかに重要かは、どんなに強調してもしきれません。運動の習慣がない人は、かかりつけのお医者さんと相談のうえ、運動を始めてください。お金のかからないお勧めの方法は、外に出て歩くこと。ウォーキングはお金もかからず、関節への負担も少ない、とても効果的なエクササイズです。始める前に、ストレッチで筋肉のウォーミングアップをしましょう。専門家によると、老化とともに体内のコラーゲンの構造が変化するため、関節の柔軟性が低下し、可動域が狭まるそうです。

続く四月号の話題は精神的な課題だ。「アマゾンのキャンパーフォースが仕事開始後の二、三週間にあなたに期待すること」と題する記事には、こんなことが書かれている。

アマゾンでの最初の数週間で、あなたはちょっと怖気づくかもしれません。倉庫の並外れた大きさ、外国語みたいな独特の用語、まるでそれ自体が意思をもっているかのようなハンディスキャナー。こうしたことすべてに、圧倒されてしまうのです。(6)

いっぽう、アマゾンにおける倉庫労働者の扱いは二〇一一年以来何度も新聞沙汰になっている。二〇一一年とは、ペンシルベニア州アレンタウンのローカル紙『ザ・モーニング・コール』がアマゾン倉庫のブラック企業ぶりをすっぱ抜いた年だ。ペンシルベニア州ブレイニグスビルのアマゾン倉庫は夏季には室温が三七度を超えるが、アマゾン側は盗難を怖れて搬出口のドアを開放しようとしない。かわりに倉庫の外に救急車を停めて救急隊員を待機させ、労働者が熱中症になったらストレッチャーや車椅子に乗せて運び出せるよう準備しているというのだ。(7)しかも時間あたりの目標値を際限なく増やされるため、常にストレスにさらされていると従業員は口をそろえる。〝プレッシャーによる生産性向上〟と呼ばれる戦略だ。(8)アマゾンは移動するにも商品を扱うにも従業員が常に持ち歩くハンディスキャナーからデータを収集し、分析することで生産性をリアルタイムに監視している。カンザス州コフィービルの倉庫でピッカーの仕事をしたキャンパーフォースの一人、ローラ・グレアムによれば、新たな商品をピックアップしてスキャンするたびに、スキャナーに次のピックアップまでの持ち時間が表示され、カウントダウンが始まる。持ち時間が徐々に縮まるので、まるで次々にレベルが上がるテレビゲームのようだ。スキャナーの画面には、時間あたりの目標数をどれだけクリアしたかという進捗状況も表示されるという。うっかりまちがった列に行ってしまい、五分以上の遅れが生じると、監督が叱責に来る（こうした精神的なプレッシャーだけではない。スキャナーは、肉体的にも耐え難い要求をしてきた。倉庫の広さはおよそ八・五ヘクタール。そのコンクリートの床の上をスキャナーの指示どおりに、時給一一ドル二五セントで、日に一六キロから三二キロも歩かなくてはならない。「肉体的にも、言葉にならないほどの辛さでした」とローラは言う。「土踏まず全体に刺すような痛みを感じるようになって……結局、足底筋膜炎を発症しました」靴底に新しいインソールを敷いたが、効果はなかった。しかたなく、ローラは夕方五時半から朝三時半までの深夜勤の半ばで鎮痛剤のイブプロフェンを二錠のみ、終わるともう二錠のんだ。休みの日にはなるべく足を使わないよう、トイレとシャワーのとき以外はベッドに横になっていた）。

だがリンダは、倉庫のどんな話を聞いても怖気づくことはなかったし、きつい肉体労働には慣れていた。「建築現場で働いたこともあれば、それよりもっときついカクテル・ウェイトレスをしたこともある。全然心配ないわ」しかもリンダはついこの間まで、標高が二九〇〇メートルもあるキャンプ場で働いていたのだ。体を鍛えるという意味では、あれは相当なものではなかったかとリンダは考えていた。

アマゾンでの最初の一週間、リンダはオリエンテーションと安全講習を受けた。配属は収納係だと言われた。入荷した商品を棚に収める係だ。仕事を具体的に覚えるために、リンダはアマゾンが言うところの〝手順教室〟に出向いた。

収納係は手押しカートに、入荷商品の入った〝トート〟と呼ばれる黄色いプラスチック容器を積み込む。そして、アマゾンが商品の保管に使っている図書館型の棚の間を、カートを押して歩く（この棚が並んだエリアを、アマゾンは〝ピック・モジュール〟と呼んでいる）。棚はプラスチック製の仕切りで〝ビン〟と呼ばれるユニットに仕切られている。収納係は商品を収納するために、空きスペースのあるビンを常に探している。アイテムをビンに入れるときは、バーコードスキャナーをビン正面のコードと、収納する商品との両方にかざしてスキャンする。これには時間がかかる。一度に入荷する同一アイテムをひとところにまとめず、なるべくあちこちのビンに散らして収納するよう指示されているからだ。こうすることで、顧客が注文した商品をあちこちの列から集めて回るピッキングの効率が上がる。「変な感じよ」

一つのビンにてんでバラバラなアイテムを収納するこのやり方について、リンダは言った。「ブレーキ液、粉ミルク、アイシャドウ、本、テープ……そんなものが全部同じビンに入ってるんだから」

収納係の仕事を教わったあと、リンダはアマゾンが言うところの〝強化訓練〟を受けて最初の週を終えた。強化訓練とは、オリエンテーション期間を終えた新人が一〇時間かそれ以上歩けるようになることを目標に、半日ずつコンクリートの上を歩いて体を慣らす訓練だ。リンダは昼間より時給が七五セント高い夜間のシフトを志願していた。夜勤の時給は一二ドル二五セント、それに時間外手当がつく。「できる限りお金を稼ぎたかったの」リンダは言った。フルタイムの勤務が始まると、リンダは一五分間の休憩二回と三〇分間の食事休憩を挟んで、夕方六時から朝四時半まで働いた。「昼夜逆転よ。生活ががらりと変わったわね」とリンダは言う。午後早い時間に起床して、通常は三時間を家事にあて、お弁当をつくり、セイジ・バレーRVパークを歩き回って犬を散歩させた。それから二五分間かけて倉庫に出勤する。

シフトに入るときはいつも、オレンジ色の反射ベストを身につけ、従業員証を胸に下げ、バーコードスキャナー用に満充電された充電池を手に、〝起立集会〟に出席する。集会では従業員がストレッチ運動をし、監督がその日の作業量目標をまくし立てる。それからリンダはフロアに出て、ハンディスキャナーでバーコードをスキャンしながら何千という商品を棚に収めていく。「カートに積んであるのは中国製のがらくたが入った容器、一四個」とリンダは教えてくれた。「あの仕事にはいろいろ嫌なことがあるけど、あの大量の商品が最後には全部埋め立てごみになるってわかってて働かなきゃならないのも、そのひとつね」それを思うと、やる気が失せたという。「その商品がここにたどり着くまでには、人手も原料費も輸送費もかかってるはずよ」リンダは考え込むように言った。「それなのに『どんどん使い捨てにしてください』って売り込むんだもの」仕事は骨が折れた。通路を行ったり来たり延々と歩き続けなくてはならないのに加えて、屈んだり持ち上げたり、中腰になったり背伸びしたり、さらには階段を上ったり下りたりの動作を、サッカー場一三個分の広さがある倉庫の端から端まで移動しながら行わなければならない。倉庫があまりに広大なので、内部の位置関係を州名で表すほどだった。西側がネバダ、東側がユタだ。

本格的に働きだして二週間が過ぎた一〇月の初め、リンダはフェイスブックにこんな投稿をした。「もしこれを生き延びられたら、すばらしいプロポーションが手に入りそう。ずっと『ザ・ビゲスト・ルーザー』のことを考えています」。『ザ・ビゲスト・ルーザー』とは、どれだけ体重を落とせたかを競う、テレビのリアリティ番組だ。「あの人たちにできるんなら、私にもできるはずよ、と自分に言い聞かせているんです」。リンダにはもう一つ、いつも唱えている言葉がある。アルコール依存症者の自助グループ（AA）で覚えた言葉だ。「諦めなければ、奇跡は起きる」

その時点で、リンダが禁酒してからもう二〇年以上がたっていた。若い頃から酒好きさには困っていたが、致し方ないと思っていた。酒好きは一族みんなに遺伝していたし、それでなくても、アルコール依存症の父親が、酒好きを子孫にも伝えようと決意しているかのようだったから。リンダが高校を卒業する頃、父親はレモンと粉砂糖をブレンダーに入れて自分でスロージン・フィズをつくり、リンダに味を覚えさせた。リンダと父親は毎晩遅くまで、このカクテルを飲みながらお喋りした。その頃から株式投資に手を染めていた父は、金融の知識を教えてくれた。リンダは父を天才だと思った。やがて、朝の儀式が確立した。父親がリンダの寝室のドアを開けて言う。「学校に行く時間だぞ」リンダがうめく。「二日酔いなの」「かわいそうに!」父親はそっとドアを閉じる。毎朝それがくり返された。

リンダはとても忙しい、まれに見る有能な大人になった。だが同時に、本格的なアルコール依存症にもなっていた。依存症は徐々に進行した。短期間だが、メセドリン〔覚醒剤の一種〕に手を出したこともある。ハイになれるからというより、メセドリンをのめばなかなか酔わないので、ふつうよりはるかに大量の酒を飲めるからだった。

何度か断酒しようとしたが、そのたびに元に戻ってしまった。だがあるとき、夜通し浴びるように飲んだあと、こんなことをしていてはダメだと思った。朝六時頃に帰宅した母親を、子どもたちは黙って見つめた。「でも子どもたちの顔には書いてあったの。裏切られたって」リンダはその時のことを思い出して言った。「誰かが帰ってくるのを朝まで待つなんて、ひどい体験よね。いつ帰るかとひと晩じゅう待っても、いっこうに帰ってこないなんて。だいじな子に、そんな思いをさせちゃいけないわ」

それがあって、リンダはあらためて断酒を心に誓った。今度は続いた。AAの会合の合間に失敗しそうになると、スポンサー〔AAには信頼できる人に個人的な相談相手になってもらうスポンサーシップがある〕に電話した。おかしなことだが、リンダはこのとき、アマゾンでの長時間勤務を耐えやすくしてくれるテクニックを学んだ。いま眼の前にある課題に集中する達人になったのだ。大きな問題が目の前にあるときは、その問題を小さく切り分ける。手のほどこしようがあると感じられる大きさに分解するのだ。

「食事は済んだ? それならお皿を洗いに行ってちょうだい。終わったら、また私に電話してね」リンダのスポンサーはいつもそう言った。リンダはお皿やコップがピカピカになるまでごしごし洗い、また電話した。「ベッド・メーキングは終わった?」というのが次の質問だった。リンダは寝室に行ってベッド・メーキングをした。何度もそれをくり返しながら、危ないところをなんとか切り抜けたのだ。

◆

倉庫の仕事の辛さに音を上げそうになっていたのは、リンダだけではなかった。一〇月一日、ネバダ州労働安全衛生局に苦情の手紙が届いた。重い箱を持ち上げるせいで、従業員が腰を痛めているという苦情だ。一週間後、ファーンリーの倉庫に視察官が二人やって来た。そして負傷者に関する会社の記録を調べ、アマゾンのマネージャーの先導で施設内を歩き回った。査察の時間はわずか四時間。その日のうちにこの件は終了とされ、こんな報告書が書かれた。「この施設ではぎっくり腰を含め、おびただしい数のストレス性傷害が発生しているが、この種の業務においてはなんら異常ではない」[9]

肉体的な苦労を別にすると、一番の大敵は退屈だったとリンダは言う。なんとかやり過ごすため、リンダは頭のなかで時間を細かく切り分けた。「ここにいるのはあと五分だけ。そうしたらおさらば。やめちゃおう。ほら、終わった!」くり返しくり返し、こう自分に言い聞かせた。そうやって夜明け前の数時間を持ちこたえれば、シフトが終わる。リンダは仕事仲間とタイムレコーダーを押し、セキュリティゲートを通って建物の外に出る。アマゾンの盗難防止策の一環として、ゲートには金属探知機が置かれ、守衛が立っている(リノの弁護士マーク・サイヤマンは、ファーンリーとラスベガスのアマゾン倉庫で働く臨時雇いの労働者が起こした集団訴訟の弁護に立った。訴えは、セキュリティゲートを通り抜けるたびに列に並んだ時間、一日最大三〇分間分の賃金が未払いだという内容だった。第九巡回区控訴裁判所の二〇一三年の判決では勝訴したが、その判決は翌年、最高裁で覆された(10)。

リンダの仕事は退屈ではあったが、ひとつだけ感謝していることがあるという。「一番の収穫は、仕事仲間との連帯感だった。友だちが何人もできたわ」

のちにサン・バーナーディーノ山地でキャンプ場スタッフとして一緒に働くことになる占星術師のシルビアンと知り合ったのも、このときだった。シルビアンはファーンリーのキャンパーフォースに加わる前に、ブログにこんなことを書き込んでいる。

第一幕：ニューメキシコ州北部を出発し、ネバダ州北部に向かう。ネットショッピングの牙城、あの〝邪悪な消費帝国〟の倉庫スタッフとして、ワーキャンパーにあてがわれた季節労働をするという、獣の腹の中でのつかの間の大冒険のために。これは私の旅の第一幕を実現する資金を得るための、思い切った、けれども必要な手段なのだ。

シルビアンはセイジ・バレーRVパークで、リンダの近くに停泊していた。飼い猫のレイラにピンク色のハーネスとリードをつけて、よく散歩させていた。この習慣のせいで、彼女はパーク内ではちょっとした有名人だった。倉庫で仕事をしているときも、人が寄ってきて尋ねるのだ。「ネコを散歩させてる人って、あなたでしょう?」と。

シルビアンもリンダと同じく夜間のシフトで収納係をしていた。エネルギッシュで理想の高いA型人間を自認している彼女は、この仕事にむしゃくしゃしていた。ビンというビンが満杯なことは、珍しくない。商品を入れる場所がどこにもなければ、仕事の質を高く保てない。そうなると倉庫はカフカの『城』みたいな不条理な存在に思われてくる。完璧主義者にとっては拷問だ。シルビアンはネットフリックスで『オレンジ・イズ・ニュー・ブラック〔女囚人を主人公とする刑務所内ドラマ〕』を見ていたので、自分の生活をつい囚人の生活に重ねてしまい、最初のうちは週に二度か三度は泣いていた（「私って感情過多なの」とシルビアンは言った。「とても恥ずかしかったわ。いろいろ気にしすぎなのよね」）。腰は四六時中痛んだ。そんなことは初めてだった。ケータリング業をしていたときに、一度か二度ズキズキしたことがあっただけだ。そして多くの仲間と同様、シルビアンも静電気に悩んでいた。プラスチック製の〝トート〟をいっぱいに積んだカートを押して倉庫内を歩くことで、電荷が増大するんじゃないかと思う、とシルビアンはのちに言った。あるとき金属の棚の列へカートを押していき、最上段に本を収納しようとして手が金属をかすめた。突然、腕に電気ショックのような衝撃が走り、反射的に腕を引いたら本が落ち、顔にぶつかった。シルビアンの唇は腫れ、歯茎に傷がついて血が出た。本は表紙を下にして床に落ちていた。見下ろすと、チベット僧の写真が裏表紙から微笑みかけていた。「私の女神さまのいたずらだったのね」シルビアンはのちにそう振り返った（だが、この倉庫の静電気は以前から問題になっていた。シルビアンがキャンパーフォースに入る二年も前から、ファーンリー倉庫には、金属の棚のせいで電気ショックを受けている、という正式な苦情申立てがあったのだ。州の職場安全監査が入った際、アマゾンの職員は、静電気の問題があるのは把握していると言い、棚に接地棒を、カートにティンセル〔糸のように細いワイヤで、導電性があるため帯電防止効果が期待できる〕を取り付けて放電を促している、と説明した。だが静電気ショックを受ける人はあとを絶たず、アマゾンは床にスタティサイドという帯電防止剤をスプレーした。「こうした対策により、労働者が静電気ショックを受ける事例は減りました」というアマゾンの報告を受けた監査員は、それ以上の改善指示を出さなかった(11)。

リンダはジェン・ダージとアッシュ・ハーグの女性同士のカップルとも知りあった。二人とも二〇代後半で、一〇月の初旬にセイジ・バレーRVパークにやって来た。二人の住居はゼネラルモーターズ製のハイトップキャンパー「マナティー」。一九九五年モデルの紺と白のツートンカラーだ。ネバダに来る途中、元の価格を一〇〇〇ドル値切って四五〇〇ドルで購入した。半年も買い手がつかなかったので、売り主は早く手放したがっていたのだ。

ジェンはリンダの初めての挨拶をよく覚えている。車外から「パンケーキはいかが、パンケーキがありますよ」と大声が聞こえたと思ったら、リンダはもう駆けて行ってしまった。みんなの朝食を用意したと、触れ回っていたのだ。「リンダらしいでしょ。いつもみんなの中心にいるのよね」とジェンは言う。アッシュが姪からの特別な手紙（宛名は「おばさま、ジェンさん、そしてマナティーへ」となっていた）を待っていたときも、その手紙が届いたことをRVパークのフロントデスクで最初に知ったのはリンダだった。「リンダったらトイレに駆け込んできて『そこにいる?』って言うの。『いるわ!』って返事したら『なにしているの?』ですって。『プライベートな時間を過ごしてるのよ!』と返したら、『手紙が来たわよ!』でしょう。リンダってほんとに楽しいわ」

ノマドになる前、ジェンとアッシュはコロラド・スプリングスで一緒に家を借りていた。だが、長引く不況に二人それぞれに奮闘しているうちに、将来の仕事にどんどん夢がもてなくなっていった。

ジェンの両親はクローガー〔アメリカ最大級のスーパーマーケット・チェーン〕系列のキング・スーパーズで働いていたが、父親は

ジェン・ダージとアッシュ・ハーグ。愛車のマナティーと

その仕事を嫌っていた。「子どもたちにはもっと良い仕事をしてほしい」両親はいつもそう言って、ジェンにも大学に行くように勧めた。ジェンにとって独立することは重要な意味をもっていた。高校生のときは、レジの袋詰め係兼コーテシークラーク〔客が購入した商品を車まで運ぶ、駐車場にあるカートを片付ける、店内を掃除するなどの仕事をする〕として、スーパーで働いた。時給は六ドルほどだった。その後、奨学金を得て準学士号を取得したが、それ以上の教育を受ける意義を見出せなかった。「どこまで行っても同じことだもの」ジェンは言う。「友だちはみんな大学を卒業して学士号をとった。修士号や博士号をとった人もいる。それでも仕事につけない。だから、勉強は大好きだけど、学校に戻る理由がないの。もちろんお金のこともある。学校に行くために借金をする……そう考えるだけですごく怖い。学校に行きたいとは思わないわ」

ジェンはまず手芸用品店で働き、その後古書店をいくつか渡り歩いたあと、学校図書館の司書補になった。そして最終的にはコロラド・スプリングス最大の地区の図書館で、ソフトウェア管理者のアシスタントになった。ジェンはこのポジションが気に入っていた。「たくさんの司書の人たちとやりとりするのも、図書館のコンピューターに精通してすごい機能をあれこれ教えるのも、とても楽しかった」と彼女は言う。だが、ジェンの上司が退職に追い込まれたことが、すぐに明らかになった。博士号をもっている上司がしていたのと同じ仕事を、ジェンがそれよりずっと低い給与で引き継ぐという前提で。

「高い学位をもっている上の世代の人たちを追い出して、ＩＴの知識がある若い世代にそのかわりをさせようというわけ。すごく頑張って学位をとった人たちが、とても気の毒だわ。私が上司の仕事を取っちゃうなんて、裏切りだと思った。上司は素晴らしい人だったのに」

同時に、ジェンは悟った。大学に戻ろうが戻るまいが、上司がついていたようなポジションは、自分には決して与えられないと。組織が改編され、上司のポジションは格下げされることになったのだ。

「初歩的な仕事しか任せてもらえないのに、学校に行く必要がある？」

いっぽうアッシュは、数十万ドルという高い年収を得ていた電気技師の父親が二〇〇一年にリストラされたあと、両親が中流階級から脱落するのを目撃していた。父親は収入の低い仕事につくにはプライドが高すぎた。少なくとも、貯蓄が底をつくまでは。最終的には、朝はスクールバスの運転手をし、夜はウォルマートで働くしかなくなった。

「そういうわけで、両親は六〇代半ばになってもリタイアできないの。だって一生かけて働いて貯めたお金が、全部なくなっちゃったんだから。金融危機後は、そういう人がさらに増えてるわね」アッシュは言った。これまでいつも「ふつう」に生きてきたアッシュも、心配になったという。社会の常識にきちんと従って中流階級にふさわしく正直に生きていても、安定した生活を送れる保障はないのだ。自分が高齢になったとき、まだ公的年金があるかどうかも疑問だ。確定拠出型年金（４０１k）が二つと、子どもの頃に両親が積み立てたゴールドマン・サックスの個人年金があるが、必要になる頃には価値がなくなっているかもしれない。

アッシュには学生ローンの問題もある。学位を取るために借りた三万ドルは利息で三万七〇〇〇ドルに膨れ上がっている。しかも、六年間大学に在籍したにもかかわらず、卒業はできなかった。当時は、高校を卒業したらすぐに大学へ行くのが自分の義務だと感じていた。そんなに若いうちは「何がしたいのか、何がほしいのか、自分が何者なのかわかるわけがない」というのが彼女の信条なのに。彼女の大学生活は結局、美術史から物理学まで、手当たり次第に学んだだけで終わってしまった。

アッシュは大学在籍中も卒業後も町の小さな薬局で働き、その薬局の人々を家族のように思っていた。だが経営者が変わった途端に、上司の態度が一変した。長年まじめに勤めてきたスタッフに、辞めるよう圧力をかけたのだ。「世の中はそういう方向に大きく変わってしまった。長く勤めてほしくないのね。従業員の勤続年数が伸びれば年金の掛け金もかさむし、物価の上昇に見合う昇給もしないといけない。経験に見合う昇給まで要求されかねない」アッシュによれば、新たな経営者は「文字通り使い捨てにできる従業員が欲しかった。使い捨てにするには、誰にでもできる仕事が必要だ、というわけで、何もかも自動化した」そうだ。

いっぽうジェンは、いままでとはちがう暮らし方を求めてインターネットを漁っていた。注目されだしていたミニマリズムと小規模住宅についてはすでに調べていたが、ボブのブログ『安上がりRV生活』を見つけてから、だんだん脱出口が見えてきたような気がした。アッシュは当初、ノマドとして車上生活を始めることにはあまり乗り気になれなかった。深夜枠の人気バラエティ番組『サタデー・ナイト・ライブ』で、車上生活者にして啓蒙活動家のマット・フォーリー役をクリス・ファーレイが演じたのを見ていたからだ。彼は子どもたちに、自分と同じく車上生活する羽目になりたくなかったら、しっかりしなきゃだめだと警告していた。[12]「聞いたとたんに思ったわ。私たちも『おれはあっちの川沿いの車で暮らしてる』って言うマット・フォーリーみたいになるのかしら、って」とアッシュは言った。それでも結局、彼女はジェンのアイデアを受け入れた。

仕事と冒険を交互に繰り返そうというのが二人の計画だった。住居にするのはスバルのインプレッサハッチバック。ジェンの母親のお下がりだ。だが蓋を開けてみると、この車を住居に変えるのはそう簡単ではないことが判明した。バックシートは折りたためるものの、フロントシートの後ろの足置き場にものを詰め込んで枕にしないと、スペースが足りず横になれない。それでもジェンとアッシュはできる限りのことをした。ジェンは窓の目隠し用に黒いフェルトを切ってパネルをつくり、マジックテープでとり付けられるようにした。持ち物を減らすために、クレイグスリストに「不用品、すべて無料で差し上げます！」という広告を出した。そして不要品を一切合切、芝生の上に放り出した。広告には放出は朝九時から、と書いたが、八時半には芝生の上の品は残らず消え失せていた。「『無料だ』って言えば、人は何にでも使い道をみつけるものよ」アッシュは言う。「ごみさえ拾っていった人がいるもの！　たぶん何か見まちがえたんだろうけど」

二人の最初の冒険は、コロラド・トレイルのハイキングだった。コロラド州デンバーからデュランゴまで七七〇キロ以上あるこのコースを、二人は五二日間歩き続けて踏破した。その後、二人はファーンリーのアマゾン倉庫に向かった。最初の予定ではスバルで暮らしながらキャンパーフォースに加わる予定だった（「でも、うまく行かなかったでしょうね」とジェンは冷静に言う。「そんなことをしていたら、きっと続かなかった」と）。そんなときに運良く、いまのキャンピングカー、マナティーが見つかった。だがそれを買ってしまうと、お金はほとんど残らなかった。

セイジ・バレーRVパークに到着し、オリエンテーション期間が終わると、二人は自転車で通勤することにした。倉庫までの道にはほとんど起伏がなかったので、きっとそのほうが楽しいし、ガソリン代も節約できるだろうと思ったのだ。だがジェンの自転車の片方のタイヤの空気が少しずつ抜けだしたので、二人は一五分ごとに止まってポンプで空気を入れなければならなかった。そうやって倉庫にたどり着くまで三時間もかかったが、それでも始業時間には間に合った。朝五時に一〇時間のシフトを終えると、外はまだ暗く、歯の根が合わないほど寒かった。二人はウォルマートに寄って重ね着用の服を買い、目のくらむような朝日に向かって朝の通勤ラッシュの道を漕ぎ出した。「自転車通勤の二人組みって呼ばれて、長い間語り草になったわ」とジェンは笑った。以来二人はガソリンを節約するために、平日は倉庫に近いウォルマートかガソリンスタンドにマナティーを停めることにした。仕事が休みの日にだけ、セイジ・バレーRVパークに帰る。

収納係になった二人は、ついこの間まで毎日ハイキングしていたのが役に立ったと思った。それでもジェンは言う。「しょっちゅう屈まなきゃいけないから慣れるのに時間がかかったけど、二週間もすれば筋肉ができてくる。私たちよりずっと年配の人がたくさんいるのを見て、『あの人たちだってやってるのに、文句なんか言えない』って思ったわ」
アッシュにとって、この仕事は「単調で孤独」だった。退屈さを紛らわすために、彼女はときどき、棚に商品を収納するときに創造性を発揮して楽しんだ。たとえば、コンドームの箱を妊娠検査薬と並べるとか。アマゾンのウェブサイトにある「ほしい物リスト」を利用して、「私たちが収納した面白くて圧倒されるガラクタ大全」と題する目録もつくった。目録にはハチミツガの幼虫、二・三キログラムもあるテディ・ベア型のグミキャンディ、ダイバー用の水中銃、『力こぶのあるビーナス――写真で見る筋骨隆々の女性史〔*Venus with Biceps: A Pictorial History of Muscular Women*, 2011, David L. Chapman〕』と題する本、フラシ天のキツネの尾がついたアナルプラグ、四五〇グラム分のアメリカの古銭、〝二人用下着〟という名の、足を通す穴が四つあるコットンブリーフのセット、バットマンをテーマにした淫具などが並んでいる。*1

一〇月後半には、ファーンリーの気温は氷点下まで落ち込んだ。ハロウィーンの頃にはトレーラーパークに何度か雪がちらつき、感謝祭の一週間前には本格的な降雪があった。寒さがもっとも厳しくなったのは一二月だ。気温がマイナス一〇度〜一五度に下がり、マイナス二〇度近くまで落ち込んだ夜はことに悲惨だった。この寒さの中で眠るために、ジェンとアッシュはありったけの服を着込むことにした。それでも羽毛布団とダウンの軍用毛布だけでは足りず、寝袋に入り、さらにキルトを重ねた中に潜り込んだ。仕事があって倉庫の近くにステルス・パーキングをしている夜は、小さなプロパンヒーター「リトル・バディ」を寝る前の一〇分間だけつけて、その上に足をかざし、一〇時間の労働でかいた汗が湯気になって立ちのぼるのを眺めた。夜のシフトが終わる朝にはいつも〝アマゾンビ〟になった気がしたものだが、夜勤にしてよかったと二人は思った。「一日二四時間のうち一番寒い時間帯に、暖房のある屋内にいられるのは大きかった」とアッシュは言った。

セイジ・バレーRVパークに冬が訪れた頃、リンダはカールというご近所さんと顔なじみになっていた。カールもキャンパーフォースの一員で、テントに寝泊まりして昼のシフトで働いていた。リンダは夜じゅう倉庫にいるので、暖かいトレーラーハウスの中で眠るようカールに勧めた。リンダはプロパンを節約するためパークの電源からの電気で暖房をかけていたのだが、カールはいつも言うのだった。「いいよ、いいよ、大丈夫。ぼくはちゃんと暖かくしているから」だが、車上生活の経験が豊富な者でさえ、この寒さには悪戦苦闘していた。暖かく過ごすために、さまざまな裏技を駆使する者もいた。水道ホースに電気式の加熱テープを巻きつける、窓を熱反射断熱シートで覆うなどだ（数年後、アマゾンはキャンパーフォースの応募者向けウェブサイト「車を冬仕様に」を立ち上げ、窓を収縮フィルムでカバーし、通気口を熱反射断熱シートで覆うようアドバイスしている。どちらの商品も当然アマゾンで――他の店を紹介するはずもないが――購入可能で、サイトへのリンクが張られている）。だが、そうした工夫にも限界があった。リンダは給排水管を抜いた。排水管を抜くときに見ると、中の排水はすでに凍っていた。「トイレの下水で巨大なアイス

＊1　アメリカの〝大人のおもちゃ大国〟ぶりはアマゾンの倉庫を経由する膨大な数と種類の性具やアナルプラグに表れていて、これはキャンパーフォースの多くのスタッフの関心の的だ。大人のおもちゃの大半は、入荷するとすぐに黒いビニール袋に入れることになっているが、チェックをすり抜けてしまうものもたまにある。ある収納係が、こんなエピソードを楽しそうに話してくれた。あるとき、吸盤つきのディルドが六〇個入った箱を受け取った。それを棚に収めるとき、彼女は各ビンの一番手前に一つずつ、吸盤で固定して直立させた。「その通路の角を曲がると、一面にそればかりが見えるってわけ」と彼女は笑った。「もちろん、みんなこぞって見に行って、他の人にも触れ回ったわ。『Cの二三列に行ってごらん！』って」ふだんは上司の機嫌を損ねないよう気をつけていたが、「そのときは契約期間終了まであと二週間だったから。上司が何を言っても、もう無駄だったわよ」

キャンディができてたの。『きったなーい!』って叫んじゃったわ」

ミシガン州でスクラップ会社を経営していたというフィルとロビンのデピール夫妻も、これと似た問題に立ち向かっていた。二人は投光器を買い、下水ホースに照射して中身を溶かそうとしたが、無駄な努力だった。アマゾンに季節限定の仕事があるとリンダに教えてくれたウェブサイト『ジンボの旅』の開設者ジム・メルビンもその頃、体重が九〇〇グラムほどしかないチワワのチカのために、慌てて町に出てペット用の電気毛布と暖房機を買っていた。

リンダは、今度はもっと暖かくてこんなに疲れないところに行ける、と次の行き先のことをあれこれ想像し始めた。仲間の多くと同じように、リンダもアリゾナ州クォーツサイトの町外れの公有地に行くつもりだった。そこはノマドの理想郷で、ソノラ砂漠のなかにある。冬には数万人ものノマドが集まり、何エーカーにもわたって延々と出店が広がるフリーマーケット、岩石コレクター向けやキャンピングカーマニア向けのさまざまなショー、よりカジュアルなその他何百という集会など、数々のイベントが開かれる。リンダは一月に開かれるラバートランプ集会（RTR）を自分の目で確かめるのが待ちきれなかった。ジェンとアッシュにそのことを話すと、二人もRTRのことを聞き知っていた。アマゾンの仕事が終わった後のことを決めていなかった二人は、参加することにした。「RTRに行こうか行くまいかと迷っていたんだけど、リンダが行くって聞いて『それなら私たちも行かなくちゃ』って思ったの」とジェン。シルビアンも行く予定だ。

だが冬はそうやすやすと立ち去ってはくれなかった。時短勤務の者も含めて全員が週に最低五〇時間の勤務を義務づけられる〝残業週〟が、何度もやってきた。クリスマスが近づくにつれ、棚という棚のすべてのビンに商品があふれかえり、収納係にとっては悪夢のような日々が続いた。「最後の一カ月半は容量の一二〇パーセントまでモノが詰め込まれているもんだから、何かを入れようと思ってビンをスキャンするたびに、バーコードスキャナーのエラー音がピーピーピーピー鳴るわけ。それが収まるまで、次のビンを試せないの」アッシュは言った。「みんな気がふれたように歩きまわっていた。商品を入れる場所なんて、どこにもないんだもの。頭を壁に打ちつけたくなったもんよ」。収納係はイライラしながら、めったにない空きスペースのあるビンを探して歩き続けるしかなかった。そのあいだも、「ペースが落ちてます」「あと何個、いついつまでに終わらせないと」と監督はハッパをかけ続ける。アマゾンはのちに、この時期の販売成績は過去最高だったと発表した。一二月二日（サイバー・マンデーと呼ばれる、感謝祭のあとの最初の月曜日）の一日だけで約三六八〇万点、つまり一秒間に四二六点の注文があった。おかげで、二〇一三年の年間売上高は史上最高の七四四億五〇〇〇万ドルを記録した。[13]

この狂乱のさなかに、リンダは健康上の不安を抱えることになった。バーコードスキャナーをもつ右手首を酷使していたにもかかわらず、それまでよくもちこたえていたのだが、契約終了まであと二週間となった一二月一五日から、目まいの発作が起こるようになった。原因はわからなかった。他にも同じ症状を訴える者がいて、倉庫内の空気が悪いせいではないかと疑う者もいた。リンダは一時間は我慢して働き続けたが、深呼吸をしてもやり過ごせなかったので、仲間がアムケアに連れて行ってくれた。医療スタッフが血圧を計ると、上が六〇、下が四八。救急車を呼ばなければならないレベルだった。

西に車で三〇分の距離にあるリノの病院でCTスキャンとレントゲン写真を撮ったが、診断には至らなかった。「病院の看護師は、何かで迷走神経を圧迫したのかもしれないって言うんだけど」とリンダは言う。「それだったら気を失うはずよ。使いすぎるとそうなることがあるっていうけどねえ」リンダの口ぶりは半信半疑だった。体のどこかをそんなに強く圧迫した覚えはなかったからだ。病院は、とにかくかかりつけの医者に診てもらうように、と指示した。「そりゃあそうするわよ。そんなお医者さんがいるならね」とリンダは笑い飛ばした。医療費負担適正化法（Affordable Care Act〔ACA〕）の施行前に知り合ったワーキャンパーの大半と同様、リンダも健康保険に加入していなかった。セイジ・バレーRVパークに戻る足がなかったのでタクシーを呼んだら、一七二ドルもかかった。その後何日かは体がだるく、リンダは無給の休みをとった。

キャンパーフォースは徐々に縮小していった。メンバーの大半は遠く離れた家族といっしょにクリスマスを祝うために、クリスマス直前に戦線を離脱した。リンダは一二月三〇日まで働くと申し出た。できるだけお金を稼ぎたかったからだ。それに、クリスマスを祝う気分でもなかった。四カ月以上も深夜シフトで働き続けたせいで朦朧とした状態になっていて、意識がはっきりするのはバーコードスキャナーを使う右手首に痛みが走るときだけだった。仕事は単調なくり返しで、何も考えなくてもできる。商品を棚に納め、次から次へと商品にスキャナーを向け、引き金を引き、ピーッという音がするまで待つ。この音は、赤いレーザー光線でバーコードが読み込めたという合図だ。合図があれば、次の商品に移る。お金がもらえるということ以外に、こんなことをして何になるのだろう？　リンダがスキャンする商品の一つひとつが、彼女を落ち込ませる画像を構成する画素だった。キャンパーフォースのメンバーのなかには、自分たちを〝サンタのしもべ妖精〟と呼ぶ者もいた。そういうふうに考えれば、仕事に誇りをもてる。贈り物を発送して喜びを振りまく仕事なのだから。だがリンダはクリスマスの信奉者ではなかった。自分を妖精みたいだとは思わず、世界最大の自動販売機のなかの、ちっぽけな歯車みたいに感じていた。「ああいうガラクタの山を見ちゃうと、クリスマスとは無縁でいたくなるのよ」孫たちにクリスマスプレゼントを送る以外、リンダはクリスマスを無視した。アマゾン倉庫が休みになったので、リンダはクリスマスを一人きり、車内で体を休めて過ごした。

だが疲労のかげで、プライドがゆっくりと頭をもたげていた。ワーキャンパーとしてのこの半年間で、リンダは目標を達成できた。キャンピングカーに住んでつましいノマド生活に体を馴らしながら、キャンプ場スタッフとキャンパーフォースの一員という、二つの季節労働をやりとげた。リンダはそんな自分に満足し、自由だと感じた。だが、車上生活はまだ始まったばかりだった。今度は自分が属すべきトライブを、コミュニティを、つまり〝ヴァニリー（ヴァン・ファミリー）〟を見つけなくては。そのための最良の場所は、クォーツサイトでもうすぐ始まる二週間のRTRだ。「ここから脱出しなくちゃ！」リンダは考えた。「アクセル全開。いざ、出発！」ひとときの休息と暖かな場所を目指して、リンダはアリゾナに向かった。

キャンパーフォースの仲間が新年を迎えるべく大急ぎでファーンリーを離れるなか、一人残ったのがドン・ウィーラー（仮名）だった。ワーキャンピングの賛歌を送ってくれた、私が最初に話を聞いたキャンパーフォースのメンバーだ。元ソフトウェア企業の重役で、世界を股にかけて飛び回っていただけあって頭が切れ、話上手だ。路上生活の話で、私を何時間も楽しませてくれた。最初の予定では、キャンパーフォースでの勤務は一二月二一日に終わるはずだった。その後はクォーツサイトを通り抜け（ドンはRTRを〝老人向けバーニングマン〟〔ネバダ州ブラックロック砂漠で毎年八月の最終月曜日から七日間にわたって開催される、参加型巨大イベント〕と呼んでいた）、コロラド州のロッキー山脈に住む友人たちを訪問することになっていた。だが、非常にまれなことが起きた。私は結局、三年間にわたってキャンパーフォースを取材することになったが、あんなケースは後にも先にもついぞ見たことがない。ドンはアマゾンから、長期にわたるフルタイムの仕事をオファーされたのだ。「ぼくは七〇歳だよ。ほかにだれがぼくを雇ってくれる？」ドンからのeメールには、そんな軽口が書かれていた。アマゾン用語で言えば、ドンは〝アマゾン・アソシエート〟に抜擢されたのだ。常勤雇用のスタッフが胸に下げているIDカードの色が青いことから、倉庫内ではキャンパーフォースその他の臨時雇いの労働者から、羨望と、ときに嘲りの念をこめて〝ブルーバッジ〟と呼ばれる存在だ。

別のeメールで、ドンは私の書いているものに実名を出さないようにと依頼してきた。理由は次のとおりだ。

新米職員という立場上、ぼくはメディアと話してはいけないんだ。違反すれば死刑か八つ裂きか、もっとひどいことにもなりかねない。そういうわけで、ぼくはいま、心配している。以前は事情がちがった。一介のワーキャンパーとしてなら、アメリカ実業界の遠大な陰謀に対して、無遠慮で無鉄砲でいられた。だがいまや、ぼくはあちら側の人間だ。ぼくにはこの仕事が必要なんだ……。

ぼくは有名になるわけにはいかない。うっかり全国メディアにでも出てしまったら、それが単なる補足記事にすぎなくても、人事部はあっさりぼくをお払い箱にするだろう。ある日倉庫に出勤したらIDカードが使えなくなっていて、中に入れてもらえないかもしれない。いわゆる〝アマゾンの肘鉄砲〟ってやつさ。そうなっても、どうすることもできない。社員なんだからアマゾンの意のままになるしかない。

ぼくのことを被害妄想だと思うだろうね。だが人事部はどんなに友だちのふりをしていても、しょせんぼくの味方じゃない。あいつらは傷んだりんごやトラブルメーカーを放り出して、初めて存在価値を発揮するんだから。ぼくはナデージダ・トロコイコヴァ〔プーチン大統領を批判する歌を歌って逮捕されたロシアのパンクバンド「プッシー・ライオット」のメンバー〕ほど勇敢じゃないんだ（あんなに恰好良くもないけどね）[*2]。

ドンはほんの数カ月で借金を返済し終え、ずっと延び延びにしていた歯科の治療を受け、新しいメガネを買い、ロスＩＲＡ〔税金の優遇が受けられる個人年金プラン〕の掛け金を払い込み、ハーレーを買うための貯金を始めた。

＊2　ドンがこのｅメールを書いたとき、トロコイコヴァはちょうどシベリアの牢獄から釈放されたところだった。

第6章　クォーツサイト

なんて平和なのだろう。ここは車上の楽園だ。どこへ行くのも思いのまま、穏やかな気候を追いかけて、一年じゅう移動していける。この天国の住人は、一人ひとりが自身の人生を明確に見据えている。驚異の収納性と可動性をもつ最小限のスペースに、人生を圧縮することによって。

E・B・ホワイト(1)

州間高速道一〇号線を一月の夕日に向かって走っていくと、砂漠のなかに奇妙な光景が見えてきた。ドーム・ロック山脈の裾野に金色の粒が何千となく輝いて、山々をとり囲む広大なプールが光を反射しているかのようだ。近づくにつれ輝く粒はひとつずつにばらけ、キャンピングカーのフロントガラスが夕日の最後の光を受けて光っているのだとわかる。無数のキャンピングカーの群れは無秩序に広がり、見渡す限り続いている。ここはアリゾナ州の砂漠の町、クォーツサイト。一年の大半をまどろみのうちに過ごす、人里離れた辺境の地だ。二つのトラックステーションを挟んでロサンゼルスとフェニックス(2)の間に位置する。気温は幻覚を誘うほどに高い。夏の猛暑の時期には、住人の数は四〇〇〇人を切る。訪れる人の数よりも、転がってくる回転草のほうが多いぐらいだ。だが、日差しが穏やかで快適な冬になると、何万人ものノマドが全国各地から、さらにはカナダからも流入し、町はひととき、大都市に変身する。この町が〝集合場所〟と呼ばれるゆえんだ。余暇を楽しみ、寒さを逃れるためにやってくる人々もいる。年金をたっぷり受け取っている人か、貯金が二〇〇八年の金融崩壊の波にさらわれなかった、幸運なリタイア族だ。だがそれ以外の人々は、一般社会の崖っぷちにしがみついて、やっと生きながらえている。メインストリートを行進していくさまざまな住まいが、そうした人々の置かれた状況を物語っている。

車やトラックに牽引されていくのは、ありとあらゆる種類の居住ユニットだ。ぴかぴか光るアルミボディのキャンピングトレーラー「エアストリーム」。荷台にドアや窓をつけて改造した箱型トラック。小型テントほどの大きさしかないティアドロップ型のトレーラー。三角屋根の天窓とジンジャーブレッドの飾りをつけた小さな家が、タンデム車軸の台座に載って運ばれていく。トラックが積んでいるハウスボートは、これから地上でアパート代わりになるのだろう。現役を引退したスクールバスが何十台も通る。まだ真っ黄色のままの車体もあれば、エアブラシで大自然の風景や派手な渦巻き模様を描いた車体もある。ソファーや薪ストーブを備えた凝ったつくりの家に改造されたバスもあれば、店舗を兼ねたバスもある。虹色のバス「バスストップ・アイスクリーム＆コーヒーショップ」はＬＳＤならぬエスプレッソをキメの一品に選んだ、現代版ケン・キージー〔『カッコーの巣の上で』の作者にしてヒッピーコミューン「メリー・プランクスターズ」のリーダー。派手な蛍光塗料で彩った改造バスで全米を巡回し、各地でＬＳＤを用いたアシッド・ショーを行った〕といった趣。鍛冶工房を兼ねたバスの車体には、金床《かなとこ》のマークと「ハンマーと腕一本で、社会のゴミをリサイクル！」というキャッチコピーが書かれている[3]。荷台に居住部分をとり付けたおんぼろのピックアップトラックもあれば、パラボラアンテナを搭載した豪華キャンピングカーも

神への祈りと寄付募集の言葉が書かれたピックアップキャンパー。クォーツサイトのマクドナルド駐車場にて

あり、所持品を積み込みすぎてシャーシが路面をこすっているポンコツ車もある。クロームメッキの縁取りをキラキラ光らせた新品同様の車があるかと思えば、点々と錆に覆われ、真っ黒い排煙を途切れとぎれに吐き出している車もある。数は少ないが、寄付をお願い、と呼びかける車もある。屋根に空っぽのガソリンタンクをくくりつけたあるステーションワゴンには、「家族で事業を始められるよう、寄付をお願いします」という文言とともに、ネット上で資金を募るクラウドファンディングサイト『Go Fund Me』のアドレスが書かれている。別の古いピックアップキャンパーの後部には、丁寧な黒い字で「ホームレスが避難しています」「神様のお恵みがありますように」とあり、その下に「ほしい物リスト」が掲示されている。「ガソリン、現金、もっと大きなキャンピングカー」

ただし、乗っている車を見ただけでは必ずしもその人の経済状況はわからない、ということは覚えておきたい。たとえば休暇を楽しむ富裕層を思わせるようなプレジャーボートに似た車が、ワーキャンパーの車が固まっているあたりに停まっていることがある。アマゾンのキャンパーフォースが暮らすRVパークに通いだしたとき、私は不思議だった。パラボラアンテナ付きの、あのぴかぴかの陸用クルーザーは、こんなところでいったい何をしているんだろう？　と。やがて二つの事実が判明した。一つめは、豪華なおもちゃにお金をつぎ込む余裕のある高給取りの油田労働者が、そうしたRVパークに一時的に滞在することがある、ということ。二つめは、車上生活者のすべてがキャンピングカーの代金を払い終え、完全に自分のものにしているわけではない、ということだ。一般の住宅と同じように、高すぎるキャンピングカーを買ったがためにローン地獄に落ち込み、支払いに苦しんでいる人も多い。不幸なことに、キャンピングカーも一般の住宅と同じように抵当流れになることがあるのだ。

車の列はのろのろと進んでいく。だが、だれも急いでいるようには見えない。キャンピングカーの群れのなかに、砂漠を走り回って帰ってきた埃だらけのオフロード車も交じっている。そういう車のドライバーはみなスカーフにゴーグル姿で土埃にまみれている。粉砂糖でもかぶったようだ。混み合ったトラックステーションに入ろうとする大型トラックのせいで、左折車線が渋滞している。シニア向けの電動三輪車に乗ったお年寄り、バギーに小型犬を乗せたベビーブーマーなど数人が、交差点で信号が変わるのを待っている。ドレッドヘアのティーンエイジャーやくたびれたバックパックを背負った二〇代ぐらいの若者たちが、縁石に座っている。若者たちは、「クラストパンク」、「ダーティーキッズ」、「旅人」、「レインボー」といったじつにさまざまな名称のトライブに分かれている。「レインボー」というのは、膨大な参加者が集まるレインボー・ギャザリングに由来している。乗せてくれる車を探している若者もいる。ヒッチハイクで町を出て、ユマやフェニックスに行こうとしているのだろう。ダンボールのプラカードを掲げて現金を要請する者もいる。当人たちは、これを物乞いとは呼ばず、「看板掲揚」「補充」あるいは「支援」などの隠語を使う。ガソリン代に困ったときの常套手段だ。年長者の多くは良い顔をしないが、小銭を出してやる人もいる。ダラー・ゼネラル〔アメリカの一ドル均一ショップのひとつ〕では茶色のパーカーを着て金髪をドレッドヘアに編んだ男が、ミラー・ドラフトビールの六本入りパックを二つ買っている。その男がお金のかわりに差し出した手の平一杯の天然石を見て、白髪のレジ係は笑い出す。郵便局に並んだ避寒客とカイゼル髭の若い放浪者が、熱の入った議論を始める。人類はこの地球という物理的制約を超えたスピリチュアルな存在なのか？　それとも、地球を破壊するただの役立たずなのか？　夜がくると、若者たちは砂漠の野営地に帰っていく。キャンプファイヤーを囲んでウイスキーのボトルを回し、ギターをかき鳴らし、ホットドッグを炙り、マリファナたばこを巻き、時間をつぶす。

　夕方からのディナータイムには、町のレストランはほとんどが満杯になる。人気ピザ店「シリー・アルズ」では、高齢者がエレクトリックスライド〔ダンスフロアに整列し、全員が一斉に同じステップを踏むラインダンスのステップの一種〕を踊り、ハウス・バンドに聴き入る。バンドのレパートリーの一つに、こんな歌詞で始まるベアネイキッド・レディース〔カナダのオルタナティヴ・ロック・バンド〕の歌がある。「一〇〇万ドルがあったなら、あなたに家を買ってあげるのに」。日によってはカラオケで歌うこともできる。赤い麦わら帽子を被ったしわしわのおばあちゃんが電動カートに乗ったままダンスフロアに出てきて、ビブラートのきいた声でクリーデンス・クリアウォーター・リバイバル（CCR）の「ルッキン・アウト・マイ・バック・ドア」を歌う。ギターソロの間、おばあちゃんはフロアの真ん中でカートを八の字型に走らせ、聴衆の喝采を浴びる。

レストラン「メインストリート・イータリー」と付属のコインランドリーは、食事をし、衣類を洗濯し、自身もシャワーを浴びる客でごった返している。七ドルで使えるシャワーが店の奥にあり、注意書きの長いリストが貼ってある。「使用は一回二〇分まで」「禁煙」「ヘアダイ禁止。根元染めもダメ」「個室内土足禁止」などなど。裏口にたむろしている「レインボー」を、警官が追い立てる。コインランドリーの客のひとりが、彗星が世界を破滅させる、それなのにオバマは何もしようとしないと、わめき立てている。白髪まじりの男性が駐車場の金網にもたれて座り、くり返しくり返し石を投げている。そのたびに、ジャックラッセルテリアが律儀にとってくる。「こいつはロックハウンド犬なんだ！」私が見ているのに気づいた男性は、そう言ってからからと笑った（この町には砂漠で半貴石を探すロックハウンドを趣味にする人が多い）。

このときとばかりお金儲けに奮闘するのは、レストランのオーナーばかりではない。毎年この時期になると、クォーツサイトには物売りが殺到する。スタンドを設置し、あるいはオフシーズンのあいだ閉めていた店を開け、町じゅうにポスターを貼って回る。大量のポスターに印刷された〝ミスター・モーターホーム〟（中古キャンピングカー販売店の名称）なら、クォーツサイト一きれいなキャンピングカーが見つかるよ」と笑いかける。その歯は、見る者を落ち着かなくさせるほど白い。競争相手の「RVフォー・レス（RVをもっとお安く）」も、負けじと宣伝する。「蜃気楼じゃありません。本当にこの安さ！」また別のRV販売店「ラミーサRV」の店外には「朝食のパンケーキ、無料」と書いた幟が立っている。この店の前には週に六日、温かい朝食めあての高齢者の列ができる。朝食が提供される「シルバー・バックル顧客獲得室」の壁には、大半の人には手が届かない高価なキャンピングカーのコマーシャルが映し出される（ここに集まる人にとって、このコマーシャルは無料食堂の牧師の説教のようなもの。単なる雑音として無視している）。カー用品や修理の店、ガソリンスタンドも、何十となくある。カー用品廃棄所、ソーラーパネル販売店、フロントガラスの出張修理。「ガッツリガソリン」、「ひっぱりダコ牽引車」、「RV肛門科」など、人目を惹きたいあまり珍妙な名前になってしまった店も散見される。かと思えば、高尚路線で勝負する店もある。たとえば「シェルテル・ピンストライプ・サービス」には巨大な十字架を載せたテントがあって、「アメリカに望みを。キリストにアメリカを」という看板がかかっている〔ピンストライプとは、デザインした文字や線状の模様を車体に描くサービス〕。

どの店も、手っとり早く儲けようと最低価格を約束している。「どこより多く、どこより安く！」という看板もあれば、「全品売り尽くし！」というのもある。〝わけあり食品店〟として知られる食品安売りスーパーでは、販売期限をとうに過ぎ、箱がつぶれたり缶が凹んだりした食品が、大幅値引きで売られている。店の正面がショッキングピンクに塗られた「Addicted to Deals（安売り中毒）」に入ると、店の奥で三枚一〇ドルのDVDや消費期限切れのビタミン剤が売られている。「この店のクレイジーさは半端ない」ネット上にはそんな口コミがある。(4)「まるで大学の寮の部屋と廃業したKマートが愛し合って私生児をもうけ、ショッキングピンクに塗って看板を掲げたみたいだ」

クォーツサイトには都会人が文化と呼ぶほどのものは何もないが、ここに来た人でメインストリートの東端にある古本屋「リーダーズ・オアシス」に行かない人は、まずいない。オーナーのポール・ワイナーは、なめし革のように光る肌をした七〇代のヌーディスト。ニットの股袋以外なにも身に着けずに、本棚のあいだを歩き回っている。寒ければセーターを着ることもある。ポールがこの店を続けられるのは、建物が永久構造物ではないため、税金が安くあがるからだ。ちゃんとした壁はなく、コンクリートの平床の上にあずま屋のように屋根がかかっているだけだ。屋根と床の間に防水シートが張りめぐらされている。輸送用のコンテナと一台のトレーラーが別館だ。(5) 雑誌『トレーラー・マガジン』はこの本屋を「究極のクォーツサイト建築」と評した。ポールは若い頃はヌードのブギウギ・ピアニスト「スイートパイ」の名で各地を巡業し、「Fuck 'Em If They Can't Take a Joke（ジョークのわからない奴なんてクソくらえ）」の弾き語りで有名になった。いまも即興で、店頭の小型グランドピアノを弾くことがある。ピアノのそばにあるのは、さりげなくカバーをかけたアダルト本コーナーだ。キリスト教の本のコーナーもあるが、店の一番奥なので客はポールに教わらないと見つけられない。「客はぼくのむき出しの尻を見ながらでないと、聖書にたどり着けないのさ」とポールはうそぶく。

より古風な宗教を求める人が行くのは、リーダーズ・オアシスからメインストリートを西に行った反対端にある、紫と白の大屋根のテント「ラストコール・テント・ミニストリー」教会だ。夜七時に開かれる伝道集会では、巡回牧師がキリストの威光を広めつつ、金色のエレキギターをかき鳴らす。「キリストの光は世界中に届きます！」牧師は叫ぶ。「このテントの内にとどまるものではない。クォーツサイトにとどまるものでも、アリゾナにとどまるものでもない。キリストの光は大きい！ 広大にして善なるものでああある！(6)」礼拝が終わると、教区民は聖油で浄めてもらうために説教台に近寄る。牧師は異言で話し〔宗教的高揚状態にある人などが判別不能な音声を発すること〕、信者の肩をつかんで（松葉杖をついた女性も例外なく）よろけさせ、待ちかまえている人々の腕のなかに倒れ込ませる。

毎年何万人ものノマドが、クォーツサイトという冬のこの一大ショーに参加する。町の宿泊施設といえば小さなモーテルが三つあるだけなのに対し、RVパークは七〇以上もあり、「アリゾナ・サン」、「デザート・オアシス」、「ホリデー・パームズ」、「ラ・ミラージュ」、「パラダイス」、「ウインター・ヘヴン」、「ザ・シーニック・ロード（眺めの良い道）」というように、いずれもくつろぎを約束する名を冠している（「シーニック・ロード」には「人生を低速車線で楽しむ」というモットーがあって、宣伝文句のすべてがこのモットーにもとづいている）。RVパークの使用料は、平均すると区画一台分につきひと晩三〇ドルというところだ。アスファルトまたは砂利敷の駐車スペースに電気、水道、下水設備がついて、敷地内にシャワーやランドリールームがあるのが普通だ。WiFiやケーブルテレビが使えるところもある。こうしたRVパークの多くは「アイゼンハワー政権のあとに生まれた世代」の訪問を禁じて、「五五歳以上限定」という看板を立てている。この光景を記事にしたエディンバラの新聞『スコッツマン』の記者は、これを「ジュラシック・トレーラーパーク」と呼んだ。

だが、クォーツサイトに滞在する人の大半はRVパークを使わない。かわりにもっと使用料が安い同様の施設、すなわち町のすぐ外の公有地に集まる。ちょうど、ゴールド・ラッシュに湧くエリアに群がった西部開拓者のように（さきほどの『スコッツマン』の記者はこれを「オールド・ラッシュ」と揶揄している）。そこで彼らは〝砂漠のコンクリート〟と呼ばれる塵と砂利の混じった硬い土の上で野営をする。快適な設備にお金を使わずに、ソーラーパネルやガス発電機を使ってブーンドッキングをするのだ。水はポットやタンクに入れて運んでくる。快適さは犠牲になるが、絶景がそれを埋め合わせてくれる。ノマドたちは、電柱ほどにも大きく頑丈に成長した、巨大なオオハシラサボテンが腕を広げている脇に車を停める。サボテンの群れは遠くから見ると、キャンピングカーのための巨大なつなぎ杭のようだ。サボテンはクレオソートやメスキート、アイアンウッド、パロベルデ〔いずれもソノラ砂漠に自生する常緑低木〕などがつくるわずかな木陰を求めて、ウォッシュ〔流水のない涸れ川の川床〕沿いに群生している。ここに住む動物は、カンガルーネズミ、ズアカカンムリウズラ、トカゲ、サソリ、砂漠をさすらうコヨーテの群れなど。コヨーテが夜中に吠える甲高い声は、ノマドが使う発電機のうなりと競争しているかのようだ（砂漠にはガラガラヘビもいるが、ほとんどは冬眠中だ。熱波が砂漠を洗い、人間を追い払う春まで目覚めない）。落ち着く場所が決まると、ノマドたちはウェルカムマットやバーベキューコンロ、ローンチェアを車外に並べ、日よけや人工芝や全天候型カーペットを広げる。色鮮やかな旗をなびかせ、柵をセットしてドッグ・ランをつくる。まるであたり一面、テールゲート・パーティー〔スポーツ観戦前に、会場の駐車場でトラックやバンの荷台を使ってバーベキューをしながら盛り上がるパーティー〕が開かれているかのようだ。かつて『ナショナル ジオグラフィック』誌をして「アメリカ最大の駐車場」と言わしめた景観だ。ほかにも「高齢者の春休み[7]」、「貧乏人のパーム・スプリングス[8]」などの呼び名がある。

この果てしなく続く砂漠は連邦直轄地だ。土地管理局によって管理されていて、ノマド歓迎のキャンプ場もあり、一度に二週間まで無料で滞在できる。ただし二週間たったら、少なくとも四〇キロ以上離れたどこか別のキャンプ場か、ラ・ポサ長期滞在者専用エリアに移動しなければならない。ラ・ポサはクォーツサイトのすぐ南に広がる、約四五平方キロにおよぶ広大なエリアだ。滞在費は二週間四〇ドル、または七カ月までの滞在で一八〇ドル[9]。管理局が発行するキャンプ許可証は、色鮮やかなステッカーだ。この地方に生息するミチバシリという鳥と、大きな雪の結晶をかたどったマークがデザインされている。一度フロントガラスに貼り付けたら、もう剥がされることはなさそうだ。季節が変わってクォーツサイトを遠く離れてさまよっているノマド同士も、これを見ればすぐに互いを認識できる。まるで秘密結社のバッジのようだ。

一二月から二月までのあいだ、クォーツサイト周辺の砂漠で暮らす車上生活者の数は四万人以上と推計されている。ビル・アレクサンダーはやって来てはまた去っていく人々の姿を、ずっと昔から見てきた。土地管理局ユマ・フィールド・オフィスで、戸外レクリエーション企画担当者兼パークレンジャーのリーダーとして、過去一七年間この地域で働いているのだ。それほど長年見ていても、人々が交流する親しげな様子にはいまだに感銘を受けるという。「犬を引いて自転車で乗りつけた男性が、五〇万ドルもするような特別誂えのキャンピングカーのすぐ隣にテントを設置するようなこともあるけど、ちゃんと仲良くやっていくんだ」とビルは教えてくれた。「あんなふうに共存できるのは、公有地での滞在を楽しみたいという気持ちがあればこそさ。キャンピングカーに乗っていようが自転車に乗っていようが、公有地では平等だからね」

同じことを、ファーンリーで出会ったキャンパーフォースのメンバー、アイリス・ゴールデンバーグ(62)も言っていた。アイリスはシーズー犬のマディソン、ボタンインコのパンチョ、おしゃべりなヨウムのカスパール（一六世紀の神学者にあやかってつけた名前だ）といっしょに全長三・二メートルのカーソン社製スポーツトレーラー「カリスペル」に住んでいる。私がすし詰め状態のこの車にお邪魔して取材していたとき、アイリスがクォーツサイトの名前を口にした。当時、私はまだクォーツサイトを知らなかった。ビルと同様アイリスも、クォーツサイトでは階級の壁がはっきりしなくなることに大きな魅力を感じていた。現在のアメリカでは、その意味は決して小さくない。ますます多くのアメリカ人が収入に見合う居住地を選んで住むようになり、富める者と貧しい者とが互いに孤立し、遮断されつつあるが、クォーツサイトだけは別だ。アイリスは言った。「あそこはみんなの土地よ。何を持っていようといまいと、だれもが平等でいられるわ」

初めてクォーツサイトのことを教わったとき、アイリスはあの乾燥した気候のなかではどれだけ健康的に、どれだけ豊かに暮らせるかを、熱心に語った。キャンプ代が安いだけではない。国じゅうどこに行ってもワーキャンパーの仕事が乏しい時期に、クォーツサイトではわりあい簡単に短期の仕事が見つかる。つまるところ、短期的に賑わう町では短期的な労働力が必要だということだ。アイリスもパン屋を併設したレストラン「スウィート・ダーリーンズ」（店のモットーは「美味しい食べ物をリーズナブルな価格で」）で、時給八ドルの皿洗いをしたことがある。毎週金曜の夕方四時にはフィッシュアンドチップスめあての客が行列をつくり、キッチンには汚れた皿がうず高く積み上がった。テイクアウト専門の中華料理販売車「ロックン・ウォック」でも働いた。私が訪ねて行くと、アイリスは走って出てきて、手の平いっぱいのフォーチュンクッキーをくれた。

砂漠での生活は仲間意識を呼び起こすが、人間は結局のところ、どこへ行っても人間だ。テントの屋根にマークをつけ、いくつものトライブに分かれる。石を並べて架空の地所の境界線を描く習慣も、長く続いている。石はまた、まるで風景に入れ墨をするように、文様やイニシャルを描くのにも使われる。自分たちの部族にそれぞれ「コヨーテ・フラット」「ロジャーの二〇〇〇平米キャンプ場――ぐうたらホームレス用」などと名前をつけ、手づくりの看板を立てる。(10) 高校の技術の授業で作ったかのような良くできた木の看板があるかと思えば、文字を殴り書きした紙皿を木切れにダクトテープで貼り付けたような、間に合わせの看板もある。

アイリス・ゴールデンバーグとヨウムのカスパール

トライブと言えば、砂漠では何十とないトライブの「集会」が開かれる。メンバーは、何らかの共通点をもつ人々だ。たとえば一定の年齢層が集まっているトライブに「ブーマーズ」がある。入会の条件は戦後世代であることだが、その条件を満たすキャンパーの数はあまりに多く、そんなトライブをつくること自体、的外れの感は否めない。それより少し若い世代をターゲットにしているのが、「Xscapers（エスケーパーズ）」や「NuRVers（ニューキャンパーズ）」。世代を見分ける目印は、この奇妙なスペリングと大文字の使い方。ネットワーク世代だけに通じる合言葉だ。ほかにも、釣り好きの「ロービング・ロッズ（さすらう釣り竿）」、災害救助ボランティアの「ドーブズ（鳩（ノアの方舟の逸話に由来する命名か））」、ゲイやレズビアンの「レインボーRV」（さきほどの若者たちの「レインボー」とは無関係）などがある。独り者の部族には「ワンダリング・インディビジュアルズ・ネットワーク（さまよえる個人のネットワーク）」、「ソロス（独り者）」、「ローナーズ・オン・ホイールズ（車に乗った一匹狼）」などがある。最後の「ローナーズ」は、メンバーにとても厳しい掟を課している。あるメンバーがテキサスの地元紙『ビクトリア・アドボケート』に語ったところでは、「不純行為をすれば、即追放」だ。メンバーは〝多くの人と交流する独り者〟としての行動を求められ「血縁者以外の異性のメンバーとキャンプ区画をともにしてはならない」と定められている。(11) そのほか、この砂漠にはヌーディスト限定のグループまである。長期滞在者用エリアの南端にある三〇ヘクタールあまりの区域「マジック・サークル」をとり囲むように、こんなポスターが貼られている。「注意：この先、日光浴中のヌーディストと遭遇する可能性あり」（クォーツサイトの住民のなかには、このマジック・サークルを〝しわしわ市〟の〝垂れ下がり町〟とネット上で揶揄する者もいる(12)）。

その他、キャンピングカーの種類が同じ者同士が集まっているグループもある。レイジーデイズ、カシータ、モンタナ・フィフスホイールがそれぞれ何十台も集まって、その他の場所ではまったく無秩序に車が散らばっている砂漠の真ん中で、群れを形成している。砂漠でそういうグループに出会うと、都会の郊外の住宅団地に迷い込んだような気になる。人里離れた辺ぴな場所に、版で押したように同じ形の住居が並んでいるのだから。

◆

ロンドンの『フィナンシャル・タイムズ』はクォーツサイトを「アメリカで最も奇妙でひどく狂った場所のひとつ」と評した。(13) だが、クォーツサイトはけっして、アメリカにおける例外ではない。むしろ、これほどアメリカ的な町を他に探すのは難しいだろう。アメリカを風刺画にしたらこうなると言えるくらい、非常にアメリカ的だ。この土地の先住民族はもうほとんど残っていない。観光客はオリジナルのかわりに、パキスタン製のドリームキャッチャー（アメリカインディアンに伝わる魔除けのお守り。悪夢から身を守ってくれると言われている）や中国製のモカシンを買い漁ってお土産を調達する。クォーツサイトに冬はない。集まってくる予言者も、スピリチュアルな求道者も、格安スーパーの得意客も、だれもかれもが信じている。ガソリンを満タンにして路上に出ることこそ、人生の困難から逃れる最良の方法だと。クォーツサイトにはいつでも、旅人やはぐれ者や自己改革を目指す人のための避難所がある。クォーツサイトは景気の変動という芸術の、最後の仕上げがなされる場所なのだ。

　クォーツサイトのルーツは、白人入植者がモハベ・インディアンを撃退するためタイソン砦(14)を建てた一八五六年に遡る。この砦はのちに駅馬車の中継地「タイソンズ・ウェルズ」となり、いまはその跡地（ピザ店「シリー・アルズ」の隣）に小さな博物館「クォーツサイト歴史館」が建っている（クォーツサイトにはこの他に二つ博物館がある。一つは世界中のチューインガムを集めた博物館で、もう一つは戦争関連の品を集めた記念館だが、そのどちらも、この歴史館ほどは人気がないようだ）。一八七五年にタイソンズ・ウェルズで一夜を過ごした回想録作家のマーサ・サマーヘイズ(15)は、「こんなに憂鬱で嫌なところはない。道徳的にも物理的にも、不潔な臭いがぷんぷんしている」と言った。駅馬車が役目を終えたあと、町はゴーストタウンになっていたが、一八九七年の採掘ブームで生き返った。郵便局が再開し、自治体には「クォーツサイト」という新たな名が冠された（ここで採れる鉱石の名をとってクォーツァイト《けい岩》となるはずだったが、タイプミスで余計なsが入り、そのままになった）。

クォーツサイト史上最も有名な人物はといえば、シリア生まれのラクダ使いハージ・アリだ。一九〇二年没で、この町に埋葬されている。本名よりも、アメリカ訛りのハイ・ジョリーの名で知られる。アリは一八五六年、アメリカ陸軍ラクダ部隊にスカウトされてこの地へ来た。ラクダ部隊は、気難しいことで有名なラクダを南西部の物資の運搬に利用する試みだったが、短期間で終わった（アリゾナ州ツーソンからロサンゼルスまで郵便を運んでいた時期もあったが、一八六一年の南北戦争開始とともに打ち切られた）[16]。ハージ・アリの墓標はクォーツ《石英》と珪化木でできたピラミッドだ。てっぺんにスチール製のヒトコブラクダが飾られていて、すべて合わせた高さは三メートル以上もある。正面に埋め込まれた額のなかに「ハイ・ジョリー（シリア生まれ。一八二八年頃～）最後の野営地」「アメリカ軍士官として三〇年以上にわたり忠誠を捧ぐ」と彫られている。ラクダのトプシーの遺灰も、いっしょに埋葬されているという噂だ。

日によってはヌードで店に立つ書店主を除けば、ハージ・アリはおそらくクォーツサイト随一の有名人だろう。アリに敬意を表して、クォーツサイトはラクダを町の非公式マスコットにしている。クォーツサイトを訪れる人は、アリの墓標にあるのと似た金属製のラクダ三頭を配した記念碑に出迎えられる。町には「スタッフト・キャメル（縫いぐるみのラクダ）」という名称のトレーラーパークがあり、メインストリートの西端近くにはラクダの大きな現代彫刻も飾られている。車のホイールリムをはじめ、さまざまな廃品を溶接してつくられたものだ。そして年に一度、ハイ・ジョリーの記念パレードがある。町がいまより栄えていた頃は、このパレードに合わせて本格的なお祭りが催されていた。デモリション・ダービー〔廃車同然の車をぶつけ合って最後に残った者が勝者となる自動車破壊競技〕が開催された年や、ラクダレースが行われた年もあったという。場外投票券売り場があったレストラン・バー「クォーツサイト・ヨットクラブ」（標語は

「Long Time No Sea《ロングタイム・ノーシー》」（「ずっと海がない」の意。「お久しぶり」を意味する Long Time No See の駄洒落）では、ラクダの着ぐるみに入ったオーナーの息子がダンスフロアでくだを巻き、バンドが「ハイ（やあ）、ジョリー」を演奏していたという。ニュー・クリスティー・ミンストレルズのこのヒット曲は、ハージ・アリを、精力的な労働者でもあり、女たらしの美食家でもある人物として描いている。

だがクォーツサイトにいくら風変わりな歴史があろうと町の衰退には歯止めがかからず、一九五五年頃には住人はわずか一一世帯にまで減少した。[17] 町が再生したのは、大量にとれる天然石のおかげだった。この町でフリーマーケットが盛んになったそもそもの始まりは[18]、一九六〇年代に州間高速道一〇号線で起きた駅馬車の故障だった。御者は四人の幼い娘を連れて西に向かっていた若い母親で、馬車の修理費がなく、やむなく娘たちのおもちゃを売ってお金に替えた。その後、この御者にならって、ピックアップトラックの荷台に商品を載せて売り歩く者が出てきた。そこに集まる買い物客を町の活性化に役立てようと、一九六七年、有志グループが宝石・鉱物ショー「ポウ・ウォウ」を始めた。このショーは高い人気を博した。クォーツサイトが消滅の瀬戸際で息を吹き返したのはこのショーのおかげだと考える人も多い。長じて無数のフリーマーケットや交換会がこれに加わり、ふだんは空っぽの砂漠の道路や土の上に、冬になると人が押し寄せ、広大な市場が広がるようになった。出かけてみると、「グレースウッド・パーク&セル」「プロスペクターズ・パノラマ」「メイン・イベント」「セル・ア・ラマ・アット・タイソン・ウェルズ」といった具合に、店は限りなく続いている。テーブルの上に牛の頭蓋骨やら鋳鉄製の調理器具やら銃を忍ばせるための女性用のハンドバッグやらが並び、まるで溜め込み癖のある人の遺品整理会場にいるような気がしてくる。

そんな店の一つ、メインストリート沿いの「ハイ・アリ・スワップ・ミート（交換会）」では、フォードE350に住んでいるというシャレン・ピーターソン（70）、通称シェリーが、古い木製のドアを陳列台にして、刀、ヘラジカの皮、アロハシャツ、不要になった日用品を並べて売っていた。がらくたに混じって、シェリーがちょっとした警句を走り書きした紙切れが、あちこちに散らばっている。「弾薬の価格高騰のため、警告なしで発砲します」「私たちはスノーバード《避寒客》じゃありません。スノーフレーク《個性派》です」売り物を見ながら人々が通り過ぎていく。ある客が、シャツ四枚を一七ドルで買っていった。「みんながアロハシャツを着れば、世の中はいまより良くなるわ！」シェリーは言った。別の客は、シェリーがサンタバーバラで二〇ドルで買った茶色と青の平皿のセットを、二五ドルで購入した。「リサイクルショップで買い物するのって、払ったお金を取り戻せる唯一の趣味だわね！」シェリーは言った。

シェリーはかぶっている野球帽に、タツノオトシゴなど海の生物をかたどった金や銀のピンを刺している。帽子の下から金髪のおさげを突き出し、くるくるとよく動く瞳をきらめかしている。日焼けが染みついた肌はおそらく、六〇年代にロサンゼルスの南のマンハッタン・ビーチでサーフィンをしていた頃の名残だろう（当時流行の髪型にビキニ姿で黄色いロングボードに体をすり寄せている若い頃の写真を、シェリーはいまもお財布に入れている。壁には大きい写真も貼ってある）。当時はいまより楽にやっていけた、とシェリーは昔を思い出して言った。二五セントが生活の基本単位だったわ。ひき肉一ポンド、たばこ一箱、ガソリン一ガロン、なんだって二五セントで買えたんだから。

ミネソタの家を売らざるを得なくなったときから、シェリーは車の中で暮らしているという。大家として二三年間暮らしていた家は一九八九年に購入したもので、余った寝室を貸して、その家賃でローンを支払っていた。ところが部屋を貸すのに必要な許可を取っていなかったことが当局に知られ、貸し部屋ができなくなった。そうなれば、家を手放すしかない。「役人が言うことは馬鹿げてるわ」シェリーはそう言って嘆く。当初は家を売ったお金を株に変えて生活する予定だった。だが二〇〇二年には三〇万ドルの評価額がついていた家の価格は、リーマンショック後、わずか一四万ドルに下がっていた。そこからローンを完済して不動産手数料を払うと、手元にはわずかな金しか残らなかった。だが、シェリーはそれを最大限に活用した。彼女のフォードE350はもともと、一五人乗りの車だった。見晴らしの良い窓が四方についた、動く豪邸に住んでいるようだったとシェリーは言う。ふつうの家とちがうのは、窓から見える景色が絶えず移り変わることだけだ。公的年金の手取りは、メディケアの保険料一〇〇ドルを差し引くと、月六〇〇ドルだ。「ガソリン代には充分よ」とシェリーは笑った。「でなければ、ずっと同じ場所にいるしかなかったわ」衣類はすべて三つのプラスチック容器に詰め込んで車に載せているほか、貸し倉庫を年六〇〇ドルで借りている。出店スペースの賃料として月三〇〇ドル、それに販売許可料として町に月五〇ドルを支払っている。クォーツサイトで出店していない期間は、サンタバーバラの海辺で宝飾品を販売している。そちらの販売許可は一シーズン一〇〇ドルでクォーツサイトよりずっと安いが、ビーチが閉鎖される毎日午前二時から六時までは店を開けられない。その間はどこに行くの？　私が訊くと、「隠れてるのよ」シェリーはあたりまえのように、人目を引かずに停泊できる場所はいくらでもあると言った。それに一面にステッカーを貼っていた以前のヒッピー車とちがって、今度の車は真っ白で目立たない。

出会って数日後、シェリーと私はクォーツサイト・ヨットクラブで晩御飯をともにした。シェリーはダブルハンバーガーを注文し、パテを一枚しか食べずに、残った一枚を注意深く紙ナプキンに包んだ。犬のスキットルズへのお土産だという。仲間がちょっとフェニックスに出かけていて、その間、犬を預かっているのだそうだ。それからシェリーはサイド・サラダをつくった。ハンバーガーに入っていたレタス、トマト、オニオンをとり出し、ケチャップとマヨネーズを混ぜてかける。こうすると、サウザンドアイランド・ドレッシングみたいに見える。シェリーはノンアルコール・ビールを二本飲み、レモン入りの氷水をすすった。食事が終わると、シェリーは私が奢るというのを断って、残った氷水を持ち帰り用の発泡スチロールのカップに慎重に注いだ。冷たくてスッキリしていたし、氷は車の中では作れない、ちょっとした贅沢品だからだ。

私たちはシェリーの店「ハイ・アリ・スワップ・ミート」までいっしょに歩いた。夜はどこで寝るのかと訊くと、売り物のテーブルのすぐ向かいに停めた車の中が楽でいい、そこなら誰にも邪魔されないからという。ニューヨークに住んでいるなんて、あなたの気が知れない。どこかのコンクリートジャングルに押し込められるなんて、私ならごめんだわ、とシェリーは言った。

「鳥は公園にも町にも住めるでしょ。私も同じよ」とシェリー。「つまりね、人が住むと想定されているところに住む必要なんて、ないってこと！」

◆

アメリカじゅうのたくさんの小さな町と同じく、クォーツサイトも困難な時期を迎えている。メインストリート沿いの賑わいをよそに、立ち行かなくなった店も散見される。窓が板張りされたレストランがある。塗装が剥げて色褪せたガソリンスタンドがある。給油ポンプは何十年も使われていないようだ。

古くからの住人によれば、昔はハイシーズンのクォーツサイトにはあまりに多くのキャンピングカーが集まって、屋根から屋根へと飛び移ったら砂漠を横断できそうなほどだったと言う。だが近年、集まる人の数は急激に減っている。はっきりした理由はだれにもわからないようだが、地元の政争、固定資産税の高騰、フリーマーケットの販売許可料の値上げ、アメリカドルとカナダドルの為替レート、ガソリン価格の乱高下など、理由はいろいろ考えられる。どれを信じるかは人それぞれだ。クォーツサイトの宝石・鉱物ショーと似たイベントがツーソンでも始まり、これまでクォーツサイトに集まっていた何千人もの鉱石コレクターがツーソンに鞍替えしたのだと考える人もいれば、より広範囲な不況の影響だと考える人もいる。自由時間という贅沢はもちろんのこと、燃費の悪いキャンピングカーで長距離を移動するガソリン代を払う余裕もない人が増えているというのだ。

「昔からの住人ですから覚えていますが、一九八〇年代のトップシーズンには一〇〇万人以上の客が詰めかけたものです。それがいまでは三〇万人を少し上回る程度に減ってしまいました」eメールでそう教えてくれたのは、地元の商工会議所長のフィリップ・クッシュマンだ。

「冷房がなかった頃は、砂漠にキャンプしている期間が半年間に及んでも、みんな満足していました。ところがいまは、気温が三七、八度に上がっただけで、大慌てでどこかへ行ってしまう。皮肉なものです」さらに、「冬にやってくる人々の層も変化しています。第二次世界大戦世代はビンゴやダンス、鉱石収集が好きで、町の奉仕団体にも自主的に参加していた。だがその後にやってきたベビーブーマーは、ここではすることがなくて退屈しているようです」クォーツサイトの全盛期が終わってしまったのだとは思いたくない、とクッシュマンは言う。ここ数年、いくつも新たなイベントを立ち上げ、実験中だ。祖父母の日を祝う四日間のイベント「グランド・ギャザリング（大集会）」もその一つ。(19)六三一人の参加者が立って（あるいは座って）「Q」という人文字を描き、ギネスの「世界最大の人文字」の記録更新に挑戦したという。

こうした努力はしているものの、クォーツサイトを訪れる人の多くは生活に困窮した人たちで、町を再生するのに必要な、お金を使い放題使ってくれる観光客ではない。サウス・ムーン・マウンテン・アベニュー沿いの「イザヤ書五八章プロジェクト教会」で、暴走族あがりの牧師マイク・ホビーと妻のリンダは、冬期限定の無料食堂を開設した。健康保険に加入していないところへ病気になり、払いきれない医療費の負債を抱えてホームレスになったあと、この夫婦は財産を失った人を助ける目的で、二〇〇三年にこの教会を設立した。無料食堂は拡大し、いまでは毎年一一月から三月の五カ月間にわたり、数千食をホームレスの高齢者に提供している。他の教会では往々にして、こうしたサービスを受ける前に説教にじっと耳を傾ける必要があるが、ここではそんなことは要求されない。

高齢の渡り労働者がこの町に集まるのはクォーツサイトが低収入の高齢者のための町であり、安あがりに隠れられるからだとマイクは言う。隠れる？　何から隠れるのかと質問すると、こんな答えが返ってきた。「恥ずかしさ、貧しさ、寒さから。砂漠では凍える心配がありませんからね。みんな、子どもたちには言っているんですよ。快適にやっている、とね」

ある晩教会を訪ねると、食事をしに来た人たちがプラスチックのお盆を手に列をつくっていた。夕食のメニューは鶏肉の煮込みをかけたスパゲッティ、サラダ、ハンバーガー用のバンズを使ったガーリックトースト、アップルチップスだ。教会の裏手に、駐車場に向けて開け放された倉庫がある。その中に並べられた長いテーブルで、人々は食事をとっていた。和気あいあいとした雰囲気だ。仕事をリタイアした人たち、貨物列車を無賃で乗り継いできた人たち、自転車で放浪してきた人たちが話に花を咲かせている。頭上にかかっている手書きの横断幕に、戸口のそばに立つ棒人間の絵が描かれている。左側には赤い炎が、右側には金色の雲が見え、こんな文字が添えられている。「時は来た！　あなたはどちらを選びますか？　キリストを選ばなければ、地獄が待っています」

その夕食のテーブルで、私は元ガソリンスタンドのオーナーのレオナルド・スコット、通称スコッティー（63）と知り合った。スコッティーは「主なるイエス」と書かれた野球帽をかぶり、白髪混じりの髪を細いポニーテールにしている。いまはウィネベーゴの一九九五年モデルに住んでいるというスコッティーは「リーマンショックで、ぼくは帝国を失った」と言った。帝国とは、投資目的で購入した家二軒とメゾネットのマンション一室だ。ここに来る前はアリゾナ州トノパーの温泉施設で働き、月五九〇ドルの公的年金の足しにしていた。もう少ししたら太平洋岸北西部にいる友人たちと合流して、一オンス一〇ドルになるというアミガサダケを採る予定だ。最終的にはカウアイ島のビーチに住んで、木から果物をとって暮らしたいのだとスコッティーは言った。*1

教会は町の食料庫に近い。私は食料庫に出かけ、運営者のキャロル・ケリー（80）に話を聞いた。夫と死別したというキャロルは倉庫内の雑然としたデスクで精力的に仕事をしていた。背にした壁を覆い尽くすように、栄養情報のポスターが貼られている。「この椅子で死ぬつもりよ」キャロルはそんな冗談を言い、思いがけない幸運が降って湧いたときのことを話してくれた。スナップエンドウ、キュウリ、サヤインゲン、マンゴーの木箱を積んだトレーラーが横転したのだ。キャロルは売り物にならなくなった野菜を、野菜の直売スタンドで出血大安売りをする売り子のように情熱的に、来る人に配ったという。私たちがそんな話をしているところへ、オレゴンから来たという夫婦がふらりと入ってきた。車上生活をしているそうだ。奥さんが経営していたコーヒーショップがつぶれ、無一文からの再出発だという。奥さんは犬の絵を描くのが得意なので、近くのフリーマーケットで絵を売れないかと思ってやってきたという話だった。

キャロルは夫婦に、野菜を詰めた箱を持たせて送り出した。二人が行ってしまうと、キャロルは悩ましい顔になった。ほんとうは訪問客どころか、クォーツサイトの住人の食料をまかなうだけでも難しいのだとキャロルは言った。「冬のあいだだけふらりとやって来る人たち全員の食べ物を、こんな小さな町がなんとかしないといけない。不公平よ」そこへ、常勤のボランティアスタッフが顔を出した。まるで、キャロルを元気づけに来たかのようなタイミングだった。

「食料はだれにでも分けますよ」彼は静かに言った。「相手がだれであっても、同じように」

◆

私は三年続けて、冬が来るたびにクォーツサイトの砂漠でキャンプをした。最初はテントで、のちにはキャンピングカーで。キャンピングカーを購入したのは、数カ月にもわたって滞在するノマドの生活を知るためだった。取材相手の何人かとは、毎回連絡を取り合った。そのうちの二人がスタウト夫妻だ。奥さんのバーブはいまも音楽を教えていて、チャックは現役時代はマクドナルドの副社長だった。私が初めてチャックを取材したのは、ネバダにいたときだった。

バーブとチャックはクォーツサイトに着いたとき、まだキャンパーフォースでの三カ月の疲れを引きずっていた。他のスタッフと同様、この二人も三つの試練に直面した。第一の試練は、身体的な疲労だ（「荷物を持ち上げ、体をひねり、腰を屈め、伸び上がって高いところに手を伸ばす。それを一〇時間くり返したら、それまで存在すら知らなかった筋肉が、一斉に悲鳴を上げたわ」とバーブはふり返った）。二つ目は、カフカ的な狂気だ（商品を入れるスペースが残っているビンを探して四五分間歩き続けたあと、バーブは「深呼吸、深呼吸」とくり返し自分に言い聞かせないと正気でいられなくなったという。彼女はあの倉庫を〝アマゾン動物園《Amazoo》〟と呼んでいる）。三つ目は、寒冷地仕様ではないキャンピングカーの中で氷点下の気温に耐えるという、文字通り生き残りをかけた闘いだった（水の供給は絶たれていた。フィルターが凍って破裂したからだ。続いてポンプも壊れたので、チャックは修理のために一日分の仕事をふいにした）。

こんな試練の数々をくぐり抜けたあとだったので、二人はアリゾナの陽光が待ち遠しくてならなかっ

＊1　つきに見放されてこういうことを考えるのは、スコッティーが初めてではない。ハワイ最大のホームレス収容施設を運営するInstitute for Human Services（ＩＨＳ）には、年間一〇〇から一五〇の問い合わせがあるという。問い合わせの主は「ハワイでホームレス生活をしようと真剣に考えている人たち」だと、ＩＨＳの代表者は地元テレビのリポーターに語っている。ホームレスの数は近年になって三割以上増加していて、人口あたりではアメリカ国内最多だ。ハワイ州知事は緊急事態宣言を出し、ホノルル市長は「ホームレス撲滅キャンペーン」を呼びかけるいっぽう、観光業界はホームレスの人々をアメリカ本土に送還する航空運賃を負担している。

た。だが「ザ・Q」と呼ばれるクォーツサイトに来るのは初めてだったので、広大な砂漠のどこに停泊すべきかわからなかった。毎年恒例の「Birds of a Feather Quartzsite Rally（クォーツサイト類友集会）」に誘ってくれた夫婦がいたので、ためしに行ってみた。そこで二人が見たのは、八五台以上のブルーバード・ワンダーロッジ（豪華キャンピングカーだ）が、子どもが描く太陽光線のように放射状に、巨大な輪を描いて並んでいる光景だった。住人が「巣」と呼ぶ場所だ。どの車も土の上に描かれた×印のとおりに、きっちり二五フィート（約七・六メートル）ずつの間隔で、フロントバンパーを輪の中心に向けて停まっている。「Qへようこそ」と書かれたホワイトボードにイベント情報があって、集会が始まってからは毎日更新された。「淑女のためのウォーキング」（〝ビッチ、二、ビッチ、二〟という掛け声が添えられている）から「男性のための家電ショップそぞろ歩き」、「趣味の射撃講座——戦略的狙撃術[20]」まで多彩なイベントが用意されている。「レイの特上リブロースディナー」のお知らせには、「料金を払っていない人はお見通し。門前払いされたうえレイの閻魔帳に記録されるから、そのつもりで」というおふざけの警告文が添えられている。

スタウト夫妻は、自分たちが乗っているナショナルRV製のシーブリーズ一九九六年モデルは「SOB」だと、すぐに悟った。（「SOB」は「Some Other Brand（場違い）」を意味するスラング）つまり、シーブリーズはワンダーロッジの仲間には入れないということだ。二人はそれに気づいて、ずっと離れた隅っこに停泊した。二人きりでキャンプファイヤーを焚いた夜もあった。

身の置き所に困ったスタウト夫妻は、砂漠のなかのスキャダン・ウォッシュと呼ばれる一画に歓迎してくれるトライブを見つけて、すぐに仲間になった。このトライブはキャンパーフォースの非公式な同窓会のようなもので、重労働という共通の体験があるため、絆が強い。メンバーは、アマゾンで働いたことのある九人と、面白がって仲間に入った元警察官一人。みんなでガーデンチェアに座って、ポークスクラッチング（豚の皮を油で揚げたスナック菓子）やトルティーヤ・チップスやカットしたニンジン、バーブが手づくりしたエッグサラダ・サンドイッチなどをつまみながら、倉庫での仕事の思い出話をしていた。みんなで「アマゾンの一二日間」も歌った。これは「クリスマスの一二日間」というおなじみの数え歌を労働者バージョンの替え歌にしたもので、「防犯用の従業員証を一枚」「軍手を二組」「オレンジ色のベストを三枚」、〝とび跳ねる領主様〟のところでは「けたたましいラッパ」（倉庫内の喧騒）といった贈り物をもらい、ついには「一〇カ所の筋肉痛」を手に入れる、という内容だ。それからみんなで帽子に入った紙の籤《くじ》を引いた。この抽選会の賞品は、アマゾンブランドのキーホルダー、栓抜き、ストラップ、USBメモリなど、アマゾンでもらった記念品だ（私はカッターが当たったが、飛行機に乗るので持ち帰れないからと、丁重に辞退した）。誰かが青いフリスビーを投げると、スタウト家のシドニー（オーストラリアン・シェパードと牧羊犬のミックス）が追いかけて走っていった。アマゾンで働いているあいだはあれほど最終日を指折り数えて待ったのに、クォーツサイトではすぐに時間を忘れてしまうと、みんなは口々に言った。

バーブとチャックはクォーツサイトでの滞在を楽しみ、ここに来ることを毎年の恒例行事にすることにした。アイリスと同じように、二人も短期アルバイトをいくつも見つけた。RVショー関連の仕事もいろいろあった。ゴミ拾い、業者専用出入口の守衛、販売ブースの売り子。販売ブースの売り物は釣り具、スポーツ飲料ホルダー、記念品などいろいろだ。売り子はちんどん屋の客引きと激安テレビショッピングの司会者を足して二で割ったような仕事だが、バーブはこれが一番気に入って、ブラッディ・マリーの素の試供品を配ったり、釣り糸のノットをすばやく結ぶ道具を上手に使って実演して見せたりした。上司からは、演出が大事だと言われていた。あるとき、電動車椅子に乗った高齢の婦人がカウンターに寄ってきて商品を見回した。するとその上司が、やにわにリキッドキャディ社の「究極のマグ」をつかみ、マジックテープでそのご婦人の義肢にくくりつけた。バーブも調子を合わせた。「これ、いつでもどこでも、どんなものにも使えます！」そう言ってから上司を指差して、弁解した。「この人、大真面目でやってるんです。お客様をからかってるわけじゃありませんから！」

最後にスタウト夫妻に会ったのは、クォーツサイトでの三度目の冬だった。二人とも、もうすっかりベテランのノマドになっていた。キャンプファイヤーの前に座って、二人は陽気に浄化の儀式を行った。破産関連の書類を火にくべたのだ。

第7章　ラバートランプ集会《ランデヴー》

カリフォルニア州ニードルズの町名は、そそり立つ花崗岩の峰が尖った歯のように連なる、針のような地形にちなんでいる。ジョン・スタインベックの『怒りの葡萄』でも、この町はこの地形のように敵対的な場所として描かれている。コロラド川沿いのテントキャンプでひと晩体を休めようとしたジョード一家は、保安官代理に「おまえらのようなやくざなオーキーには住みついてもらいたくない」と罵られ、追い払われる。母親のマー・ジョードは鉄のフライパンを振り上げて相手を脅し、こう反論する。「おまえさんは金ボタンの服を着て銃をもってなさるがね、あたしらがいた所じゃあ、そういう人間は言葉に気をつけるもんだよ」(1)〔大久保康雄訳、新潮文庫より〕

リンダはラバートランプ集会（ＲＴＲ）に向かう途中、ニードルズで車を止めた。アマゾンのファーンリー倉庫からここまで、八時間ぶっ通しで運転してきたのだ。ジョード一家と同じくリンダも疲れ果てて、ここで一泊したいと思っていた。だがジョード一家とちがって、リンダには、警察の手入れを避けようという心づもりがあった。それには、全長八・五メートルのキャンピングカーを無料で、ひと晩じゅう目立たずに停めておける場所を見つける必要がある。ニードルズにはウォルマートがなかった。次に良いのは、駐車場が使える二四時間営業の店だ。リンダは旧国道六六号線を外れて、町の商店街ニードルズ・タウン・センターのスーパーマーケット「バーシャズ」をチェックした。バーシャズは夕方早くに閉まっていたが、その九〇メートル先に二四時間営業のスポーツジムがみつかった。特に繁盛しているようには見えないが、ここならきっと大丈夫だろう。リンダは道を挟んだ入り口の向かいに車を停めて、ベッドにもぐり込んだ。

　朝までぐっすり眠り、しなければならないことがあったのを思い出しながら目を覚ました。エルドラドの登録を更新しなければいけなかったのに、アマゾンで働いていたあいだにうっかり期限を過ぎてしまったのだ。「本当にバカよね！」これ以上先に進む前に、更新しなければならない。そこでスマートフォンのナビゲーション機能を使い、ニードルズの車両管理局を目的地に登録して走り出した。ナビはまずUターンするよう、それからしばらく直進するよう指示した。ルート案内が終了したとき、リンダは出発したのとまったく同じ場所に戻っていた。もう一度やってみたが、同じことだった。しかたなくガソリンスタンドに入って尋ねると、従業員は商店街の角にあるオフィスを指さした。「ひと晩中、車両管理局の目の前にいたのに、全然気がつかなかったってわけ」リンダは笑った。エルドラドの登録はすぐに更新でき、まもなくリンダは国道九五号線を南に向けて走っていた。クォーツサイトまで二時間もかからない。

「RTRに来ればいろいろな講座を受講できるうえ、素晴らしい仲間と友だちになれる」ボブはウェブサイトでそう呼びかけている。「現代の車上生活者は、多くの点で昔の山男に似ている。ひとりの時間と絶えざる移動を必要とするが、ときには自分を理解してくれる気の合う仲間と集まってつながりたくなる山男に」(2)

仲間が欲しくてしかたがなかったリンダにとって、ボブのこの言葉はこの上ない朗報だった。七カ月前に車上生活に乗り出したとき、リンダは経済的に生き残ることだけを目標にしたのではなかった。充実と自由を求めて生き方を大胆に変えようとしている人たちの、より大きなコミュニティの一員になれたらとも夢見ていたのだ。だが、アマゾンでの深夜労働は骨が折れるうえ孤独だった。休みの日には人との交流はさておいて疲れを癒す必要があり、ノマド仲間との絆をつくる暇はなかった。気温がマイナス二〇度近くまで落ち込むネバダの厳冬がやってくると、デザート・ローズRVパークの住民は大半がキャンピングカーの中に身を潜めたまま、共有スペースには姿を見せなくなった。

あんな日々はもうおしまい。リンダは午後の気温が二〇度以上になる穏やかなクォーツサイトに行って、ゆっくり過ごす気満々だった。

もちろん、絶対に楽しく過ごせるという保証はない。「ザ・Q」に行くのは初めてだし、町をとりまく広大な砂漠の地理にも不案内だ。キャンプ場の場所さえ知らなかった。他の多くの新参者は、ボブのウェブサイトでのやり取りを通じてあらかじめRTRのメンバーと知り合っていたが、リンダはそのやり取りには参加していなかった。RTRでの知り合いといえば、シルビアンだけだ（ジェンとアッシュは新たな冒険に出かけていて、二週間のイベントが半分終わってからでないと参加できないとのことだった）。そういうわけで、リンダは転校初日に教室に入っていく子どものようにナーバスになっていた。いろいろな人と知り合いたいし、いろいろなことを学びたい。でも、うまく馴染めなかったらどうしよう？　集まっている人の大半は、きっとミニマリストの車上生活者だろう。大きすぎる燃費の悪い私のキャンピングカーを見たら、どう思うだろう？

けれどリンダは、そう長いこと思い煩ったままではいなかった。インターネットで教えを乞うたのだ。「こんにちは。今度初めてRTRに参加する者です。集会場の地図とイベントカレンダーをお持ちの方はいませんか？　どんなことでも教えていただけたら嬉しいです」RTRのフェイスブックでそう呼びかけると、だれかがイベントスケジュールを教えてくれた。スワンキー・ホイールズが地図へのリンクを貼ってくれた。RTRへの道順が黄色くマークされたその地図は、『宝島』に出てくる地図みたいだった。黄色い道の終点に赤い×印がついていて、「私たちはここよ」と書かれていた。

そこでリンダは、望むらくは自分もその一員にと願うトライブを探しに出発した。リンダのエルドラドはがたがた揺れながら、ドーム・ロック・ロード・イーストを砂漠へと進んでいった。町から離れれば離れるほど、路面はますます地球滅亡後さながらの様相を呈し、ところによってはあまりにズタズタに割れているので、諦めて路肩を走るしかないほどだった。やがて、右手にスキャダン・ウォッシュが見えてきた。二週間まで無料で停泊できる公共のキャンプ地だ。その端に大型のキャンピングカーが固まっていて、原野ではなくテールゲート・パーティーに迷い込んだと錯覚しそうだ。まだ続いているアスファルトの道の先に、オレンジ色と白のストライプのバリケードが設置されていた。そこでリンダは右に急カーブを切り、ミッチェル・マイン・ロードに入った。シャパラルの生い茂る起伏の激しい砂利道を南に向けて進み、キャンピングカーの「巣」を通り過ぎ、奥地へと入っていく。二キロ半ほど行くと、「ラバートランプ集会」という黄色い看板が道の脇に見えてきた。矢印は右を指している（この看板のおかげで、集会場は昼間なら見つけやすい。だが暗くなってからたどり着くのは、初めての人には至難の技だ。クォーツサイトでの最初の冬、私は夕方到着し、あっという間に道に迷ってしまった。遠くにキャンプファイヤーの明りを見つけてＲＴＲだと思って行ってみたが、「レインボー」と「クラストパンク」の若者が集まって、ウイスキーとマリファナで盛り上がっているだけだった。だれかがギターをかきならしながら大声で歌うのを、私は座って聴いた）。

リンダはゆっくりとキャンプエリアに進入した。砂漠のなかに六〇台ほどの車が点々と停まっている。小さな小さな家が集まって、広大な裏庭を共有しているかのようだ。車種は千差万別だった。ミニヴァン、運送トラック、乗用トラック、ハイトップキャンパー、車椅子リフトつきのヴァン、箱型トラック。レンタカーも一台あって、横腹に「Ｕホール」〔設備レンタル会社名〕の大きなロゴが踊っていた（あとでわかったのだが、この車の主は車上生活の実地訓練中だった。シカゴからフェニックスまで飛行機で飛び、そこでこの車をレンタルして、ＲＴＲまでの移動と期間中の宿泊に使っていたのだ）。トラベルトレーラーやピックアップキャンパー、キャンピングカーに混じって、長期車上生活用の装備をしたスポーツ用多目的車や、セダンも数台あった（一台はなんとプリウスだった）。自転車で放浪している人もいて、小型車の人たちよりさらに少ない荷物でやりくりしていた。車輪が二つにテントが一つ、あるのはたったそれだけだ。さらにいくつか、とてもユニークな車があった。そのひとつが、エメラルドグリーンに塗られた手製の木製馬車、「ヴァルドー」だ。ロマの民が一九世紀に住居用に使っていた伝統的な馬車をモデルにつくられたもので、ピックアップトラックで牽引する。住んでいるのはオレゴン出身、六五歳の船大工だ。腎細胞がんを生き延びて、いまは月四七一ドルの公的年金であちこち漂流しているという。

この無秩序な居留地のまん中に、キャンプファイヤー用の大きな火床があった。これが中央集会所だ。そこからそう遠くないところに、停泊できる場所が見つかった。近くにまばらな木立もある。リンダはキャンプの設営を始めた。

移動式住宅がずらりと並んだ眺めは、圧巻だった。ボブがのちにウェブサイトに掲載したその写真を見て、読者の一人は、驚嘆してこうコメントしている。「コメントを読まずに偶然この写真を見た人がいたら、『マッドマックス』的な未来[3]からの報告だと思うかもしれません。経済崩壊後に、だれもが車上生活をするようになった未来からの」

このときの冬期ＲＴＲはボブが主催する四度目の集会だった。指導者であり続けるのは楽ではない。ここにくるまでも、何カ月もかけて計画を立て、周知に努めてきた。いよいよ集会が始まってからは、ボブの活躍はより具体的になった。まず、道路沿いにＲＴＲの看板を立てる。頑丈な杭にくくりつけ、砂漠の風にも耐えられるよう大鎚でしっかりと打ち込んだ。次に、紙のカレンダーを大量にコピーした。このカレンダーには、交流イベントや自分が講師を務める予定のセミナースケジュールが掲載されている。さらに、ティピーテント〔アメリカ先住民族の円錐形の移動式住居をかたどったテント〕を設置し、中に二〇リットル入りのバケツを一つにゴミ袋、ウェットティッシュ、トイレットペーパーを用意した。新参者へのおもてなしだ。それから火床のそばに薪を積み上げ、そばの地面の上に青い防水シートを広げて四隅を石で押さえた。ピクニック用ではなく、交換のための不用品置き場にするのだ。車上生活者は限られたスペースを有効利用するために、常時不要品を処分している。毎日、シートの上にはなにかしら新しい品が加わる。毛布、本、麦わらでできた大きなソンブレロハット、自動車の部品、ビーチサンダル、デジカメ、テントペグ、プラスチック製のカップ、アウトドア雑誌『バックパッカー』のヨセミテ特集号、Ｔシャツ、ロングパンツ。テラコッタ製の大きな植木鉢もあった。新たな持ち主は中にたきつけを入れて上にワイヤーラックを置き、スープ鍋を温めるのに使っている。リンダはひと通り見て回るが、いつも最後には本にたどり

上：ラバートランプ集会の方角を示す看板
下：手製の木製ワゴンの中に立つルー・ブロシェティ

ついて、なんでも興味をひいた本を持ち帰る。私にも戦利品の一冊を見せてくれた。『秘密結社の1ドル札』〔デイヴィッド・オーヴァソン著、松田和也訳、学習研究社、二〇〇九年〕というタイトルのペーパーバックだった。

ボブはRTRから収益を得ていない。ボブのこのサービス精神がRTR全体に鷹揚な雰囲気を与えていて、ボブのように自分のスキルやモノ、経験を皆と共有したいと考える人々を惹き寄せている。美容師免許をもっているという女性は、夫と二匹の犬といっしょに暮らしているシボレー・アストロのそばで、任意の寄付ベースでヘアカットを提供している。キャンピングカーで暮らしている別の人はティキ・バー〔ミクロネシア文化をモチーフにしたバー〕にネオンサインをセットし、フラミンゴとライトアップできるパームツリーのガーデンオブジェを飾ってパーティーを開いた。スワンキーは自作のソーラーオーブン（食品を加熱するための、鏡をつけた箱）を披露し、そのオーブンでブラウニー、バナナとナッツ入りのパン、ブルーベリーマフィンを焼いてみんなにふるまった。機械に詳しい人は自動車修理の基本を教えた。大工仕事が得意な人は、持ち主が空っぽにしたトラックの荷台に、ジャストサイズのベッドフレームや棚をつくってとりつけた。大きなソーラーパネルを装備している人たちは、延長コードを表に出して、通りがかりの人に余分な電力を提供した。ろうあの女性は即興でアメリカ手話の講習会を開いた。中古のスチールラジアルを買い、受講者にナイフで突き刺して穴を開けさせては、くり返し空気漏れを塞ぐ練習をさせて、タイヤの修理法を教える男性もいた。この男性は、一二ボルト用エアーコンプレッサーの選び方も指導した。こういうスキルを教われるのは、リンダには特にありがたかった。この知識は、のちに再びキャンプ場スタッフをしたときに、実際に役に立った。森林警備隊員の消防車がパンクしたのを助けてやれたのだ。

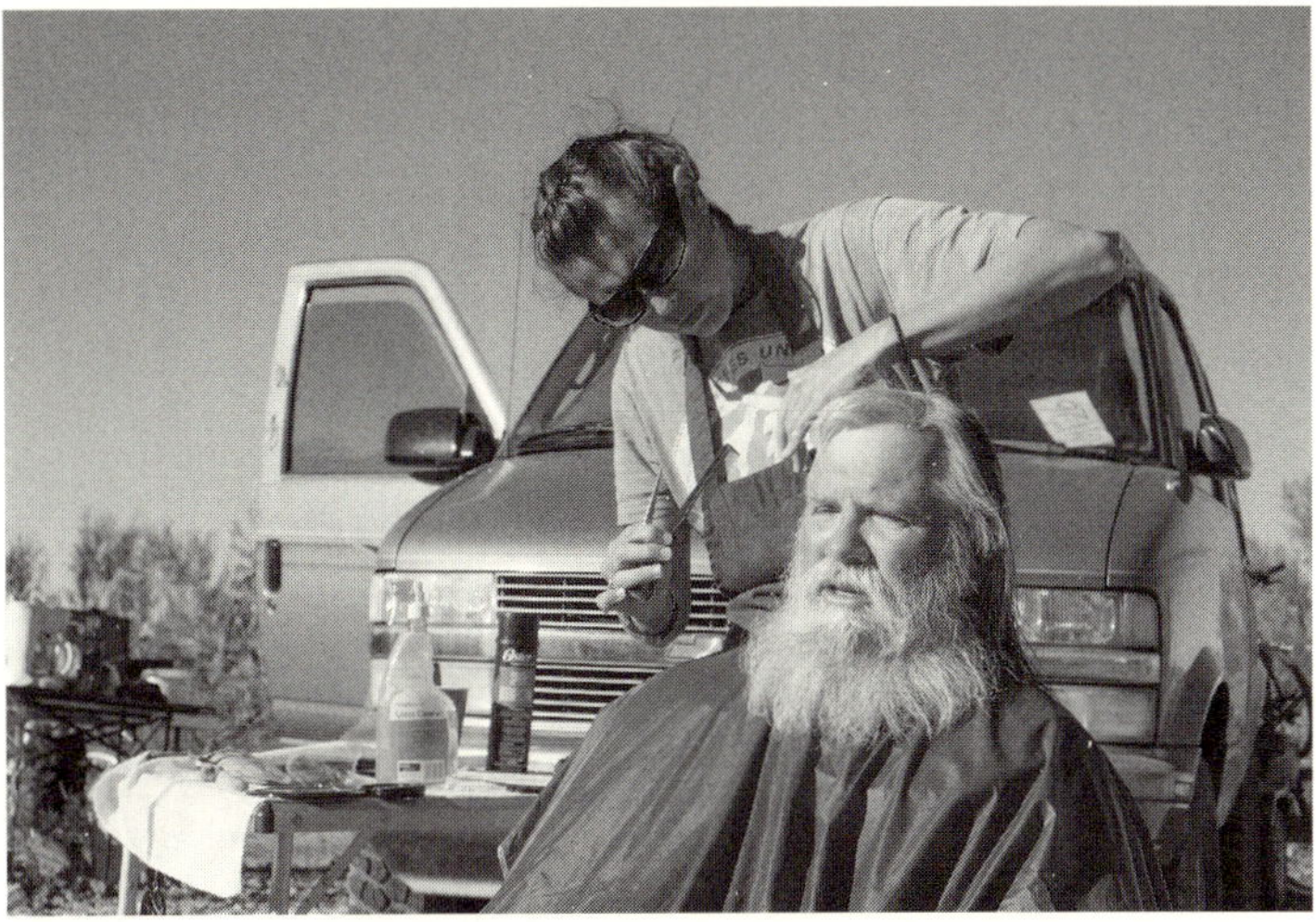

美容師のキンダル・ディモンに毎年恒例のヘアカットをしてもらうボブ

車上生活をしている仲間のひとり、リサ・ネスミスは、毎朝日の出とともに起き出し、朝一番にキャンプファイヤーの火をおこす。その火にポットをかけてカウボーイコーヒー〔水と挽いたコーヒーを鍋で沸かし、上澄みを飲むアウトドア方式のコーヒー〕を淹れ、カップを持ってやって来る人にふるまう。これはリサがバージニア州リッチモンドの高層マンションに住んでいた頃からの、長年の習慣だ。日曜日は早起きしてコーヒーメーカーでコーヒーを淹れ、玄関のドアを開け放して近所の人に知らせたものだという。コーヒーの用意ができました。どなたでもどうぞ、と。

合同食事会も催された。思い思いのトッピングを持参して好きな味つけで食べる「ベイクドポテト・ナイト」だ。チリコンカーンとスープも出る。参加者は大鍋に加えるものを何かひとつずつ持ち寄るきまりで、三〇年代の大恐慌時代のホーボー・シチューを彷彿とさせる。毎晩、日が沈むとだれかが大きなキャンプファイヤーに火をつける。だが、九時か一〇時には消されてしまうことが多い。その頃には皆まぶたが重くなり、冷たい夜気がしのび寄るからだ。

全体に行き渡っているもう一つの感覚は、プライドだ。私が出会った人はほぼ全員が、これから話す元広告アートディレクターのアル・クリステンセン[4]（62）と同様の態度だった。アルは私に「ホームレス」ではなく「ハウスレス」と呼んでくれと言う。その道の専門家だっただけに、アルは言葉に関してはうるさい。広告の仕事はここ数年減っていて、わずかに残った仕事は若い者に行くのだという。「バーチャルな仕事」をしていたら「バーチャリー《実際》に失業した」のだと、アルは説明した。自称一匹狼のアルは長く人といっしょにいるのに耐えられず、予算管理についてのセミナーを途中で抜け出した。孤独な時間を取り戻すために、一時RTRを離脱したのだ。だが、数日後には舞い戻った。RTRの人々が好きだし、みんなノマドとして生活することを何でもないことのように装っているので、「車上生活が、とても当たり前で、なにか尊敬すべきことのように思えてくる。自分は人生の落伍者じゃないと思える」のだという。

RTRの人たちの仲の良さも、リンダにはうれしかった。できるだけ多くのことを学びたかったので、ほぼ毎朝一〇時に始まるセミナーにせっせと通った。ボブが教える内容を、古参のメンバーはすでによく知っていた。生活のなかから自力で少しずつ学んできたか、去年同じセミナーを受けたか、ボブの著書『乗用車、トラック、あるいはキャンピングカーで暮らすには[5]』を読んだかしていたのだ。ボブの本はかなり実用的だが、車上生活に憧れている人のための練習問題も載っていて、その部分はいくぶんパフォーマンスアート的だ。たとえば「自分の家で練習しよう。まず、寝室だけで生活することにして、家のその他の部分を使うのをやめてみる」とある。そして「次に、車上の生活スペースをどの程度の大きさにするか決める」と続く。たとえば六平米の車に住もうと思うなら、その広さで練習するわけだ。「大きいダンボール箱で寝室の隅に三メートル×二メートルのスペースをつくりなさい」と本は指示している。「さあ、今度はそのダンボールに移住しよう。寝室での生活は卒業して、ダンボールの〝車内〟で暮らすんだ」(車で生活しなければならなくなるのを心配しているときに、冷蔵庫の箱のなかで予行演習をするのがはたしてやる気につながるのかどうか、それは疑問だけれど)。

それでも古参メンバーを含むほぼ全員が、折りたたみ椅子を抱えてセミナーに出席する。ノートをとる人もいる。それ以外の人は両手を上着のポケットに突っ込んだり、マグカップから湯気の立つコーヒーを啜ったりと、朝の冷たい空気から身を守るのに忙しいようだ。数人は、大量にうろついているノマドの飼い犬たちを行儀よくさせようと、奮闘していた。犬の種はチワワからクーンハウンド、温厚なウルフドッグまで多種多様だ。セミナーのあいだそこいらじゅうをうろうろしてお互いに挨拶したり、おやつをねだったり、キャンプファイヤーの灰の匂いを嗅いだり、クレオソートの茂みに(一度は私の録音機にも)おしっこをかけたり、ときには突然とっくみ合いになったりしていた。

とくに活気があったのは、ステルス・パーキング術のセミナーだ。キャンプ禁止法に阻まれがちな都会での車上生活者向けのこの講座が教えるのは、周囲に溶け込んで目立たなくなることで危険を回避する方法だ。警察の怖い「ノック」や、車体をどんどん叩く酔っぱらいや、窓から中を覗いて「だれか住んでるんですか?」と訊いてくる通りがかりの人など、都会には危険がいっぱいだ。「ノック」のことを知らない者はいない。みんなの共通の敵なのだ。スワンキーにいたっては「ノック」の悪夢にうなされる、とネットで告白している。「誰かが車をノックする、すごく変な夢をみる。きまって、停泊場所に一〇〇パーセント安心できないときだ。すごく怖い。ドアを開けても、たいていはだれもいない。でも、いることもある。そして、それが警察か警備の人だと、たいていはなにか言われる」(6)

ボブの第一のアドバイスは、安全な場所を見つけることだ。食料品店で働いていたうえ車上生活の始まりが職場の駐車場だったボブは、二四時間営業のスーパーに絶大な信頼を寄せている。ウォルマートが停泊を禁止している町では、他の大手チェーン店を見つけるといい。たとえばKマート、サムズ・クラブ、コストコ、ホームデポ、ロウズなどだ。バス・プロやカベラスなど、ウォルマート以外のアウトドア用品店もいい。クラッカー・バレルはキャンパーに寛容なことで有名だし、商店街や、デニーズなどの二四時間営業のレストランもいいかもしれない。一番良いのは、二つの大きな店舗の間に停泊することだ。どちらの店も、車を停めているのは相手の店の客だと思うからだ。どこに停泊するにせよ、バック駐車して車のフロントを道路に向けておくといい。そうすれば、何かあったときにすぐにその場を離れられる。同じ場所にしばらく滞在する場合は（住宅地に近い場合はとくに）日中と夜間で停泊場所を変えるほうがいい。日中は日常の行動がすべて問題なく行える場所を選ぶ。寝床を用意するなど、就寝までにしなければならないことは、すべてそこで済ませる。夜間の停泊場所には、暗くなってから移動する。そこは眠るだけの場所なので、朝になったらすぐにまた移動すること。夜間の停泊場所で灯りをつける必要に迫られたときは、赤味がかった穏やかな光のヘッドランプを使うよう気をつける。

また、うまい言い訳を用意しておくことも非常に大事だ。病院のそばに停泊する場合は、お見舞いにきたことにする。車の修理工場のそばなら、エンジンを修理中だと言う。だが詳しく話すように言われたときは、限界をわきまえて嘘はほどほどにしないといけない。「作り話が得意でないなら、最初からやめておいたほうがいい」というのがボブのアドバイスだ。

もう一つ大事なのは、カモフラージュだ。車をいつもきれいにしておく。座席に洗濯物などを散らかしておかない。人の興味を惹きそうな装飾をしない。アンテナトッパーも、ウインドウやバンパーに貼るステッカーもだめだ（この最後の注意には、「イエスさまのことをお教えします」っていうステッカーなら、貼っておいたほうが人を遠ざけられるんじゃないの？　なんていう冗談まじりの反論もあった。あまり信心深くないノマドの一人は、実験のためと、内輪受けをねらって、そういうステッカーを自分のトラックキャンパーに貼っている）。運送用のトラックに住んでいるなら、作業員になりすます手もある。安全ベストをフロントガラス越しに見えるところに置いておく、ルーフにはしごをつけるなどが有効だ。白い車なら、似たような車をたくさん使っている地元の企業――配管工事とかケータリングサービスとか――を見つけて、そのなかに紛れ込むのも手だ。あまり隠しすぎないことも、カモフラージュには大切だ。窓のカーテンをいつも閉めたままだと、中で何をしているんだろうと人に疑惑を抱かせる。公共のトイレで顔を洗うときも、頭を使って人の注意を引かないように。たとえば、たくさんポケットのついたハンティング服やアウトドア用の服を着て、洗面具をポケットに隠しておくといい。

ボブはまた、こうも言う。警察はいつも敵とはかぎらない。ただ中にいる人が大丈夫かと心配して「ノック」するだけ、というケースもいくつか報告されている。オハイオ州の車上生活者からは、ときどきコーヒーを持ってきてくれる親切な警官がいるという複数の報告がある。これから行く町のことを前もって調べておくか地元の車上生活者に話を聞くかすれば、その土地がキャンパーに対して友好的かどうかは非常によくわかる。友好的な場所なら、まっすぐ警察に行って自分の身の上を話し、一晩安全に停泊できる場所はありませんかと尋ねるのが最善の手だったりする。そして、どんなにこっそり行動していても、地元の警察はまずまちがいなく気づいていると思わなければならない。「警察はすごく頭が良い。半年間〝ただ通り過ぎている〟だけでも、〝何かあるな〟と気づかれる」。くれぐれも注意するようにと、ボブは念を押す。

だが、一般に警官というものは避けるに限るというのがみんなの共通の認識だった。すでにうまい方法を実践している者もいる。ある車上生活者は、スマートフォンの警察探知アプリについてネットに投稿している。違法停泊を通報された場合、地元の警察用無線を聞いていればいち早く察知して、警官が来る前に逃げ出せる。警察用無線は別の用途にも利用できる。チンピラが近づいてきたら大音量で流すのだ。チンピラも、あの雑音だらけでぶつぶつ途切れる音を聞けば、覆面パトカーだと思って慌てて逃げていくだろう。

もう一つ、ボブのセミナーで人気があるのは予算管理術だ。内容はだんぜんミニマリスト寄りで、消費文化に敵対的だ。ボブが言うには、いまはだれもが市場経済の奴隷になってしまったが、そのなかでも最大限に自由度を増やせる方法とは、必要なモノの種類と量を減らすことだ。ボブ自身は「一般社会の基準で言えば貧乏きわまりないが、車上生活者としてはかなりうまくやっているほうだ」という。ガソリンを節約するには、町に行くときはできるだけ相乗りをし、不要な運転を避ける。そして「ガス・バディ」などスマートフォンのアプリで、一番安いガソリンスタンドはどこかをチェックする必要もある。また、緊急時に備えて二〇〇〇ドルほどは貯金しておかなければならない。たとえゆっくりしか貯

分も放置しちゃうの。そう言って、リンダは笑った。

一月の半ば、ジェンとアッシュがＲＴＲのリンダのところへやってきた。アマゾンの仕事を終えたあと、二人はコロラドの家族の家に顔を出し、グランドキャニオンのサウスリム（南壁）を歩き、そのあとニューメキシコのアースシップを見学しに行ったのだという。リンダを見つけると、二人はリンダの車のすぐ隣に自分たちのマナティーを停めた。リンダはここで作った新しい友だちを紹介した。ジェンもアッシュも驚かなかったが、二人が回り道をしているあいだにリンダの友だちは大量に増えていた。

新しい友人の一人が、ルイス・ミドルトン（61）だ。リンダの車の近くに、全長三メートルほどもある一九六五年モデルのアロハ・トレーラーを停めている。ルイスはこのトレーラーを「ホーム・スイート・ホーム」と名付けて、短く「愛しの我が家」と呼んでいる。リンダと同じく、ルイスも現場監督をしていたことがある。だがワシントン州のバンクーバーで二〇年も勤め上げたあげく、人員削減の波が高まりだした二〇一〇年に解雇された。悪いことは続いた。父親が亡くなった。ローンが払えなくなって車をとりあげられ、家を差し押さえられた。ルイスは破産を申し立てた。最終的には息子と同居できると期待していたが、その息子の家も差し押さえられてしまった。ルイスは先の見通しもないまま、「愛しの我が家」で暮らし始めた。「見通しがないっていうのが、見通しだった」とルイスは言う。

リンダはまだ知るよしもなかったが、このとき知り合った友人のひとりが、のちの大親友になった（いまでは互いに「ＢＦＦ〈永遠の大親友〉」を名乗っている。最初は若者言葉をふざけて口にしていただけだったが、冗談めかしのメッキは時間がたつにつれて剥げ落ちて、心からそう呼び合うようになった）。ラヴォンヌ・エリス（67）はライターで、前年の一〇月に車上生活を始めたばかりだった。ＡＢＣラジオの特派員を務めるなど放送記者としてのキャリアを築き、最終的にはミネアポリスのラジオ局に務めたが、新しく入ってきた上司がニュースデスクを撤廃した。ラヴォンヌは管理職に昇進したがうまくいかず、解雇された。すぐに次の仕事が見つかると思っていたのに、五〇代になって仕事を見つけるのがどれほど困難かを思い知ることになった。「賞味期限が切れてたのね」とラヴォンヌは振り返る。姉の家に転がり込んで職探しを続けるうちに、やっと仕事が見つかった。三〇秒間の交通情報を、時給一〇ドルで読み上げる仕事だ。ラヴォンヌはその仕事を受け、まずロサンゼルスで、つぎにサンディエゴで働いた。財政は厳しかった。ラヴォンヌはシングルマザーで下の息子はまだ家にいたから、なおさらだ。それでも、ひどい偏頭痛に襲われるまではなんとかやっていた。ラヴォンヌは歳をとるにつれて化学物質と香料に過敏になった。自宅では無香料の洗剤を使ってしのいだが、オフィスで何時間も過ごしたあとは耐えがたい頭痛に襲われるようになり、結局は仕事を辞めて生活保護と障害年金に頼らざるを得なくなった。なんとかオンラインの半端仕事を見つけたが、たいしたお金にはならず、ついには寝室が一つしかないアパートで息子夫婦と同居し、居間の折りたたみベッドに寝ることになった。息子たちの足手まといになっている気がして嫌だった。他に行くところがないと自分に言い聞かせても、気持ちに折り合いをつけられなかった。そんなとき車上生活についての本を読んで、新しい道がひらけたのだ。

二〇一三年の夏、ラヴォンヌは車とテントをレンタルして、アリゾナ州フラッグスタッフ近郊で行われた車上生活関連のイベントに参加した。RTRを小さくしたようなイベントだった。このとき人生観が変わるような体験をしたと、彼女はブログ『The Complete Flake（稀代の変人）』に書いている。

仲間ができました。「はみ出し者」が山ほど集まった寄せ集め集団が、私を愛情深く受け入れ、包み込んでくれたのです。はみ出し者というのは、敗北者や落ちこぼれという意味ではありません。頭が良い、心優しい、勤勉な、ただし「覚醒した」アメリカ人です。私の仲間は一生アメリカン・ドリームを追い続けたあげく、アメリカン・ドリームなんて真っ赤な嘘だという結論に至ったのです。(8)

車上生活がいたく気に入ったラヴォンヌは、えび茶色のミニヴァンを買った。エルカホンの中古車店で四九九五ドルで売りに出ていた、ゼネラルモーターズ・サファリの二〇〇三年モデル。走行距離は約二〇万八〇〇〇キロだった。ラヴォンヌはこの車に「ラヴァンヌ」という愛称をつけ、リアシートをソファー兼ベッドにした。バックドアの内側にキッチンもつけた。彼女の目標は、公的年金の範囲内で生活しながら借金を返済し、ラヴァンヌの代金を完済し、緊急時に備えて貯金し、回想録を書くことだ。ラヴォンヌはリンダに会う二カ月前にラヴァンヌに移り住み、ボブに会いに行った。寒い夜が続き、最初のうちは生活の変化が辛かった。ボブはあたたかい寝袋を貸してくれて、のちに『気に入ってないから』返さなくていいと言い張った。いまやラヴォンヌは本格的車上生活者として、初めてのRTRを楽しんでいた。新しくできた二人の友人に手伝ってもらい、ラヴァンヌの屋根にソーラーパネルも設置した。毎朝八時半にキャンプファイヤー前を出発する、グループウォーキングのリーダーも買って出た。朝食をふるまいます、どなたもご自由にどうぞ、と告知して、自分のキャンプサイトでスクランブルエッグとポテトをふるまったこともある。私もオレンジジュースと玉子を持っておよばれした。ラヴォンヌは疑わしげな目で私を見た。ジャーナリストがまわりをうろつくのは、あまりよく思われないわよ、と彼女は言った。「ホームレスのごろつき集団」扱いされるんじゃないかと、心配になるわ。「そんなつもりはありません」私は言って、ほかの人たちとのおしゃべりに戻った。

その時期、ラヴォンヌもみんなも楽しみに待っているイベントがあった。RTRと同時期に開催され、何千人ものノマドが集まる毎年恒例の「クォーツサイト・スポーツ・バケーション&RVショー」だ。名称が長すぎるので、みんな単に「ビッグテント」と呼んでいる。二〇〇以上の協賛企業が商品を展示するこのイベントは、まるで巨大なテレビショッピングのようだ。ヘッドセットをつけた宣伝員が「バイタミックス」のミキサーやゴム製モップの実演販売をする。薬のブースがこれでもかと立ち並び、不安神経症、関節炎、腰痛、外反母趾、通風、踵骨棘、筋肉痛、坐骨神経痛など、ありとあらゆる症状に効く薬を販売する。オーバーローンになったキャンピングカーのオーナーを助けてくれる店の看板には、「RVローンのお支払い問題、一挙解決」とある。「裸でくつろぐための全米協会」「ツイン・ピークスRV保険」といった団体のデスクも並ぶ。「アメリカン・メールボックス」もあって、これはサウスダコタの住所を即座に取得したい季節移動労働者に「拠点となり、手紙を転送するサービス」を提供するものだ。そのほかのブースは、粘着ローラークリーナー、強力瞬間接着剤、ペット用ネームタグ、銃器の使い方講習、マッサージ枕などを扱っている。

ワーキャンパーを募集するデスクもある。アマゾンの担当者は、氏名を書いて応募した人にノベルティーの付箋パッドを配っている。付箋の表紙から、キャンパーフォースのロゴのキャンピングカーがにっこり笑いかけている。国立公園内での営業許可をとった業者も、複数参加している。それぞれが、キャンプ場スタッフの仕事に応募しませんかと、通る人に呼びかけている。その場で応募者を面接し、担当地区を割り振っている業者もあれば、採用が決まった人に制服を配っている担当者もいる。人材派遣会社エクスプレス・エンプロイメント・プロフェッショナルズは、今年のビーツの収穫のための人材を募っている。「申込書を書くだけで、今年の収穫期の仕事が決まります」採用担当者は言った。「今日この場で採用決定です」と。

バックライト付きの「アドベンチャーランド」という看板を掲げたデスクは、とくに目立っている。看板の下の三枚のパネルに、アミューズメントパークのスタッフの写真が展示されている。いずれも白髪混じりのスタッフが、お揃いの青いポロシャツにプラスチックの名札をつけて微笑んでいる。スタッフはトルネード・ローラーコースターの先頭車両に座ったり、レトロな機関車に乗ったり、ファーストフード店「チキン・シャック」でくつろいだり、巨大なぬいぐるみを持ったりしている。こうしたたくさんの写真に交じってイラスト（黄色いスマイルマークと舌をたらした犬のマスコットキャラクター）が散りばめられ、こんなスローガンが書かれている。

童心にかえろう！
ワーキャンパーのみなさん、お待たせしました！
キャンプ＋ワーク＋スマイル＝お楽しみ！！！

アイオワ州アルトゥーナにあるアドベンチャーランドはビッグテントに採用担当者を派遣し、時給七ドル二五セントから五〇セントで三〇〇人ほどのワーキャンパーを採用する。アトラクションやゲームの係員、売店のスタッフにあてるためだ。アドベンチャーランドは隣にRVパークも所有していて、従業員にそこに有料で停泊するよう呼びかけている。六月から九月までの使用料は、月一六〇ドルだ。シーズンの終わりまで働く場合に限り、八月と九月は割引き料金が適用される。

アドベンチャーランドは過去二〇年ちかく中高年の季節労働者を雇っていて、彼らの明るさを高く買っている。「皆さん、電柱とだって会話を続けられるんじゃないかと思います。すごく話し上手ですからね」人事部長のゲイリー・パーデクーパーは二〇一二年の『ワーキャンパー・ニュース』の動画で、そう熱弁をふるった。「私たちもお客さんも、そういう人は大歓迎です」

アドベンチャーランドで働いたことがあるワーキャンパーには、それまで一人しか会ったことがなかった。ファーンリーのアマゾン倉庫で働いていたときに出会って話を聞いたのだが、彼女はアドベンチャーランドをあまり良く思っていなかった。「人づかいは荒いし、お客さんは最低だし、気候は苛酷。アイオワだからね、暑かったわよ」六二歳のその女性はそう口を滑らせ、同僚の多くが不当な扱いを受けて辞めていったとつけ加えた。「かんかんに怒ってキャンピングカーに飛び乗った男の人もいたわね。日よけを出して地面に杭で止めてあったのに、そのまま走っていったのよ」キャノピーが風にあおられてばたばたしていた様子を説明しながら、彼女は笑った。

当時私はアドベンチャーランドを知らなかったが、翌年の七月半ばに大陸を縦断する途中、立ち寄る機会があった。その日の午後の気温は約三五度。とても蒸し暑く、水蒸気がゆがんで見えるほどだった。アドベンチャーランドは緑のトウモロコシ畑とプレーリー・メドウズ（隣接する競馬場つきカジノの名称）に挟まれて、極彩色の蜃気楼のように見えた。従業員用キャンプ場にはトネリコの木がたくさん植わっていた。停まっているキャンピングカーの多くは国旗を揚げ、アイオワ、ネブラスカ、ミネソタ、サウスダコタなどアメリカ中部のナンバープレートをつけている。車のかげに、キャンプ用のテントが二つ設置されていた。タイヤのまわりに生い茂った雑草の様子と、二〇リットルのバケツでトマトが大きく育っていることから、ノマドに混じって長期滞在者も何人かいることがうかがえる。

アドベンチャーランドに入ってみた。働いているのは地元の高校生と高齢者が半々といったところか。土産店が無数にある。ある店で売っているTシャツには「イエスさまの話がしたい？　イエス、一緒に祈りましょう」という駄洒落や、「神は偉大だ。計画の失敗、借金、病気、軍隊、山、そのほか行く手に立ちはだかるどんな困難よりも」という言葉がプリントされていた。別の店では六〇代とおぼしき店員が、最近の昇給について興奮して喋っていた。この昇給にはみんな驚いたという。昇給後の時給は八ドル五〇セント。理由は外圧だとみんな噂している。ウォルマートの時給が九ドルにあがったばかりだからだ。彼女はパートタイムで働く契約で雇われたが、人手が足りずフルタイムで働かされているという（シーズンもたけなわなのにいまだに「スタッフ募集中！　夏季限定の楽しいお仕事です。お友だちとご一緒にどうぞ！」という看板がアドベンチャーランドの駐車場のあちこちに立っている理由が、これでわかった）。話を変えようと、お気に入りのアトラクションはありますか、と訊いてみた。「もしゴルフカートで家に送ってくれる人がいたら、それがあたしのお気に入りのアトラクションよ」というのがその答えだった。

七七歳だというもう一人の店員は、元アドベンチャーランドの採用係だったそうだ。仲間みんなが、歳をとっても加齢による障害があってもひるまずに働いているのを誇りに思う、と彼女は言い、親しくしている同僚は八〇歳だとつけ加えた。「同じ部署に八六歳の同僚がいたこともある。車椅子の男性もいたわ。カウンターをクリックして人数を数えられたから、ウォーターパークの監視を任されていた。片腕の男性が全アトラクションの総監督をしていたこともあるのよ」。ローラーコースターの「トルネード」にいた、銀縁の遠近両用メガネをかけて広縁の麦藁帽をかぶったオペレーターは、八一歳だった。

だが、どんなに陽気に働いていても、悲劇を完全に防ぐことはできない。私が訪ねてから一年もしないうちに、アドベンチャーランドで働いていたワーキャンパーが一人、就業中の事故で亡くなった。犠牲者は、元郵便配達員で牧師のスティーブ・ブーアー(68)。水上コースター「レイジング・リバー」のフロートから降りる乗客に手を貸していたとき、コンベヤーベルトが早すぎるタイミングで動き出した。前進を始めたフロートにまだ片足を掛けていたスティーブは、コンクリートのプラットフォームからコンベヤーベルトの上に落ち、頭蓋骨を骨折したという(9)。

翌日、アドベンチャーランドは「レイジング・リバー」の運転を再開した。州の労働安全規制機関は調査に入ってから二カ月後、アドベンチャーランドに法令違反を通告し、危険防止策の向上と四五〇〇ドルの罰金を課した。

◆

ビッグテントが開催されると、RTRの雰囲気が変わった。それまでゆったりと過ぎていた時間の流れが加速したようだった。昼間は町に出かけるため、RTRから姿を消す人の数が増えた。RTRのキャンプエリアでは、たくさんの質問が飛び交った。次はどこへ行くの？　今度いつ会える？　仕事は見つかった？　無料で停泊できる一四日間が終わりに近づいていた。しかも、今年は期限切れをごまかすすべはなかった。RTRの初日に土地管理局の警備隊がやってきて許可証を交付し、全車のナンバーを控えていったからだ。集まっている仲間はまもなくここを出て、少なくとも四〇キロ以上離れた場所に移らなければならない。

離散が始まろうとしていた。ひとりでよそへ行くという人も数人いたが、その他は何人かずつの小さなグループで移動する予定だった。年によっては、パスポートとガソリン代のある幸運な人たちのあいだでバハカリフォルニアのビーチに人気が集まることがある。そんなときはたいてい、RTRの代表団がスラブシティを表敬訪問する。スラブシティはソルトン湖に近い、元海軍基地だった場所に、不法占拠者やアウトサイダー・アーティスト、避寒客などが集まってできた町だ。町民はここを、アメリカ最後のフリータウンと呼んでいる（そしてRTRのメンバーは町民から「ボブの仲間たち」と呼ばれている）。そのほか、ユマ方面に向かう仲間もいる。ユマで人気のキャンプ地はフォーチュナ・ポンド。昼間は何の心配もない穏やかな場所だが、夜になると畑が一面に不気味な緑色に浮かび上がり、「トワイライト・ゾーン」さながらの様相を呈する。農薬散布のドローンが夜どおし、照明をあかあかと灯し、やかましい騒音を撒き散らして飛び回るのだ。

RTRが終わると、ボブは看板を撤去した。シルビアンは無料交換品の残り物の山を、だれも欲しがらなかった大きな麦藁のソンブレロとともに箱に詰めた。町のリサイクルショップに持っていくのだ。リンダがコーヒーを淹れ、私もご相伴にあずかった。リンダは友だちの手を借りて装着したという新しいソレノイドを見せてくれた。これがあれば走行中、住居部分で使用する電気を車のバッテリーの余力でまかなえる。そこへ、ボブがエーレンバーグに向けて出発したという知らせが届いた。同行したければだれでも歓迎とのことだ。リンダは急いでキャンプをたたみ始めた。ジェンとアッシュとハグをして、別れの挨拶を交わす。この二人は次の仕事が始まるまでアメリカ南西部をうろつくつもりだという。次に決まっている仕事場所は、サリーナス・バレーの東、カリフォルニアの山岳地帯にあるロッキング・セブン牧場だ。アッシュが「スタインベック・カントリー」と呼ぶこの牧場は「ウーフ（WWOOF）」と呼ばれる国際機関の管轄下にある。「ウーファー」と呼ばれるメンバーがボランティアとして牧場で働き、その対価として食料と宿泊施設、トレーニングを提供される仕組みだ。それが終わったら、有給の仕事が待っている内陸に向かう。セコイア国立森林公園でキャンプ場スタッフをするのだ。

　リンダは州間高速道一〇号線を西に走ってコロラド川に向かい、カリフォルニアとの州境の直前、フライングJの近くで一〇号線を降りた。そこから側道に入り、「通り抜け不可」の看板をそのまま過ぎて走り続ける。風景は荒涼として、何もないうつろな空間が広がっている。地表は砂利で覆われ、緑はまばらだ。ここと比べたらクォーツサイトの砂漠はエデンの園だった。舗装されていない進入路の奥に、古い雨ざらしのキャンピングカーが並んでいた。タイヤの空気が抜け、全体に修理もされていないところを見ると、何年も前にここにやって来たきり二度と動く気がないようだ。ここに一年中腰を据えているらしい。厳密に言えば、土地管理局はここにも一四日間の滞在期限を設けている。だが、その期限は（そしてこの一帯は）訪れる人からもパトロールからも概ね見過ごされている。たぶん、あまりに魅力がないことが一目瞭然だからだろう。ここでキャンプをしたいと思うキャンパーは多くはない。孤独を求めてここでキャンプをしたいと思う少数のキャンパーにとっては、そこが魅力だ。私は何十回もここを訪れているが、警備隊員を見かけたことも、退去を命じられたという話を耳にしたことも一度もない。

RTRにいたときと比べると、ここではそれぞれの車がずっと距離を置いて停泊している。内向的な人は二週間にわたる集中的な交流の疲れを癒やしつつ一人でいるようだが、朝のコーヒー集会を続けているグループもある。私はある朝、そんな集会のあとで、シルビアンヌを見つけた。シルビアンヌは自分の車でネコのレイラとくつろぎながら、『ハムレットのひき臼――人類の知の源流と神話による流布〔*Hamlet's Mill: An Essay Investigating the Origins of Human Knowledge and Its Transmission Through Myth*, 1969, Giorgio de Santillana, Hertha von Dechen〕』という本を読んでいた。

「ここには何人ぐらいいるのかしら？」私は訊いた。

「だれにもわからないわ」シルビアンヌは明るく答えた。「そこが肝心なところ。アメリカといえども、ここにはどんな監視も届かないんだから」キャンパーは広範囲に散らばっていて、しかも常に出入りがあったが、いつもだいたい一五人ほどはいたろうか。ラヴォンヌにも行き合った。RTRで会ったときよりも友好的になっていて、前に「部外者は『ホームレスのごろつき集団』扱いするかもしれない」と私を疑った自分を笑って、肩をすくめた。

「ホームレスと思われることが、どうしてあんなに嫌だったのかしら？　言いたい人には言わせておけばいい。私は自分がホームレスだなんて思わない。私には避難所があるもの。それにね」ラヴォンヌは続けた。世間の偏見の上塗りでもするみたいに「自分はホームレスじゃない」と言い張ったことに、良心の呵責も感じているのよ。

このときにはもうラヴォンヌとリンダはとても意気投合していて、いっしょに働いてみようという話になっていた。リンダの次の仕事はマンモスレイクスのシャーウィン・クリーク・キャンプ場でのキャンプ場スタッフで、春になったら始まることになっていた。このときビッグテントはまだ開催中で、そこにはカリフォルニア・ランド・マネジメントの人材募集のデスクも出ていた。リンダのアドバイスで、ラヴォンヌはもうひとりの求職中のノマド、日産セントラに住んでいるトリッシュ・ヘイ（59）とそこへ行って、求人に応募しようと計画していた。

その日の午後、私はやかんで薄いお茶を沸かしているリンダの隣に座っていた。本当ならいつでも好きな時に蛇口からお湯が出るはずだったのに、ネバダにいたときにまちがった種類のバッテリーを売りつけられたのだとリンダは言った。住居部分の電力を供給するはずのディープサイクルバッテリーではなく、エンジン用のスターターバッテリーを買ってしまったのだ。スターターバッテリーでは電力が足りず、水を座席の下の貯蔵タンクからシンクに汲み上げられない。リンダはエーレンバーグに来たのを喜んではいたが、残留組といっしょにボブについて行こうと計画しているラヴォンヌほど長期間、RTRの仲間といっしょに過ごすつもりはなかった。ボブの行動予定は例年どおりだ。暖かくなるまでエーレンバーグに留まり、ガラガラヘビが冬眠から覚める頃、もっと標高の高いコットンウッドやフラッグスタッフに移る。いっぽうリンダには、土地を見つけること、昔から借りている貸し倉庫を空にすることなど、次の仕事が始まる前に済ませておきたい大事な用事がいくつかあった。そこで、あまり長居はせずに出発した。

リンダが出発してしまうと、ラヴォンヌはリンダの写真をブログに載せ、つぎのように書き込んだ。

新しい友だちがまた一人、ここを離れてしまって、またまた悲しくなってしまいました。一人、また一人と、友だちは別の場所へと旅立っていきます。また会える人もいる、それはたしかです。でも、こんな悲しさを味わうのは、ノマドだからこそ。ノマドの人生は、人を迎えては見送ることのくり返し。ずっといっしょにはいられないのです。

この写真はリンダ・メイ。みんなのお母さん的存在です。フレンチトーストをふるまって、笑わせてくれるんです。リンダを好きにならない人はいません。彼女は今日、土地を探しに出発しました。持続可能で電力や水を自給自足できる家、アースシップを建てるためです。私も手伝うと約束しています（たくさんのタイヤに、土を詰め込んだりする仕事を）。そうすれば、またリンダといっしょに過ごせますから。(10)

◆

友だちに別れを告げて、リンダは六〇〇キロ以上南東に離れたアリゾナ州コチセ郡に車を走らせた。コチセ郡は建築基準がゆるく、地価が安い。だが、アースシップを建てられる数エーカーの土地を見つけたいと何時間も探し回ったあげく、リンダはすっかり気落ちしてしまった。あまりにへんぴなところだ。直前まで賑やかなRTRで仲間に囲まれ、温かさと連帯感を味わっていただけに、世捨て人のような隠遁生活をする気にはなれなかった。「こんなところに住んだらだれも訪ねてきてくれないわ」リンダは思った。「家族が訪ねて来られる場所に土地を探したほうが良さそうね。ときどき訪ねてもらって一緒に過ごすのが、そもそもの目的なんだから」その晩はメキシコとの国境に近い駐車場に停泊し、それから来た道を引き返した。

次にしたのは、フェニックスの郊外に四年間借りたままの貸し倉庫を空にすることだった（「むしろマッチを擦って投げ込みたいぐらいなんだけどね」と前にリンダは言っていた）。引越しトラックに倉庫の中身を積み込んでアリゾナ州ニューリバーにある友人の土地に運び、リンダは思い出の品を選り分けた。孫のジュリアンが幼稚園のときに描いたネコに似た生き物の水彩画、下の娘のバレリーからもらった、サボテン柄のビキニを着たピンナップガールのバースデーカード。「お母さん、いまもサボテンみたいにシャープよ！」と書かれている。でもそれ以外（古いレコードプレーヤー、シェードに房飾りがついたガラスのランプのセット、調理器具の山）はすべて手放すことにして、ガレージセールをした。ニューリバーまでのトラック運賃を差し引くと、最初の週末だけで九九ドル七五セントの利益が出た。「貸し倉庫は二度と借りないわ」とリンダは誓った。それからまもなく、リンダは私にメールをくれた。ネット上で詩的な文句を見つけて、教えてくれたのだ。「障害物と闘うときは、だれでも弱気になるものだ。自由を阻むしがらみを、ひとつ、またひとつと、すべて断ち切らねばならないのだから」

その頃RTRのトライブは、耐えがたい暑さになってきたエーレンバーグを離れ、コットンウッドに近いプレスコット国立森林公園に移動していた。そちらはエーレンバーグより標高が九〇〇メートル以上高く、気温は六度ほど低い。ここで、皆のキャンプ地はばらけた。日の光がまばらに当たっているいくつもの台地を見下ろせる、ひらけた山の上を選ぶ者もいれば、もっと目立たない低地を選び、風を避けて木立のなかに停泊する者もいた。ボブとラヴォンヌとシルビアンヌは後者だ。他にもリンダの新しい友人が何人か一緒だった。ひとりは元乗り合いバスの運転手のアトリ・ポーマー（34）。六〇年代の歌手の名前をとってドノヴァンと名付けたシボレー・アストロに住んでいる。もうひとりはサミーア・

アリ（64）。西部の干ばつによる干し草の値上がりでハラール・ヤギの牧場を失い、チワワのミスター・ピコと一緒に車上生活をしている（厳格な教義を実践しているイスラム教徒のサミーアは、信仰をiPhoneのアプリで携帯している。このアプリは日に五回祈りの時間を知らせてくれ、メッカの方向を指すコンパスも内蔵している。サミーアは車を停めるときはいつもこのコンパスを使って、礼拝すべき方角に向けて停める。「一つのアプリで何もかもできるんだ」とサミーアは感心しきりだった）。

リンダがガレージセールを終えると、もう三月は終わりかけていた。リンダはコットンウッドに向かい、ちょうどピザパーティーに間に合うように到着した。ボブはどうやったのか、リトル・シーザーズのピザ一一人分を合計二八ドルで用意した。食事が終わると、全員で夕焼けに染まった空の下を散歩した。このときのメンバーは大半が女性で、女性七人に対して男性三人、それにティーンエイジャーの男の子が一人だった。アメリカで長年女性の独立が妨げられてきたことを考えると、良いことだと思う、とボブはのちにコメントした。

翌日、森林警備隊員がキャンプ地に現れた。メンバーの顔ぶれを見てとまどい、何かのクラブの集まりなのかと訊いてきた。「そう言ってもいいと思いますよ」サミーアが答えた。警備隊員は、ここに来てどのくらいになるのかと尋ねた。四日目だ、とボブは罪のない嘘をついた（じつは、ここに来てからちょうど二週間が過ぎたところだった）。警備隊員は車のナンバーを控えて、帰っていった。ということは、無料で停泊できる一四日間のカウントダウンが始まったということだ。次にどこへ行くかを決めなければならない。結局、フラッグスタッフに近いカイバ国立森林公園に話がまとまった。標高二一三三メートルのカイバ国立森林公園は、プレスコットよりずっと涼しいだろう。ちょうどこのとき、リンダのキャンピングカーの屋根の具合がおかしくなった。修理用の液状ゴムは暖かいほうが早く硬化するので、移動する前に継ぎをあてて密閉し直したいとリンダは思った。すると、プロの塗装工だというウェインが屋根によじ登り、長い柄のローラーを使ってシーラント剤を塗ってくれた。屋根の修理は、なんとか移動に間に合った。

フラッグスタッフでは、高い松の木立のなかに停泊した。リンダは友だちや家族に見てもらえるように、フェイスブックに写真を投稿した。「犬たちも私もここがとても気に入っています」とリンダは書き込んだ。「こんなすてきな庭を持てるとしたら、いくら払う？　それがなんと、ただよ」リンダはさらに、ウェインがお手製のディナーの準備を手伝ってくれたことに感謝の意を表した。ディナーのメニューはソールズベリー・ステーキ、マッシュポテト、グレービー。それを、エステートセール（住宅を公開して、故人の遺品や引っ越し時に出た不要品を売る即売会）で見つけた一九三〇年代のカンザスシティ鉄道のお皿に盛りつけた。七五年間も欠けずにいたお皿だから、キャンピングカーで運んで年中がちゃがちゃいわせても大丈夫だろうと思って買ったという。リンダは心臓の病気を抱えるローリー・ヒックスとも仲良くなった。ローリーはシングルマザーで、一三歳の息子ラッセルと犬のケイリーとともに、一九九五年モデルの青いシボレー・タホ（名前は伝説の巨人ポール・バニヤンの青い雄牛にちなんで「ベーブ」だ）で暮らしている。リンダとローリーは、今度のキャンプ地をいっしょに歩いて回った。リンダのキャンプサイトで、ラッセルとケイリーは大きなヘラジカの頭蓋骨をみつけた。いっぽうローリーはリンダがあげた『チャーリーとの旅』をむさぼるように読んだ。この本はジョン・スタインベックがフレンチプードルのチャーリーといっしょにトラックキャンパーで旅をした際の、道中記だ。ノマドのあいだで人気があり、読み古しのぼろぼろの本が人の手から手へと渡っている。[*1]

数日後には、リンダはまた移動しなければならなかった。シエラネバダ山脈東部のマンモスレイクスで、キャンプ場スタッフの仕事が始まろうとしていた。移動の初日、リンダは朝から一〇時間運転したのち、ネバダ州トノパーのテキサコで夜を過ごそうと車を停めた。犬たちを散歩に連れ出してから車に戻ると、ココが発作を起こした。突然体をこわばらせて金切り声をあげ、横ざまに倒れて息が止まった。リンダは必死で犬の口に自分の口を押しつけ、思い切り息を吹き込んだ。まもなくココは目をあけ、まだ体をこわばらせてはいたが息を吹きかえした。リンダは冷凍野菜の袋をココの背中に押し当てながら(そうすれば発作を軽減できるかもしれないと聞いたことがあった)、娘に電話した。精油に関する心得があるオードラは、乳香を勧めた。言われたとおりココの足に乳香をひと塗りすると、筋肉の緊張がとけたココはすぐにいびきをかきだした。ココのお腹が静かに上下するのを、リンダは何時間も見守った。翌朝、ココの様子にはとくに変わったところはなかった。リンダは怯えながらも、マンモスレイクスまでの残り二四〇キロを走りだした。

リンダが到着した四月半ばのシャーウィン・クリーク・キャンプ場は静かだった。訪ねてきたのはシ

*1 RTRのキャンプファイヤーに参加していたある男性は、私がまだ『チャーリーとの旅』を読んでいないと知ると仰天し、翌日私の車までやって来て、ペーパーバックを貸してくれた。ノマドにとっての文学上の聖典にはそのほか、ウィリアム・リースト・ヒート・ムーン『ブルー・ハイウェイ――内なるアメリカへの旅』〔真野明裕訳、河出文庫、一九九四年〕、エドワード・アビー『砂の楽園』〔越智道雄訳、東京書籍、一九九三年〕、ジョン・クラカワー『荒野へ』〔佐宗鈴夫訳、集英社文庫、二〇〇七年〕、ヘンリー・デイヴィッド・ソロー『森の生活』、シェリル・ストレイド『わたしに会うまでの1600キロ』〔雨海弘美・矢羽野薫訳、静山社、二〇一五年〕などがある。

カと、映画の撮影のためにそり犬を載せてやってきたトラック一台だけだった。その週、冬の寒さがぶり返した。三〇センチもあるつららが運転台からぶら下がり、屋根にはこれまで経験したことがないほどの大量の雪が重く積もった。だが、エルドラドの中は暖かく乾いていた。修理し直した屋根は、水一滴漏らさなかった。ココは元気そうだ。いろいろと考えてみると、すべてうまくいっているように思われた。四月二八日、リンダは断酒記念日を迎えた。これで二四年間というもの、酒を一滴も口にせずに清らかに過ごしたことになる。リンダはフェイスブックに書き込みをした。「こうして書いていると感謝の涙がわいてきます。一番年長の孫は二一歳になりますが、今日までずっと、私はあの子にとって優しい素面《しらふ》のおばあちゃんでいられたのです。祈りはかなえられました。私は幸せで、楽しくて、自由です」

リンダは「アルコール依存症の人に断酒のお祝いを言うのは、痔持ちのカウボーイが馬に乗らないのをほめ讃えるようなものだわ」と皮肉を言ったことがある。それでもリンダのフェイスブックは、記念日を祝う家族や友人からの愛情のこもったコメントであふれた。娘のオードラからはこんな言葉が届いた。「依存症に勇敢に立ち向かってくれてありがとう。お母さんは何代にもわたって家族を苦しめてきた病気に光をあてて、大事なことを認識させてくれました。お母さん、とっても大好きよ」

現金は乏しくなっていたが、リンダの晴れやかな気持ちは何があろうと陰ることはなかった。リンダは残り少ない食料でできるだけ長く食いつなぐ工夫をした。硬くなったトルティーヤはチラキレス〔トルティーヤを揚げてソースをかけた伝統的なメキシコ料理〕に、古い食パンはフレンチトースト・キャセロールにした。保存食はおおかた食べ尽くしてしまった。冷蔵庫には玉子四個、牛乳二リットル弱と、ケチャップ、マヨネーズ、マスタード、ジャム（こうした調味料をリンダはふざけて「食べものに載せる食べもの」と呼んでいる）などの調味料しかなくなった。そうこうするうちに年金が入ったので、リンダはまた食べものを買い込んだ。

五月の終わりに、私はリンダと電話で話した。「いいお天気よ！　キャンプ場は満員だわ」リンダは明るく言った。土地探しはどうなっているかと私は訊いた。このあいだ行ったところはまったく駄目だった、サンディエゴから東に一時間の、カリフォルニア州ジュリアンに候補地を変えようと思う、とリンダは言った。「ゴールド・ラッシュのときにできた山の中のゴーストタウンだけど、きれいなところなの。心配性の人が怯えているような非常事態になっても、水源に近いし。もしひどい干ばつになっても、あそこなら水が引ける。天気だけは、どうなるかわからないもの」その計画のためのお金は、すぐにもっと手に入るはずだ。秋口までキャンプ場スタッフをして、そのあとまたキャンパーフォースに入ろうと思う。前回アマゾンで働いたときの手首の怪我はまだ治っていないが、キャンパーフォースに入るまでにはまだ数カ月あるからきっとだいじょうぶ、とリンダは言った。彼女は二、三週間まえにも、キャンパーフォースに入りたいけれど、そんな骨の折れる仕事ができるかしらと心配していた友だちを励ましたところだった。「心配しないで。お互い支え合いましょう」と。

とにかく信じられないほどうまくいっている、とリンダは言った。「私の人生はずっと山あり谷ありだった。そのなかで一番幸せなのは、ほとんどものを持っていないいまよ」それから話題は犬のことや、エルドラドをどんなふうに改造したいかという話に移った。でもあまり長くは話せなかった。リンダは「ごめんね、キャンプのお客さんが、何か用事みたい」と言って電話を切り、仕事に戻っていった。

第8章　ヘイレン

リンダがシャーウィン・クリーク・キャンプ場で働きだしたのは、私がワーキャンパーの取材を始めてから、かれこれ半年ほどたった頃だった。その半年間、私は〝ノマド〟というサブカルチャーについての記事を探して、インターネットや本、新聞や雑誌、ニュース番組などを手当たり次第に漁っていた。見つかった記事の大半は、ワーキャンパーという生き方を、楽しく明るいライフスタイルか、変わった趣味ででもあるかのように報じていた。[1] アメリカ人がやっとのことで生活賃金〔最低限の生活水準を維持し得る賃金のレベル〕を稼ぎ、伝統的な住宅から閉め出されつつある、そんな時代を生き延びるためのぎりぎりの戦略だと報じる記事は、ほとんど見あたらなかった。

ナショナル・パブリック・ラジオ（NPR）のニュース番組『オール・シングス・コンシダード』のとあるコーナーは、レポーターのこんなナレーションで始まった。「サンタがプレゼントをちゃんと間に合うように配るには、エルフが必要ですよね。同じくアマゾンにとって必要なのが、ワーキャンパーなんです！」その後、カンザス州コフィービルのビッグチーフRVパークに住んでいるというキャンパーフォースのメンバーが、ゲストとして紹介された。三分間のこのコーナーのほとんどは、国じゅうを旅して回り、新しい友だちをつくることがどんなに楽しいかという内容の、リポーターとゲストとの和気あいあいのおしゃべりに終始した。四回の爆笑で中断された以外は。

そこまで陽気なムードではないとしても、その他の報道もやはり、車上生活のわくわく感と連帯感を強調するものだった。これほど多くの人に生き方を根本的に変えさせる原因となった困難については、話題にするのを避けていた。ある意味、私もそういう報道を批判できない。取材を始めた頃は、私だってそういう情報しか入手できなかったからだ。まるでパラシュートでも降り立ったように現場に現れて、ある日の午後だけ取材をしたところで、まず本音は聞けない。私が初めてワーキャンパーに取材したときも、聞けたのは中身のない、楽しそうな決まり文句だけだった。会う約束をとりつけたあるワーキャンパーからは、警告も受けた。自分や仲間について、「危機にあるアメリカ人」といった書き方はしないようにというのだ。「ぶらぶら怠けてばかりいるくせに、不平たらたらって奴はごまんといる。そしてそういう奴ほど、取材しやすい」という彼のメールには「でもぼくはちがう」と誇らしげに書かれていた。

隔月刊のノマド向け雑誌『ワーキャンパー・ニュース』にも、それに似た「文句を言うのは恥だ」という雰囲気がある。(2)「仕事になじめず困っていませんか?」という見出しのコラムは、仕事に不満を抱えているワーキャンパーに、自分の内面を見つめ直すことで問題を解決するよう促す内容だ。「『永久にここにいるわけじゃない。これは目的のための手段にすぎないんだ』、『これは旅行の一環だ。ちょっとこのあたりを探検している(あるいは仲間に会いに来た)だけなんだ』と自分に言い聞かせて仕事に対する姿勢を変えるよう努めましょう。あまりくよくよ考えないで」とある。

こんな非現実的な激励は、しかし、さほど驚くにはあたらない。このポジティブ・シンキングは結局のところ、アメリカ人ならだれでも日々を切り抜けるのに利用しているノウハウであり、もはや国民的な娯楽になっていると言えるほどなのだから。と、これは大恐慌時代にアメリカを旅したジェームズ・ローティの言葉だ。職を探して路上に出ざるを得なくなった人々の話を聞いて歩いた彼は、あまりに多くの取材相手がとことん陽気に見えたことに愕然として、一九三六年の著書『より良い暮らしがある場所〔*Where Life is Better; an Unsentimental American Journey,* James Rorty, Reynal & Hitchcock, New York, 1936〕』に書いている。「アメリカ人がうわべを繕う性癖は、もはや中毒だ。一万五〇〇〇マイルの道中、これほどの嫌悪感と驚きを感じたことは他にない(3)」

私はそこまでひねくれた考え方はしない。苦しいときに知らない人の前で平静を装うのは、人間の性だ。それと同時に、ノマドの態度には何かそれ以上のものがある。私が目にしたのは、人間というものは人生最大の試練のときでさえ、もがき苦しみながらも同時に陽気でいることができる、ということだ。彼らが現実から目を背けてるという意味ではない。それは、逆境に直面した人間が発揮する驚くべき能力——適応し、意味づけ、団結する能力——の証明だと思う。レベッカ・ソルニットが『災害ユートピア——なぜそのとき特別な共同体が立ち上がるのか(4)』〔高月園子訳、亜紀書房、二〇一〇年〕に書いたように、危機にある人間は、単に元気でいられるだけではない。同時に、「鋭い、驚くべき喜び」を感じられる。立ち上がる気力さえ失いかねない耐えがたい困難にありながらも、周りの人と過ごす時間に——たとえば、ワーキャンパーの仲間と満天の星空の下キャンプファイヤーを囲んで座っているときに——幸福を見い出すことができるのだ。

私が何カ月にもわたって取材してきたノマドの人々は、無力な犠牲者でもなければお気楽な冒険者でもなかった。真実は、それよりはるかに微妙なところに隠されていた。だが、どうしたらその微妙な本音に迫れるだろう？　そう考えたとき、一日や二日の取材では駄目だと悟った。そこで五つの州にまたがって何週間も密着取材を続け、夜の気温が氷点下に下がるクォーツサイトの冬の集会に出かけてテント生活をともにし、彼らの話を記録した。それでもまだ、私の望む深い理解に至ることはできなかった。彼らの生活を本当に理解できるほどには、親しくなれなかったのだ。そうなるためには、彼らの生活にもっとどっぷり浸からなければならない。何カ月ものあいだ、毎日、明けても暮れても生活をともにして、彼らの停泊地で馴染みの顔ぶれになる必要があった。

テントがあったので、電気も水道もない砂漠で暮らすのは可能だった。でも、取材相手がブーンドッキングをしている原野には行けなかった。テントでの宿泊は、屋外トイレのそばでのみ許可されている。そのため、私はRTRの集会場から六キロ半も離れたところに寝起きして、そこから取材先まで通わなければならなかった。ノマドの人々と真に交流するには、もっと頑丈で移動可能な宿泊設備が必要だ。そしてその設備は、眠れて、料理ができて、執筆ができて、少なくとも何らかのかたちのトイレを備えている、キャンピングカー族の言葉でいう「自足型」の設備でなければならない。

私は中古車を探して、何カ月もクレイグスリストの広告とにらめっこした。一見、どれも素晴らしい出ものに見えるのだが、よく見ると大半が鉄くず同然だった。売り主が「ポータブル・パーティー」と呼んで長年楽しんだという、ものすごく古いキャンピングカー「ロードトレック」もそうだった。でも、あるときついに、一台の車が私の目を捉えた。小粋な青いストライプが入った、ゼネラルモーターズ製の白いバンデューラ、一九九五年モデルだ（あとで友人に指摘されてわかったのだが、テレビドラマの『特攻野郎Aチーム』でミスター・Tが乗っていたのと同じモデルだった。その懐かしさも、気に入った理由の一つだったかもしれない）。ほぼ二〇年落ちの車にしては、状態は良かった。走行距離は一〇万三〇〇〇キロ。ずっとカリフォルニアの海岸に置かれていたので、厳しい冬は経験していない。内装はキャンプ用に改造されていた。

　初めて足を踏み入れたとき、内部は外から見るより広く感じられた。『ドクター・フー』のタイムマシン「ターディス」さながら、物理的な制約を超越しているかのように。内壁はパウダーブルーのベロア張り。後部には小さな食事コーナーがあって、畳めばベッドにもなる。居住部分には一二ボルト電源用のミニ冷蔵庫と小さなプロパン式コンロ、ポータブルのケミカルトイレがあった。ブーンドッキングに役立つ付属品だ。ルーフはポップアップ式だった。ラッチを開けて蓋を上げると、車内でまっすぐに立つことができた。だが、これをしてしまうとキャンバス地のサファリテントをおぶっているみたいで、人目を避けるのはとうてい無理になる。

　キャンピングカーには愛称が必要だ。私が出会った車上生活者は、愛車に「ヴァンション」「ヴァン・ゴー〔ヴァン・ゴッホのもじり〕」「ドノヴァン」「ヴァンタケット〔ナンタケットのもじり〕」「ヴァンナ・ホワイト〔クイズ番組『ホイール・オブ・フォーチュン』の有名キャストの名前〕」といった愛称をつけていた。ノマドは語呂合わせが大好きなのだ。友人はインディーズバンドのキャンパー・ヴァン・ベートーベンにちなんで「ベートーベンはどう？」と言ったが、私はベートーベンと聞くと「ロール・オーバー・ベートーベン」を連想してしまう。ロール・オーバー（ひっくり返る）しては取り返しがつかないので、採用は見送った。結局、ハードロックバンドのヴァン・ヘイレンとの語呂合わせで「ヘイレン」と名づけることにした。私は七〇年代後半生まれだが、ちょうどその頃にヴァン・ヘイレンの最初のアルバムがヒットしている。ヘイレンという愛称にふさわしく飾ろうと、私はクォーツサイトのフリーマーケットで手に入れたブラックベルベット・ペインティング〔黒いベルベットに鮮やかな色で描く手法〕のアーネスト・ヘミングウェイの肖像と、リンダがキャンプ場スタッフをしていたときに見つけたリスの頭蓋骨を飾った。もらいものの青いガラスビーズの「邪眼」〔トルコに昔から伝わる魔除けのお守り〕もバックミラーにぶら下げた。精一杯の泥棒除けといったところだ。

ヘイレンの売り主はカリフォルニアに住んでいた。私はカリフォルニアで親友のジャーナリスト、デール・マハリッジと落ち合って、引き渡しに立ち会ってもらった。そしていっしょにサンディエゴ北部の渓谷の、デールの叔父さんの家がある農園に向かった。ヘイレンの運転はたいへんだった。重さ二トン、全長五・八メートルの巨大な車体を乗りこなさなければならない。まるでボートにでも乗っているみたいに、ともすると車体が脇にぶれるので、たえず軌道を修正する必要があった〔まっすぐ走ろうとあまりに緊張したせいで、最初の数回は運転するたびに、何時間も両肩が痛んだ〕。

叔父さんの家に到着し、ヘイレンをオレンジ畑の脇に停めて、私たちは仕事にかかった。一番簡単な作業はクリーニングだった。キャビネットの内側に垂れてこびりついていたメープルシロップをこそげ落とし、車体表面の細かい錆を金だわしでとり除いた。一番難しかったのは一〇〇ワットのソーラーパネルのとり付けだった。ノマドの多くはルーフトップにサイドブラケット付きのカーゴラックを装着し、そこにソーラーパネルをとり付けている。でもヘイレンのルーフトップはポップアップ式だから、それはできない。そこで、新品同様のルーフトップ後部に穴を二つも開けるという、身のすくむような作業をするしかなかった。ソーラーパネル固定用のアルミフレームを装着するのに、この穴はどうしても必要だった。このフレームがあれば、停車中はソーラーパネルの角度を自由に調節して太陽光を最大限に

キャンピングカーのヘイレン。エーレンバーグに近い砂漠にて

とり込める。しっかりとボルトを閉めて、水漏れしませんように、と祈りながら、穴のまわりに大量の防水材を塗り込めた。次に、車内に充電コントローラーを置き、ソーラーパネルをコントローラーに、さらに二個のバッテリーに接続した。バッテリーはゴルフカート用の六ボルトバッテリーで、ミニキッチンの下に設置した。これでブーンドッキング中の電力はまかなえるはずだ。最後に、やはりミニキッチンの下に、インバーターを搭載した。ここからノートパソコンとデジタルカメラ用の一一〇ボルトの電源をとる。

そこまでする必要はなかったと後悔することになるのではとも思ったが、その心配は杞憂に終わった。私はその後二年間、断続的にヘイレンで暮らしながら、記事を書き続けた。車上生活は、ときに二カ月も続いた。ヘイレンは南北の国境——実際、メキシコとカナダの国境まで行った——と東西の海岸線のあいだを縦横無尽に走り回り、走行距離は全部で二万四〇〇〇キロ以上に及んだ。

路上に出て最初に気づいたのは、それまで何十人ものノマドにインタビューしていたにもかかわらず、私は車上生活について何一つ知らないということだった。状況が変化し続けるので私の学習曲線は急上昇しっぱなしで、ちっとも緩やかにならなかった。砂漠を運転中、私は二度、柔らかい泥にタイヤをとられてヘイレンを立ち往生させた。二度とも通りがかりの親切な人が、ジープで引っぱり出してくれた。高い山のなかでは、ブリザードにあって立ち往生した。トイレも飲料水のタンクもかちかちに凍った。車の往来の途絶えた深夜のカンザス州の国道で、オルタネーターが故障したこともある。電力が失われるにつれて計器類の光が薄れ、ヘイレンはよろよろと進んで、パーキングエリアの手前で力尽きた。

テキサス州フォートワースの近くで車を停めてコーヒーを飲んでいたときは、空が暗くなり、竜巻警報が鳴り出した。店員が、竜巻が見えたら地下室に避難するといいと教えてくれた。私は窓の外のヘイレンを指さした。残念、地下室はないね、とふたりで笑ったが、そのあと土砂降りのなかへイレンに縮こまっていたら、恐れおののいている私の目の前で、バックドアの上部から水が入ってきた。ベッドはずぶ濡れになり、私がつくり上げた電気システムの一部はおしゃかになってしまった。また別のときには、自宅に帰って休んでから長期契約の駐車場に戻ってみると、ヘイレンが荒らされていた。ジャガイモぐらいもある大きな石が、運転席の窓を割って投げ込まれていた。運転台はガラスの破片でいっぱいだった。幸い、ヘミングウェイのベルベット・ペインティングとすごく美味しいホットソースのほかに、盗まれて困るものは何もなかった。そして、そのどちらも無事だった。

ヘイレンにはずいぶんひどい仕打ちをした。バックして大きな岩にぶつけたり、うっかりポップアップルーフを上げたままキャンプ場から走り出したり、大きなセーフティーコーンをシャーシの下に巻き込んで、そうと気づかぬまま、舗装面を引きずりながら何ブロックも走ってしまったり。WiFiを使わせてもらおうとスターバックスの近くに駐車して、一台二役の火災報知器兼一酸化炭素報知機を設置したときは（ノマド安全講習基本編：生活の場にする車両には、必ず消火器と一酸化炭素報知機を備えておくこと）、壁に取り付けようとするたびに、自動音声の女の人がけたたましく叫んだ。「火事です！　火事です！　避難してください！　避難してください！」おかげで私の正体はばれてしまった。知らない人たちがラテを啜りながら、びっくりしてこちらを見ていた。

長期取材旅行中、薬の処方箋が必要になったことがある。かかりつけの医者が薬局に電話してくれたが、あとで言うには、薬剤師に私の住所を尋ねられたそうだ。とっさに何と答えていいかわからず、「車に住んでいます」と漏らしてしまったが、薬剤師はそれ以上追求しなかったという。この話を聞いて、私は考え込んでしまった。アメリカでは、住所がなければ存在が認められない。

ヘイレンに乗っているあいだ、私の住所はそこらじゅうに散らばって一定しない。眠る場所はトラックステーションのフライングJ、ウォルマート、カジノ「ウイスキー・ピーツ」、つぶれたガソリンスタンドなど。荒涼とした砂漠のなかも、山のなかの原生林も、郊外の路上も住所になり得る。ただし、住宅地は最悪だ。物見高い住民がトラブルを持ち込みかねない。カリフォルニア州ミッションビエホでステルス・キャンピングをしたときは、植木用の電気バリカンの音で目を覚ましてしまった。見ると、目と鼻の先で庭師が仕事をしている。庭師の仕事が終わるまで、私は寝袋にくるまったまま、音をたてずにじっとヘイレンに潜んでいた。あとでリンダとラヴォンヌに、ノイローゼだとからかわれた。

こういう経験があったからこそ、私はこの本を書こうと思った。ヘイレンに住まなかったら、ノマドの人たちの本音を聞けるほど親しくはなれなかったろう。だが公平を期すために言えば、こんなふうになるとは、最初はほとんど予想していなかった。自分が何に足を踏み入れようとしているのか、まったくわかっていなかったのだ。だが、少しびくついていたのだから、勘だけは良いと言えるかもしれない。

ソーラーシステムの装備には、数日かかった。ついにすべてが機能しだすと、あとは出発するだけだった。デールとハグして別れの挨拶をしたときには、もう暗くなっていた。私は運転席によじ登り、叔父さんの農園からそろそろと走り出て、オレンジの樹林の木影を通り過ぎた。私道は急な下り坂だった。突然、二トン車のヘイレンがとてつもなく重く感じられた。私はハンドルを握りしめ、ブレーキペダルを踏んだまま坂を下った。下りきったときには思いがけず目に涙がたまっていて、服の袖でぬぐった。ヘイレンで暮らすことはおろか、快適に運転できる日がくるのかどうかさえ怪しかった。

「いまできるのは運転に集中することだけ」私は自分に言い聞かせた。「コーヒーはマグにたっぷり入っているし、スマートフォンにはGPSが搭載されている。そして行く手には、何カ月も楽しみにしてきた目的地が待っているのよ」と。ヘイレンはゆっくりと渓谷を抜け、リンダの元へと走り出した。

◆

二〇一四年のクリスマス直前、リンダは娘の元に身を寄せていた。娘夫婦とティーンエイジャーの孫たちが住む、サンクレメンテの小さな賃貸アパートだ。アパートの裏手には海兵隊基地司令部のキャンプ・ベンドルトンが見下ろせる。日没時には消灯ラッパの音が聞こえ、ときには夜通し、実弾を使った砲兵隊の訓練があった（このとき娘夫婦はまだ、リンダがスクイーズ・インを買って移り住んだ頃住んでいたミッションビエホのアパートには引っ越していなかった）。

リンダのエルドラドは路上駐車していて、駐車違反のチケットがどんどん溜まっていた。しかも、アライグマにかじられて燃料パイプに穴が開いていた。ガソリンを入れた時、ぎょっとして見ると、足元に水たまりならぬガソリンだまりが広がっていたのだ。そのシーズンはアマゾンのファーンリー倉庫に戻って働くつもりだったが、前年に痛めた手首がいっこうに回復しなかったので、キャンセルせざるを得なかった。またもや現金は残り少なくなっていた。

私が到着した夜、（私は遠慮したのだが）リンダは家族と私をメキシカンレストランに連れて行って、夕食を御馳走してくれた。食べ終わって店を出ると、ストリートミュージシャンがロードのヒット曲「ロイヤルズ」を演奏していた。縁石にバイオリンケースが広げられている。リンダは二人の孫にそれぞれ一ドル札を渡して、ケースに入れさせた。アパートに戻って話していたら、家に泊まるよう勧められた。でも、ソファーにはすでにリンダが寝ているし、孫娘の一人はウォークインクロゼットで寝ているという。私は、もう一〇〇〇回もそうしてきたかのように平然と、ヘイレンの中で寝ます、と言った。ヘイレンはアパートの隣の駐車場に停めてある。リンダは自分の二匹の犬と娘一家のチワワ犬ギズモをリードにつないで、その夜最後の散歩に出た。私たちは駐車場のなかを一緒に歩き回った。ヘイレンに近づいたとき、急に不安になった。ヘイレンの中で寝たことは、まだ一度しかない。あのときはサンディエゴの農園にいたから、周りには人も車もなかった。街なかに停泊するのはこれが初めてだ。近所の人に警察を呼ばれたらどうしよう？　寝ているあいだに、誰かが押し入ってきたら？

そのとき、焼けつくような痛みで我にかえった。ギズモに右の太ももの裏を噛まれたのだ。私は笑い飛ばそうとした。そういえばオードラがギズモのことを「踵噛み」と呼んでいたけれど、あれは警告だったのだろうか。愛称のようなものだと思ったのに。噛まれたところはひどく痛んだ。なんでもないようなふりをしていたけれど、内心はパニックだった。ギズモはきちんと予防接種を受けているのだろうか？　気を悪くさせたくなくて、訊けなかった。

おやすみを言ってヘイレンに入り、日よけを下ろしてから、ロサンゼルスの友人が送ってくれた小包を引っかき回した。小さな星条旗とアイリッシュスプリング石鹸の下に、バンドエイドと使いかけのネオスポリン〔アメリカで一般的な化膿止めの軟膏〕が入っていた。私はジーンズを脱ぎ、血が出ている傷口を探した。でも、どこにもそんな傷はなく、ひどいあざができているだけだった。ひと安心のはずが、私はどうにも安心できなかった。歯を磨いて寝袋の中で丸くなったとき、ボブ・ウェルズの本に書いてあったことを思い出した。「初めて車で寝る夜は、快適とは言い難い。ひどくこたえる人もいる。ちょっとした物音にもびくついて（しかもずいぶんたくさんの音が聞こえるはずだ）、ゆっくり眠れないかもしれない。そして朝起きたときには頭が混乱し、自分がどこにいるかすぐには思い出せない(5)」

そんな言葉が自分にも当てはまるなんて、それまで思ってもみなかった。私は結局、デジタルカメラと録音機とノートをもって乗り込んでいった、物書きでしかなかったのだ。生き方をがらりと変えようとしている人と、同じはずがない。車上生活の予定もせいぜい数カ月で、年単位ではなかった。

車が何台も、駐車場を通り抜けていった。そのたびに、ヘイレンに明るいヘッドライトが浴びせられた。車が近づいてくるたびに、窓の日よけがまぶしい白に光り、遠ざかるときは暗く赤く光る。光の動きに合わせて、影がヘイレンの中をぐるりと旋回する。あの車、減速してるんじゃないかしら？　この車、停める場所が近すぎない？　私がここにいるのを知っているのかも？　目を閉じてリラックスしようとしたが、やっと眠りに落ちたのは何時間もたってからだった。

◆

窓をたたく音に、ぎくりとしてとび起きた。朝だった。「ハッローオー！」というお馴染みの声が聞こえた。リンダはまた犬を散歩させていた。上でコーヒーができてるわ、とリンダが言った。私はぼーっとしたまま服を着て、リンダのあとについてアパートへ行った。リンダはシャワーを指さしてピンクの模様入りのタオルを差し出した。「ほら、これ。乾燥機から出したばかり。水玉模様よ。気分が明るくなるように」

私たちはヘイレンでドライブに出かけた。リンダのお気に入りのテイクアウトの店で、朝食用に二人分のブリトーを買い、それを持って海岸に行った。そしてサーファーが波に浮かんで上下に揺れているのを眺めながら、朝食を食べつつおしゃべりした。ヘイレンに戻ると、リンダがちょっとした停車のこつを教えてくれた。全長五・八メートルのヘイレンを運転するのは、半年間トラック運転手をしていたリンダにとっては朝飯前だ。でも、私はまだこわごわ運転していた。リンダはそれを見抜いていたのだろう。それからリンダはヘイレンに備えつける調理器具を探しに、リサイクルショップに連れていってくれた。私が半端もののカトラリーを漁っているあいだに、リンダは特売のダッチオーブンとパーコレーターを見つけてきた。その午後、私はサンクレメンテを発った。

次の目的地はクォーツサイトだ。RTRの会期を含む数カ月間、砂漠でブーンドッキングをする予定だった。だが、RTRが始まるのは何週間も先だ。それまでどこに停泊したらいいのか、見当もつかなかった。

そんなことを考えているると、フェイスブックを通じてポトラックディナー〔食べるものを客がそれぞれ持ち寄る食事会〕への招待が届いた。車上生活の指導者、シャーリーン・スワンキー（70）、通称スワンキー・ホイールズからだ。前年に少しだけ会っていたし、ボブ・ウェルズのウェブサイトで彼女の冒険について読んでもいたから、わくわくした。スワンキーのキャンプ地なら安心して停泊できる。しかも彼女はブーンドッキングのエキスパートだ。いろいろ教えてもらえるだろう。

「リンダを誘拐して連れてきてちょうだい」スワンキーはふざけて言った。それは無理だと私は説明した。リンダはいま金欠で、ちゃんと動く車もない。いっしょに乗っていかないかという私の申し出は、ていねいに断られていた。スワンキーは、それならかわりにホットドックをいくつかお願い、と言った。着いてみてわかったのだが、スワンキーは車上生活の初心者を指導するのはお手のものだった。今シーズンに入って、すでにビンセント・モースマン（27）という弟子もとっていた。私はほどなく、ビンセントの話を聞くことができた。

二カ月前まで、ビンセントは母親と一緒にモンタナ州ビリングスに住んでいた。一人暮らしに憧れていたのだが、アパートを借りるのは現実的ではなさそうだった。学位はとれなかったのに二万五〇〇〇ドル以上の学生ローンを抱え、なんとか食べていくために、大学に通いながら実験室のモニターとバリスタという二つの仕事を掛け持ちしていたのだから。お金がなくなると、サブウェイの三〇センチのサンドイッチ一つで二日間食いつないだ。大学に入って三年目、両親が離婚した。奨学金の再申請に行ったところ父親のサインが必要だと言われたが、父親は行方がわからず、やむなく退学した。実家に戻って自閉症の成人のためのグループホームで働きだしたが、給料は安かった。ビンセントは考えた。経済的に自立する道は一つしかないと。そこで母親のミニヴァン、一九九五年タイプのプリマス・グランドボイジャーLEを買い取って内装を全部取り払い、床をリノリウム張りにしてカーテンをかけ、棚とベッドを造りつけた。車の愛称は、「だいじょうぶ、だいじょうぶ」が口ぐせの『ちいさな機関車ティリー』にちなんで「ティリー」にした。ビンセントはこのミニヴァンで旅に出た。

「路上に出たのは、どうしたら自分の二本の足で立てるか学ぶためだった」とビンセントは言う。クォーツサイトに行って、ノマドのフェイスブックで知り合ったスワンキーに会おうと思っていた。スワンキーはクォーツサイトの南に広がる砂漠の中のラ・ポサ長期滞在者専用エリアに停泊していて、近くに（ただし自分とは別の区画に）停泊しないかと言ってくれていた。私もあとから合流した場所だ。

だが、じつはスワンキーはビンセントを誘ったあと、心配と後悔でいっぱいになっていた。彼女は孤独をとても大事にしている。誰にも訪ねてほしくないときには、そのために買ってあるどくろマークの旗を揚げて合図するほどだ。いっぽうビンセントはすさまじく社交的で、自分は「LPS（迷子の子犬症候群）」〔つねに他人が抱えている問題を解決していないと落ち着かない精神症状〕なのだと言う。

ビンセントはハロウィーンの一日前に到着し、スワンキーの真向かいの小さな涸れ谷沿いに車を停めた。スワンキーのキャンプサイトには防水ラグに数脚の椅子、貨物トレーラーが広げられ、その上に日よけのタープがかかっていて、まるで戸外のリビングルームだった。その横に箱型トラックが停めてあり、荷台にはベッド、コンピューターデスク、冷凍庫、電子レンジがあって、エンジンをかければインバーターから電気が供給される。ルーフトップにはカヤックとソーラーパネルが搭載されている。バックドアに貼ってあるのは、シャワーを使うために入会しているスポーツジム・チェーン「プラネット・フィットネス」のステッカーだ。

スワンキーはビンセントが食料その他の日用品を保管しておけるように、予備のテントを譲った。ビンセントはスワンキーを手伝って、貨物トレーラーの中に食品用のキャビネットを取りつけた。スワンキーはソーラーパネルの取りつけや接続方法を手とり足とり教えた。ルーフにボルトで固定するとき、ビンセントはワッシャーのかわりに穴を開けたペニー硬貨を使った。ワッシャーより安上がりだからだ。スワンキーは自分が借りている郵便私書箱をビンセントに使わせてやっている。これには大きな意味があった。スワンキーは、自分の家族はもう、手紙を出しても受け取らないのだと言う。いっぽう性転換して男性になったビンセントにとって、郵便物の宛先を確保することは死活問題だった。二週間に一度、太ももに注射するテストステロンのレフィルが郵便で届くからだ。郵便受けに届いたのは、それだけではなかった。母親が、心づくしの品を詰めた箱をクリスマスに送ってくれたのだ。箱の中には自家製のバタークッキーがひと山と、レンガづくりの暖炉の小さなレプリカが入っていた。クラッカーの箱でつくった暖炉の上に、ドールハウス・サイズのモミの木がちょこんと乗っていた。

スワンキーとビンセントは、なんとも目立つコンビだった。白髪頭で元気いっぱいのスワンキーは、

クォーツサイトでキャンプファイヤーをするビンセントとスワンキー

髭を生やした若い弟子より少なくとも頭一つ分は背が高い。ビンセントは手首にテストステロンの分子構造の入れ墨を入れていて、いたずらっぽく笑うと右の上の歯が一本抜けているのが見える。歯医者に「抜くだけなら二五〇ドル、金属を被せたら一〇〇〇ドル」と言われて抜いたのだと言う。私が会ったノマドの多くは、歯が抜けているのは貧乏の証しだと恥じていた。カメラを向けると笑わないように気をつける人もいれば、歯が抜けているのがわかる写真を公表しないように頼んでくる人もいた。歯がステータス・シンボルになるのは悲しいことだが、国民の三人に一人以上が歯科治療をカバーする保険に加入していないアメリカでは（標準的な医療保険に歯科治療は含まれていない）[6]、ある意味当然だ。だがビンセントは、ぼくのすきっ歯はストローの差込口さ、と誇らしげに見せびらかす。そして言う。「どっちみち、そんなことをとやかく言う人はだれであれ、一緒にいたいとは思わない」

ビンセントとスワンキーには決定的な共通点がある。ふたりとも、お高くとまった俗物には我慢ならないのだ。砂漠に停泊していたある晩のこと、スワンキーは高級キャンピングカーの住人たちと会話を楽しんでいた。どんな車に乗っているのかと訊かれて箱型トラックだと答えたとたん、相手は社交辞令を打ち切った。「みんな立ち上がって、自分たちのキャンプファイヤーから離れていったわ」スワンキーはそうふり返り、首を振った。またあるときには「さすらう個人のネットワーク」[7]に参加してみたが、そのグループは彼女のブログをメンバーのウェブサイトリストに載せようとしなかった。スワンキーのブログには、二〇リットルのバケツをトイレとして利用する方法が詳しく説明されているからだ。スワンキーはネットワークを脱会した。ビンセントと同様、スワンキーもそういう友だちは願い下げなのだ。

スワンキーがいる砂漠の一画には、キャンパーが増え続けていた。到着した日の夕食後、私はヘイレンをそこに停めて車中泊することにした。カット・バレンチノ（47）と夫のマイク（47）もそうした。この夫婦は九歳の息子アレックスとペットのフェレット〝ロニー〟といっしょに、青いフォード・エコノラインの一九九一年モデル（愛称カトヴァンズ）で暮らしている。だが、何カ月か前まではワシントン州に住んでいたのだという。カットは陸軍を退役して食料品チェーンのアルバートソンズでマネージャーをしていたが、職場から救急搬送され、多発性硬化症と診断された（私が会ったときもまだ、なんとか障害との折り合いをつけようと頑張っていたが、慣れるにはその後、三年という年月がかかった）。当時マイクは冷凍野菜の加工場で時給九ドル四〇セントで働いていたが、その契約も終了間近だった。お先真っ暗だったといえる。

カットはそれ以前から、キャンピングカーや車上生活に関する情報をインターネットでチェックしていた。フェイスブックにこんなことも書いていた。「私はいろいろなRV愛好会のメンバーと話をしていますが、経済的な困難のせいで車に移り住む人があまりに多いのを、悲しんでいいのか喜んでいいのかわかりません。ほろ苦い気持ちと言えばいいのかも。車上に住むのは新しい自由を手に入れ、自己改革しつつ生きられるようになることなのですから……。ありがたいことに、深い知識のあるトライブがいろいろあって、指導や助言や必要な物を提供してくれますし、助けを求めれば耳を傾けてくれます。これって、これまでの中流階級が進化した形なのでしょうか？　それとも、狩猟採集民族が現代に蘇ろうとしているのでしょうか？」

一家は結局、薄汚いモーテルを転々とする羽目になった。だが、そういうところには売春婦や薬の売人が紛れ込んでいたりして、とてもじゃないが家族向きではなかった。そこで二人は車を買い、路上に出た（ビンセントが路上に出る数週間前のことだった）。いまのところ、何もかもうまく行っている気がする。カットが言うには、アレックスは「路上の学校」に通っている。これはノマドの言葉で自宅教育を意味する。アレックスは賢い、好奇心の旺盛な子どもで、大人びたユーモアのセンスの持ち主でもあるが、アスペルガー障害のせいで社会的な困難を抱えていて、公立学校ではいじめられていたという。いま、アレックスは会う人ごとに言っている。自分で新しい民主主義国をつくりたい、首都の名前は「ヴァンドゥエラー《車上生活者》・シティ」にするんだ、と。

やがて、クォーツサイトで最も辛い冬の夜がやってきた。外気温はひと晩じゅう氷点下六、七度に下がったままになる。カットとマイクは暖をとるためにエンジンをかけっぱなしにして、ガソリンを使い果たしてしまった。燃料計が壊れていたので、タンクがすごい勢いで空になっているのに気がつかなかったのだ。そのとき一家の停泊場所の近くにいたスワンキーとビンセントは、共通の戦略をとっていた。私もそれに倣った。アイドリングをしてヒーターを全開にし、車内が温まったらエンジンを切って寝袋に潜り込むのだ。数時間眠って、凍えて目が覚めたらまた、同じことをくり返す。ときおり息を吹き返してはまた静まり返る車たちの合唱が、夜通し聞こえていた。

結局私は、ポータブルのプロパンヒーター「バディ」を買った。車上生活者に人気のヒーターだ。でも、夜間の暖房にはあまり役立たなかった。睡眠中にプロパンヒーターをつけっぱなしにするのは危険だからだ。換気が不充分な狭い部屋で暖房や調理をしていると、不完全燃焼で発生した無臭の一酸化炭素が、知らないうちに充満することがある。一酸化炭素濃度が致命的なレベルに上がる速度は、車内ではゾッとするほど速い。一度など、バディを消してすぐに眠り込んでしまったら、夜闇を切り裂くような甲高いアラーム音が鳴り響いた。一酸化炭素のアラームだった。換気が不充分だったらしい。私は大慌てでドアや窓を全開にし、外にとび出した。そして、すっかり空気が入れ替わって、もう入っても大丈夫と思えるまで、パジャマのまま震えながら砂漠に立っていた。

バレンチノ一家は暖房をかけっぱなしにしてガソリンを切らした翌朝、町までビンセントの車に乗せていってもらい、燃料容器にガソリンを詰めた。そして予定外の収穫を手にして帰ってきた。クォーツサイトの食糧庫から放出された見切り品だ。リンゴ、ソーセージ、枕ほどもある大きさの、ベビーリーフのパック。

クリスマスの二日後が、アレックスの一〇歳の誕生日だった。スワンキーはアレックスのためにアイスクリームパーティーを開いた。ビンセントは足踏みミシン（電動ミシンを自身で改造したものだ）でエプロンやエコバッグをつくって売り、副業にしていたが、ちょうどその頃、町のダラー・ゼネラルで時給九ドルのアルバイトを見つけてきた。そして手製のエプロンと『指輪物語』を一冊、誕生プレゼントとしてアレックスに贈った。アレックスは大喜びだった。急に、ビンセントが以前ほど子どもっぽく見えなくなった。

のちにカットは、みんなにこんなメッセージを送った。「心のこもった贈り物と笑いのたえない楽しい時間を、ありがとうございました。たった二カ月前にお会いしたばかりの私たちにこんなに良くしてくださるなんて、感動と恐縮で胸がいっぱいです。これこそ、ほんとうの家族ですね……」

スワンキーも以前、同じことを言っていた。「私のいるキャンプ場で一二時間以上過ごした人は、もう家族の一員よ」と。新参者に仲間の一員だと感じさせるすべを、スワンキーは心得ているのだ。それぞれ車に乗った私たちを、近くにあるペトログリフを見に連れて行ってくれたこともある。ペトログリフとは、岩の表面に彫られた古い彫刻だ。スワンキーを先頭に、扇形に隊列を組んでみんなで出かけたこの遠足は、どこか気分が浮き立つものだった。先行車が巻き上げる砂ぼこりのなかへヘイレンを運転していると、馬の背にまたがって果てしない砂漠に出ていく自警団の一員になったような気がした。メンバーの一人がタイヤを泥にとられたときは、スワンキーが自分のトラックとナイロンの網で、その車を引っぱり出していた。

RTRの時期がきて、私たちはみんなでスキャダン・ウォッシュの奥まで車を走らせた。私にとっては二度目のRTRだ。去年は見えなかったことが、目につく。私がふざけて「車体の耐えられない白さ」と呼んでいる現象も、その一つだ。

スワンキーが以前、RTRは「白い車大集合」みたいだと冗談を言ったが、実際そのとおりだ。大半の車は白く塗装され、ぎらぎらする砂漠の日差しに輝いている。白は商用車によく使われる色なので、どこへ行ってもありふれている。中古で手に入りやすく、どんな場所でも周囲に違和感なくとけ込むので、車上生活者の人気の的だ。だが、白い車にもそれなりの問題はある。一つは、RTRで会ったある男性が「うす気味悪さ」と呼んだ、白い車を児童性愛などの性犯罪と結びつける社会的偏見だ。オレゴン州セーラムで土建業をしていたという男性（53）は、事業が破綻してフォードの白いE150に移り住んだとき、友人たちに「ロリコンレイプ犯」とあだ名されてキャンディーをねだられるようになった。悪意はなかったのかもしれないが、たちの悪い冗談だ。

車の色がどうあれ、車上生活をしていると何か良からぬことを企んでいると誤解されて、通りがかりの人に嫌がらせをされることも多い。ちょうどこれを書いている今も、真夜中過ぎに理由もなく知らない人に起こされた、という体験談がオンラインのフォーラムに投稿された。相手は車を揺すって「出てこい、変態野郎！」「めった打ちにしてやる」とわめいたのだという。

だが、私の目についたのは車の白さだけではなかった。それとは別のことが気になって、RTRが終わってからも長いこと考えていた。ずっとあとになってRTRの写真を友人に見せたとき、その問題はまた表面化した。その友人はアフリカ系アメリカ人の写真家で、人種と植民地主義をテーマに活動している。彼は言った。「写ってるのはほぼ全員白人だね。どうしてだろう」

私が不思議に思っていたのもそこだった。その時点で、私はすでに何百人もの車上生活者に会っていた。アメリカ全土でワーキャンパーやラバートランプ、キャンピングカーで暮らす人々と会ったのに、そのうち非白人はほんのひと握りしかいなかった。ノマドというサブカルチャーのなかでは、非白人は明らかに、ごくごく少数派なのだ。

では、なぜ車上生活者にはそんなに白人が多いのだろう？　当人たちもその点を訝しんでいた。アマゾンのキャンパーフォースも、フェイスブックの公式アカウント(8)に掲載された写真を見ると、ほとんどが白人だ。これを見た黒人のノマドは「アフリカ系アメリカ人も求人に応募しているはずだけど、写真には一人も写っていないね」とコメントしている。

車上生活者が人種の多様性に欠けていることは、キャンプに魅力を感じる人には圧倒的に白人が多いという事実と、なにか関係があるのだろうか。この事実を明らかにしたのは、アメリカ森林局の調査だ。おそらく戸外での「不自由な生活」を楽しむには、ある種の特権的地位が必要なのだろう(9)。『白人が好むこと』と題する辛辣なウェブサイトは、こんなふうにちゃかしている。

> 電気もない、水道もない森の中に、車もなしにとり残されたとしたら、その状況はふつう「悪夢のような」とか「飛行機の墜落事故後のような」とか形容される最悪の事態だろう。しかし白人は、それを「キャンプ」と呼ぶ。

あるいは、車上生活者には人種差別があるのだろうか？　私は一部のノマドに、仲間内で人種差別を見たことがあるかと訊いてみた。公然の差別は見たことがないと、ほとんどの人が答えた。だが、黒人の友人を「黒んぼ」と呼んで侮辱したＲＴＲの古株がいた、と答えた人が一人だけいた。他の仲間はその人種差別主義者《レイシスト》に詰め寄って非難したが、ときすでに遅し。侮辱された友人はショックを受けてキャンプを去ったという。このエピソードはずっと心にひっかかっていて、私を落ち着かない気持ちにさせている。ボブ・ウェルズのウェブサイト上のフォーラムにおける鉄則は、「けっして人を攻撃したり、けなしたり、中傷したりしない」ことだ。だが、現実の世界で刹那的につくられるコミュニティで、それが守られていないとしたら？

アマゾンで働いていた時にリンダの友人になったアッシュは、フェイスブックでこうつぶやいている。「車上生活者の圧倒的多数は白人。その理由は露骨なものから言わずもがなのものまでいろいろだけど、まあこれを見てちょうだい」。その下に、「黒人なのに旅しています」という記事へのリンクが張られている。それを読んで私は思った。白人であってさえ、アメリカでノマドでいるのは並大抵のことではない。とくに住宅地でステルス・キャンピングをするのは、キャンプの主流から大きく外れている。多くの場合、車中泊を禁じる自治体の法令に背くことにもなる。白人であるという特権的な切り札をもってしても、警官や通行人とのいざこざを避けられない場合があるのだ。であれば、丸腰の黒人が赤信号で止まっていただけで警官に撃たれるような地域ではとくに、人種差別的な取締りの犠牲になりかねない人が車上生活をするのは、危険すぎるのではないだろうか。

そんなことを考えていると、私自身、トラブルを免れたことがあったのを思い出した。ノースダコタで取材していたとき、夜間に警察の尋問を受けた。だが、どこから来たのかと訊かれて近場の観光名所をいくつか教えられ、口頭で注意を受けただけで、無罪放免になった。私がヘイレンを運転していても、だれかに邪魔立てされることはほとんどない。私のもつ良いカルマか宇宙の慈愛のおかげだと思いたいが、そうだとしても私が白人だという事実は消えない。白人に特権があるのは、たしかなのだ。

RTRが終わったあと、私はボブのトライブといっしょにエーレンバーグに行った。ある晩、隣人の車のなかで夕食をともにしていたとき、食事のトレーがトイレ用のバケツ（蓋を閉めて密封してあったが）の上に置かれていることに気がついた。自宅にいるときなら、そんなテーブルには我慢できなかっただろう。でもここでは、そんな些細なことは背景に溶け込んでしまう。車上生活では、なけなしの物をぎりぎりのスペースで使うほかないのだ。

二週間後、ヘイレンを停めておける長期駐車場の賃貸契約をすませたあとで、私は飛行機でニューヨークに戻った。再びブルックリンのアパートで暮らすのは、妙な気分だった。キャンピングカーのような狭いところに住んでいると、当初の閉所恐怖症が、やがてはぬくぬくとした心地よさに変わる。いつも壁が近くにあり、窓は覆われ、必要なものはほぼすべて手の届く範囲にある。子宮のなかにいるかのようだ。朝に目が覚めたときも安心感がある。昨夜車をどこに停めたかを、すぐには思い出せないとしても。

それやこれやで、帰宅は思った以上に不快だった。何日かのあいだ、ベッドで目が覚めるたびに自分がどこにいるのか思い出せず、大いに混乱した。フルサイズのマットレスがやけに広く感じられた。壁はあまりに遠く離れていて、天井は高すぎる。空っぽの空間がこんなにあるなんて、不安で心細い。寝室に射し込む日光が、明るすぎる気がする。寝ぼけていて、一瞬、寝室の窓をヘイレンのリアウインドウと思い込んだこともあった。

帰宅して一週間がすぎるとそうした混乱は収まったが、そのあとに何か別のものが入り込んできた。

ヘイレンとノマドが恋しくなったのだ。路上に戻りたかった。

第9章　ビーツフルな体験——ブラック派遣潜入レポート

砂漠でのキャンプはほんの始まりにすぎなかった。ヘイレンはすぐに、他の領域の探索へと乗り出した。最後にクォーツサイトに行ったとき、私はまた「ビッグテント」を覗いてみた。ワーキャンパーを採用しようと全国各地から採用担当者がつめかける、あのＲＶショーだ。女の人がにっこりして手渡してくれたチラシには「あなたもビーツフルな体験を！」と書いてあった。

年に一度のビーツの収穫の仕事に関して、私は長いこと釈然としなかった。このＲＶショーに集まってくる白髪の車上生活者には不似合いの、きつい仕事ではないだろうか。チラシをよく見ると、「少し大変だが、そんなにきつくはない」という経験談が匿名で記載されていた。これだけではよくわからない。この仕事についてわかっているのは、クォーツサイトで人から聞いたことだけだった。

「寒くて雪が降っていて濡れてたわ」とグラッチェン・アーブは言った。私は彼女のキャンピングカー、フリートウッドバウンダーの一九九九年モデルの中で取材していた。グラッチェンはミネソタ州で深夜勤をしたが、氷点下の気温の戸外に立ち、トラックの運転手から書類と「サンプル」（一三～四キロのビーツを入れた丈夫なビニール袋）を集めて回っては、作業場に運び込んだという。サンプルは糖度を計測するため、のちにまとめて研究所に送られるのだ。もう一人、ブライアン・ゴア（62）は、モンタナで収穫員をしたときのことを話してくれた。ドアがとれてなくなったボブキャット・ローダーに乗って作業をしたが、ドアがないので、調子の悪いコンベヤーベルトから落ちたビーツ（大きいものはグレープフルーツほどもあった）に容赦なく直撃されたという。「ビーツに殴られっぱなしの毎日さ。まるでオートマティックポテトガン〔ジャガイモを弾丸にする自動小銃〕の機銃掃射を受けているみたいだった」。それでも、たぶんまたやるだろう。お金が必要だから、とブライアンは言った。「短期の仕事だから我慢できる。あれがずっと続くと思ったら、頭がいかれちまうけどな」

そこで私は採用担当者から申込書を受け取った。試してみたっていいはずだ、と私は思った。ノマドの人々からさんざん季節労働の話を聞いてきたというのに、その仕事場をこの目で見たことが一度もないのだから。でも、幻想は抱いていなかった。この種の仕事をちょっと体験したぐらいで、魔法かなにかのように私がワーキャンパーになれるはずもない。だが、同じ環境にどっぷり浸かれば、これまでたびたび耳にしてきたことをより深く理解する、きっかけぐらいにはなるかもしれない。

数カ月後、エクスプレス・エンプロイメント・プロフェッショナルズから採用通知がきた。アメリカン・クリスタルシュガー・カンパニー（ACS）で働く季節労働者を募集する、人材派遣会社だ。そこで私は、砂糖業界について詳しく調べてみた。アメリカは世界最大クラスの精製糖の産地であり、ビーツはその原料の五五パーセントを占めている（残る四五パーセントはサトウキビ由来）。アメリカのビーツ畑の半分以上、作付面積にして約二七五〇平方キロのビーツ畑がミネソタ州西部からノースダコタ州東部にかけて広がるレッド・リバー渓谷にある。アメリカ最大のビーツ糖会社ACSの本拠地があるのも、このレッド・リバー渓谷だ。アメリカ国内では例外的なことだが、この一帯では完全雇用がほぼ実現さ

年に一度のビーツ収穫のため「ビッグテント」でワーキャンパーを募集する採用担当者

れている。そのため、新規労働力の確保が難しい（バッケン油田の急成長期には、さらに困難を極めたという）。秋の収穫のために遠くから（しかも住居を携えて）やって来てくれる季節労働者をＡＣＳが求める背景には、そんな事情がある。

そんな知識と頑丈な軍手二組で装備を固めて、私は九月の最終週にドレイトン・ヤードに到着した。ドレイトン・ヤードは、ノースダコタ州のカナダ国境付近にある、巨大なビーツ倉庫兼加工施設だ。レッド・リバー渓谷のビーツ生産者にとって、一〇月最初の二週間は天気との闘いだ。生産者が軍隊用語で「戦闘」と呼ぶこの闘いは、一〇月一日の真夜中に火ぶたが切られる。生産者はビーツが傷まない低温の日が続くことを祈りつつ、地面が凍ってしまう前に大急ぎでビーツを抜きにかかる。数トンずつビーツを積んで倉庫に向かう大型のトレーラートラックが、昼夜の別なく地元の国道を疾走する。どのトラックも、荷台の縁の上までうず高くビーツを積んでいる。国道が続いているどの方向を見ても、路肩には荷台から落ちたビーツが延々と転がっている。憔悴しきった運転手たちが、眠気覚ましのタバコをひっきりなしにふかす。道路は渋滞する。いくつも事故が起きる。(1) 地元の人は、事故が起きるのは州の規制が緩いせいだと非難する。普通ならトラック運転手には営業用自動車免許が義務付けられるのに、ここでは経験の浅い農場労働者が何トンの積荷を運搬しようと、お咎め無しだからだ。ピーク時にはACSの四〇カ所近くある荷受け施設に、一日あたりトラック五万台分ほどの積荷が運び込まれる。

私は「パイラー《積み上げ機》一号」担当の地上作業員として、日に一二時間勤務することになった。私たちのパイラーがある荷受け場は、飛行機の格納庫に似た巨大な冷蔵施設(「小屋」と呼ばれている)内にある。コンクリート敷きの荷受け場にはすでにビーツの山が一つ、天井近くまで積み上げられていた。オリエンテーションをしてくれた指導員によれば、これは本格的な収穫期がくる前に収穫された「前積み」分のビーツで、この山一つでおよそ二万トンあるという。今年のビーツは去年より大きく、バスケットボール大のものもあるそうだ。

他の荷受け場の多くは戸外にあり、雨や雪から守られる私たちは運がいいと言われた。だがそのかわり、騒音と匂いは他よりひどい。泥付きのビーツのしつこい匂いが、埃と軽油の匂いと混じり合ってむっとしている。

ドレイトン・ヤードに到着したトラックは、計量小屋と呼ばれる丸太小屋で計量を受けたあと、私たちの荷受け場の前にずらりと並ぶ。私たちは手を振って一台ずつ招き入れ、パイラーの脇まで誘導する。パイラーはがちゃがちゃと音をたてる巨大な装置で、戦車のキャタピラに載った小さな工場のような恰好だ。パイラーはまず、トラックの後部に巨大な漏斗《ろうと》を固定して、そこにビーツを受ける。漏斗を通ったビーツはコンベヤーベルトに載り、回転槽に入って泥を落とされ、またトラックに戻ってくる。そこから今度は別のコンベヤーベルトで上へ上へと上っていき、パイラーから突き出た建設用のクレーンの腕のような長い横棹の上を進み、棹が途切れたところで、三階建ての建物ほどの高さのビーツの山のてっぺんに降り注ぐ。収穫が進むにつれて、山は山脈のように伸びていき、最初よりはるかに長くなる。山脈が伸びていけるように、パイラーはときどき、キャタピラの上をじりじりと後退する。収穫が終わるまでに、ビーツ山脈の全長はボーイング７４７を二機縦に並べた長さになり、横幅も７４７機の全幅とほぼ同じになる。ビーツが精製に回されるまでのあいだ、強制換気システムが室温を零度近くに保つ。

この工程は、すべてが雷鳴のような大音響とともに慌ただしく進行するうえ、ものすごく汚い。私たちの任務は絶えざる清掃だ。こぼれた大量のビーツ（大きいものは冷凍のターキーぐらいある）をシャベルですくい、柄の長い熊手や農業用のスコップで漏斗の中に戻す（ぼうっとしていると叱られる。「骨惜しみする暇があったら骨を折りなさい」がマネージャーの口ぐせだ）。あまりに疲れてシャベルが持ち上がらなくなったら、両手ですくえるだけすくい上げる。私たちの動きが緩慢になってくると、高所にある監視室の中から、監視員が（ピンクのカウボーイブーツを履いて、フルメイクで仕事に来る人だ）警笛を鳴らす。まるで第二次世界大戦時の潜水艦が、魚雷の発射準備をしているかのような音だ。それから彼女は監視室の窓ごしに、私たちに向かって猛然とシャベルを使うジェスチャーをしてみせる。頭上でぐるぐる回っているコンベヤーベルトから、ビートのかけらや土くれがあたりかまわずはね飛んで、私たちが着ている黄色い安全ベストや緑色のヘルメットに飛び散る。トラックが近づいてくるのを同僚に知らせようと左手を上げたときに（機械の騒音がひどくて、怒鳴っても聞き取れない）、リンゴ大のビーツに手首を直撃された。清掃の任務はそれだけでは済まない。床の上に溜まる濃くて滑りやすい泥を、雪かき用のシャベルでとり除くのも私たちの仕事だ。シャベルはしょっちゅう泥にくいこんで動かなくなり、そうなると全力をふりしぼらないと抜けない。グラッチェンが言っていた「サンプル」を回収する仕事もあった。グラッチェンの話とちがったのは、サンプルの採り方だ。ここでは、サンプルは自分で採る。パイラーの下部の垂直のシュートの下に、ビニール袋を一枚一枚広げてあてがい、待ち構えるのだ。ビーツはすごい勢いで袋の中に落ちてくるので、衝撃に備えなければならない。まるで枕カバーでボウリングのボールを受け止めるような作業だ。

一番骨が折れるのはパイラー内部の掃除だ。上司がこの巨大な装置の電源を切ると、作業員は皆で上っていってパイルの中に入り、メインシュートの中身をシャベルでこそげ取る。泥は頑固にこびりついている。やっとのことで少しだけ動かせたと思っても、皮がむけるように剥がれてきて、表面にタイヤの溝のようなひっかき跡ができるだけだ。監督員が私たちに向かって「もっと力を入れて！」と怒鳴り、あと一五分しかないと急かす。機械を止めるのは大きな損失なのだ。

二日間のオリエンテーションのあと、日に一二時間の勤務が始まった。一日の仕事が終わると、「ビーツフルな体験を！」という求人広告の看板の前を通って、真っ暗ななかをキャンプサイトに戻る。体じゅうが痛み、とくに腰と肩の痛みはひどい。長いこと忘れていた古傷のあれこれもうずきだした。荷受け場では年金受給年齢の高齢者も働いているのに、そこそこ健康な三七歳の私がこんなふうになるなんて、と驚いた。熱いシャワーを浴びたかった。入浴施設を使えるという約束だったが、キャンプ場のその部分はまだ工事中だった。私は車の中で夕食をつくり、割れるような頭痛を抱えて服を着たまま眠った。明け方起床してまたシフトに入ったが、この日は前日以上に多事多難な一日になった。ビーツの山のなかに、二メートル以上もある金属のポールが隠れていたのだ。壊れた収穫機の部品だった。ポールはパイラーに飲み込まれ、監視員が緊急停止の号令をかけたときには、一番目のコンベヤーを半分まで上っていた。もう少し遅かったら、泥落とし用の巨大な回転槽に落ちていたところだ。そうなったら機械にも、おそらく近くに立っていた私たちにも、深刻なダメージがあったろう。その日はまた、同僚が床の泥に足をとられて転び、膝が腫れ上がったため、事故報告書を提出しなければならなかった。

キャンプ場で近くに寝泊まりしていた作業員のなかに、元ウォルマートのトラック運転手、ダン(69)がいた。二〇〇六年に健康上の理由でウォルマートを辞めたという。右目を失明しかけていて日光の元でないと自由に動けないので、夜のシフトを免除してくれと願い出たそうだ。奥さんのアリスもいっしょに車上生活をしているが、一月にALS(筋萎縮性側索硬化症)の診断を受けていて、働けない。キャンプ場にはダンより高齢の人、五〇代の人、私と同年代の人、もっと若い人などさまざまな年代の人がいた。私のすぐ右隣に停泊していたのは、ニュージャージーのナンバープレートをつけた、つや消しの黒のピックアップトラックだった。住んでいるのは二〇代のクラストパンクのカップルで、カップラーメンを食べ、運転台で眠っていた。自転車でキャンプ場の中を走り回るヤギひげの作業員もいて、「オーバードライブ」と名乗っていた。彼は人生哲学をちょっとばかり披露していった。「朝起きて雨が降ってたら、ひどい日だと思うかすてきな日だと思うかは自分しだい。ぼくはすてきな日だと思うことにしているんだ」

ストレスに押しつぶされ、痛みに耐え、泥だらけになっても、いままで出会ったノマドたちに対する後ろめたさが心のどこかにあって、私は「戦闘」を最後まで闘い抜きたいと思っていた。でも、どんなに長くここにいても、私は本当のワーキャンパーの仲間にはなれない。終われば家に帰り、ライターに戻るのだから。これまでワーキャンパーから聞いた話に何の誇張もなかったことは、もう充分この目で確かめたし、それ以上に身をもって感じた。そこである夜のシフトを終えてから、辞めますと主任に申し出た。主任は驚かなかった。中途離脱はよくあることなのだ。同じ荷受け場で働いていた同僚のほとんどはその数日後には辞めていったと、あとで知った。他の荷受け場で働いていたある女性は、その後手首を骨折したとも聞いた。ちょっと後ろめたく思いながらも、それが自分でなくてよかったと、私は胸をなでおろした。

夜になってドレイトン・ヤードを離れ、ビーツを積んだ大型トラックの列と反対の方向に走った。バックミラーに精糖所の赤いネオンサインが写っていた。「アメリカン・クリスタルシュガー」と読めるそのネオンサインは、工場から立ちのぼる湯気ごしに光を放っていた。その晩はグランド・フォークスの町でホテルを奮発した。熱いシャワーを浴びてマリファナたばこを吸い、映画を観ようと努めながらうたた寝した。あとになってわかったのだが、このうちの一つがまちがいだったのだ。

◆

ビーツの収穫に応募したのとほぼ同時期に、私はキャンパーフォースの求人にも応募していた。アマゾンに採用されるには事前に薬物検査を受ける必要があった。侵襲的で侮辱的なあの薬物検査には、いつも腹が立つ。全国各地の高齢のノマドが、苛酷で賃金の安い臨時雇いの仕事を得るために検査用の体液や髪の毛を提出しているところを想像すると、すべてが馬鹿げているという思いがいっそう強くなる。

アマゾンの薬物検査の方針についてはすでにインターネットで調査済みで、従業員が「口腔粘膜テスト」に言及しているのを見つけていた。口腔粘膜テストでは、マリファナを含む薬物の大半は使用後数日間しか検出されない。私は大丈夫だと思った。アマゾンには、一一月以降でないと勤務を開始できないと言ってあったからだ。

帰宅後キャンパーフォースから届いたeメールに、就業開始日が書かれていた。フォートワースに近いテキサス州ハスレットの倉庫で、一一月四日からとのことだった。数日後、犯罪歴のチェックをパスしたあと、今度は薬物検査を受けるようにというメッセージが届いた。七二時間以内に私のアパートのすぐ近くの、アトランティックアベニューでという指示。お安いご用だ。だが、eメールをさらに読んで仰天した。受けなければならないのは口腔粘膜テストではなく、尿検査だという。

マリファナは吸ってから一カ月以上たっても尿中に検出される。代謝物が脂肪組織に蓄積するからだ。検査の予定日は、ノースダコタでマリファナを吸ってから一〇日ほどしかたっていない。口腔粘膜テストなら問題はなかったが、尿検査となるとあぶない。私はアマゾンからＴＨＣ検査〔マリファナの使用の有無を調べる検査〕のキット一〇本セットを購入し、その一つで試してみた。陰性を示すラインが出るには出たが、がっかりするほど薄い色だった。使用上の注意を読むと、ラインが出さえすれば、色の濃淡にかかわりなくテストには合格だと書いてある。けれど私のラインはほとんど目に見えないほど薄かった。リスクは冒したくない。

検査をパスする絶対確実な方法が、一つだけあった。だれか他の人の尿を使うのだ。幸い、THC検査キットはあと九本ある。それを友人や家族に配ると、きれいな尿を提供してくれるドナーはすぐに見つかった。私はそれを旅行用の小さなシャンプーボトルに入れた。検査本番の日、私はボトルを下着の下に隠し、ボトルがずれないようにスキニージーンズをはいていった。ことが終わると、結果は四八時間以内にお知らせします、と検査技師が言った。

結果の通知はなかったが、何日かして、キャンパーフォースからeメールが届いた。検査にパスしたという。ほどなく私は再びヘイレンに乗り込み、テキサス州ハスレットに向かった。

◆

水曜日の朝、アマゾン倉庫内の教室に三一人のワーキャンパーが集められ、オリエンテーションが始まった。「これから始まる仕事はかなりの重労働です」教育係は警告した。「おそらく、日に一〇〇〇回も腰を屈めることになるでしょう。大げさに言っているのではありません。お尻が引き締まりますよ。さあ、覚悟はいいですか?」

二、三人の研修生が笑った。私たちは小学生みたいに、長テーブルに名前のアルファベット順に座らされていた。大半が六〇歳以上だ。五〇歳未満は私だけ。そして、白髪ではないのは私を含めて三人だけだった。ハスレット倉庫では八〇〇人のキャンパーフォースを募集したが、九〇〇人以上の応募があったという。だが近隣のトレーラーパークには、そんなに大量のノマドが停泊するスペースはない。代わりに地元の牛牧場の土地を借りたらという案は、ただちに却下されていた（テキサス名物の冬の嵐で凍てついた野原に、高齢の従業員が何百人も、電気も水道も下水もなしに暮らすだって？　企業イメージが地に堕ちる！）。

結局アマゾンは、倉庫から半径六五キロ圏内の一二のトレーラーパークに、限られた数のキャンプサイトを確保し、そこに詰め込めるだけのワーキャンパーを雇い入れた。二五一人だ。新人のなかには、日に一〇時間働いたうえ一時間半かけて通勤しなければならない者もいた。白いフォードに住んでいるある女性は、週に二日はアマゾンの駐車場に「ステルス・キャンピング」してガソリン代と時間を節約するつもりだと言っていた。

教育係も（彼女自身、元キャンパーフォースの一員でキャンピングカーに住んでいるのだが）こんな事態になったことを詫びていた。あなたがたを迎えられてとても嬉しいです、と彼女は言った。「私たちワーキャンパーは誠実で勤勉で質の高い仕事をすることで知られています。つらい仕事に一日じゅう精を出すというのがどんなことか、ワーキャンパーは知っています。アマゾンもそこに期待しています。経験豊富な人たちに、ぜひ頑張ってもらいたいんです！」ワーキャンパーは「キャンパーフォース効果」をもたらすことでも有名だ、と彼女はつけ加えた。意欲的でアイゼンハワー時代の労働倫理を守っていて、それが経験の浅い若手にも伝染するのだと（実際には、仕事が始まってみても、不満を抱えた若い仲間に私たちのチームが良い影響を与えたようには見えなかった。「疲れた」「退屈だ」というムードを醸し出すことにかけては、高齢者も二〇代の若手も同じだった）。

でも、ワーキャンパーに幅広い経験があることだけは本当だった。私の左隣に座っていたキースは六

○代の牧師で、一○人の子もちだ（五人は成人し、残り五人が一緒のキャンピングカーで暮らしている）。チャーリー（77）は、銅採掘関連の会社で長年機械工として働いたせいで、膝がぼろぼろだと言っていた。結婚して四○年以上になるエドとパトリシアは、それぞれ白バイ警官と郵便配達員をしていたが、一九九○年代後半に退職したという。

　私たちは「在庫管理品質保証部」で働くためのトレーニングを受けた。仕事は大して難しくはなさそうだった。デジタルの在庫記録と一致するよう、商品をスキャンするのだという。だがすぐに、私たちの倉庫（教育係によればアマゾン倉庫の中でも最大で、サッカー場一九個分の広さがある）には危険がいっぱいだということが判明した。倉庫内には三五キロ以上にわたってコンベヤーベルトが張り巡らされ、その上を箱が右へ左へと流れている。ベルトは貨物列車のようにやかましいが、すぐに不具合で止まってしまう。コンベヤーのローラーに巻き込まれるといけないので、髪はアップにしてピンで止めておくこと、腰にシャツを結ばないことという指示があった。首からIDカードを下げるストラップは、強く引っ張ると外れる窒息防止の安全装置つきだった。騒音に負けじと警笛が鳴り続けている。あの音はなにかと訊くと、ひっかかって止まったベルトが直って、また動き出すときの合図だと同僚が教えてくれた。

　前回会ったときクォーツサイトで破産関連の書類を燃やしていたチャックとバーブも、このハスレットで働いていた。チャックはコンベヤーベルトの近くで働いていたときベルトから落ちたダンボール箱の直撃を受け、倒れて頭をコンクリートの床に打ちつけた。すぐにアムケアの医師団がやって来てチャックを取り囲んだ。脳震盪《のうしんとう》は起こしていないので、日に二四キロは歩く荷受け部の仕事に戻ってよいと医師たちは言った（私はこの夫婦と、シフトの合間にレストラン「バッファロー・ワイルドウィングス」で再会を祝した。私がテキサスに着く前に、倉庫の駐車場で労働組合のオルグがあったと二人は話してくれた。アマゾン側は二週間ほど、毎日二回講義を開いて、組合に近づかないよう、そしてどんな書類にも絶対にサインをしないよう釘を刺したという。労働組合と少しでも関わりをもったが最後、組合のデータベースに記録されてしつこく追い回される。アマゾンのマネージャーがそう言ったと、チャックは証言した）。

アマゾンは全国一〇カ所の配送センターにロボットの「シェルパ」を導入していて、このハスレットもその一つだとオリエンテーションで教わった。「シェルパ」は一六〇キロもあるオレンジ色の機械で、掃除機のルンバを大きくしたような見た目だ。正確には〝駆動装置〟なのだが、大半の人はロボットの側面に書いてある開発会社の名前で「キヴァ」と呼んでいる。キヴァは薄暗い（ロボットには照明が不要だ）「キヴァ・フィールド」と呼ばれるエリアをきびきびと走り回って、商品を満載したオープンラックを人間の作業拠点まで運んでくる。作業拠点はフィールドをとり巻いて並んでいる。フィールドに商品が落ちても、「アムネスティ（救済措置委員会）」と呼ばれるチームのメンバー以外、キヴァ・フィールドの中に入ってはいけない。正規職員だけが、「アムネスティ回収ツール」（仰々しい名前だが、これは一五〇センチの棒の先に塗装用ローラーをつけただけの代物だ。どの作業拠点にも一つずつある）を使って、落ちた商品をフィールド外から回収できる。私もやってみたいといったら、すぐには駄目だと言われた。「アムネスティ回収ツール」を扱うには特別なトレーニングが必要なのだそうだ。

キヴァについてはいろいろと極論が飛び交っている。「生産性向上の専門家の妄想にすぎない」「人間を単純作業から解放する革命的発明だ」「肉体労働が過去の遺産となり、貧富の差が越えられない壁となって立ちはだかる、雇用のないディストピアの前兆だ」といったぐあいに。

だが現実に起きているのは議論ではなく、チャップリンの『モダン・タイムス』を現代版にしたようなどたばた喜劇だ。いたずらなロボットの逸話を、教育係はおもしろおかしく話してくれた。フェンスの隙間から脱出して職務を放棄し、作業員が乗ったままのハシゴを作業拠点から引っぱって行こうとしたキヴァがいたとか、めったにないことだが、最大積載量三四〇キロのキヴァ同士が、酔っ払ったヨーロッパのサッカーファンよろしく正面衝突したとかいう話だった。商品を落として、それを踏んでしまうこともあるそうだ。四月には「クマ避けスプレー」（業務用の胡椒スプレー）を落としたキヴァがいて、別のキヴァがそれを踏みつぶしたために、倉庫内にいた全員が避難する事態になった。従業員七人が戸外で救急隊員の手当を受け、一人は呼吸困難で病院に救急搬送されたという。

こういう油断ならないロボットのほか、頑張りすぎにも注意するよう言われた。「筋肉痛に備えを！」と呼びかけるポスターもあった。教育係の一人は「前の晩に鎮痛剤を二錠以上のまずにすんだら、ついていたと思うことね」と軽口を叩いた。壁には薬のディスペンサーが埋め込まれていて、「小さなお医者さん」というラベルがついている。ここに入っているジェネリックの鎮痛剤は無料だ。ジェネリック以外のブランド薬や栄養ドリンクの「ファイブアワー・エナジー」が欲しい人は、休憩室で購入できる。

オリエンテーションではビルの中も案内してもらった。内部の壁は、アマゾン倉庫の採用関連キャラクター「変わり者ペキー」（オレンジ色のアメーバみたいな格好だ）のイラストと、「問題は宝」「多様性は敵、タクトタイムがすべて」（〝タクト〟は「製品一つを完成させるのに要する理想的な時間」を意味するビジネス用語。仕事のペースを均一化するのに用いられる）[2]といった、オーウェルの『1984年』を思わせるスローガンで埋まっていた。大きなカレンダーの書き込みから、一一月のその日まで、少なくとも一日に一回は安全性に関する「事件」が起きていることがわかった。案内人が「恥の壁」を指さした。不祥事を起こした従業員のプロファイルが、匿名で記されていた。人の頭部を表す黒いシルエットのそれぞれに「逮捕」「解雇」といった赤いゴシック体の文字が重なっている。ある者はiPhoneを盗み、スチールトゥの靴の中に隠して持ち出した。ある者は棚に入れるべき商品を食べているところを捕まった（食べたのはぴったり一七ドル四六セント分の商品だったと、ご丁寧にも書き添えられている）。アマゾンのルールは、厳格な統制だ。私たちは、床に貼ってある緑色のテープに沿って歩くようにと指示された。角を曲がるときにテープを斜めに横切った男性はガイドに叱られていた。トイレに寄ったら、個室の壁に色見本が貼ってあった。薄い黄色から怖ろしい暗赤色までの色が並んでいて、自分の尿と同じ色を見つけるようにと書いてある。それによれば、私はもっと水を飲まないといけないらしかった。

私はこのハスレット倉庫に一週間しかいなかった。あまりの欺瞞に耐えられなくなったのだ。始業時間になると、ブロンドをポニーテールにした二〇代のマネージャーが、大半が高齢者のワーキャンパーを相手に甲高い声で言う。「ワーキャンパーのみんな、こんにちわあ！」私たちはマネージャーのアシスタントを手本にストレッチ運動をする。それが終わると、商品のバーコードをスキャンする。ディルド（製造者：「クラウド・ナイン」、品名：「喜びの一撃」）から、スミス&ウェッソン製の銃器用カモフラージュテープ（表面加工はざらざらとすべすべの二種）、AMCシアターズの二五ドル分のギフトカード（全部で一四六枚あり、私たちは一枚ずつスキャンしなければならない）まで、一つ残らず。

あるとき、キヴァが私のいる作業拠点に棚を運んでるのを待っていたら、吐き気を催すような匂いがしてきた。かと思うと、だんだん霧のように立ち込めて、キヴァが近づくにつれて濃くなった。なぜか、その匂いは私に何かを思い出させた……大学の寮だろうか？　棚が私の目の前に止まったとき、そこには一八箱のパチョリ〔ハーブの一種で、古くから香や香水に用いられている〕のお香が並んでいた。その匂いは私の両手にこびりついた。私は息を止めて仕事を終え、ロボットを戻そうとボタンを押した。棚の右には三台のキヴァが並んで、辛抱強いラブラドール・レトリバーのように待っている。臭い棚が離れていくと、新しい、ずっと新鮮な香りの棚が一台、目の前に滑り込んできた。だが、五分後にはまた、パチョリを積んだ棚が戻ってきた。私はまた息を止めて大急ぎで商品をスキャンし、棚を送り返した。五分後、またあの棚が戻ってきた。私はわからなくなった。これって、人間のほうがロボットより賢い証拠じゃない？　でなければ、ロボットが私を気に入って、商品のカウントを不必要にくり返しているのかもしれない。三つの計算のうち、故意に二つしか実行しないとか？　臭い棚を三度目に送り出したあと、私のシフトは終わった。仲間と一緒に帰ろうとすると、みんなが私の匂いに気がついた。「『サタデー・ナイト・フィーバー』の香りだ！」牧師のキースが言った〔映画『サタデー・ナイト・フィーバー』の大ヒットで盛んになった七〇年代のディスコパーティーではお香を焚くのが一般的だった〕。

翌晩が私の最後のシフトだった。数時間のあいだ、またキヴァと働いた。私は瞑想状態になろうと努めた。七〇代白髪のあるメンバーも、ロボットがあまりに頭にくるので辞めようかと思っている、と言っていた。同じ棚を何度も運んでくるのだという。私のパチョリと似た状況だ。その棚は彼女のところに三度来たあと、今度は八メートル先で作業している彼女の夫のところに通いだした。夫のところには計六回行ったという。休憩室の外を歩いているときにそんな話をしていたら、清掃チームが楽しそうにロッカーを掃除しているところに通りかかった。彼女はその清掃員を見つめて言った。「あの仕事、どうやって見つけたのかしら？　あの仕事がしたいわ！　あんなロボットと働くぐらいなら、トイレ掃除

ロボットが運んできた棚から商品を取り出す著者。このあとバーコードをスキャンする

のほうがましよ！」

その夜のシフトが半分以上終わった頃、マネージャーに「ダメージランド」のアイテムをスキャンするように言われた。ダメージランドは、すべての壊れた商品が行き着くところだ。だが、私のバーコードスキャナーはそのとき、フォークリフトを運転するよう要求していた（私にはフォークリフトの運転技術はないのに）。マネージャーも、どうしていいかわからなかった。スキャナーを何度も再起動させたあげく、私はやっとダメージランドに行った。数時間、凹んだ缶やつぶれた箱やノベルティーのタオル（半々に色分けされて、一方にBUTT《お尻》、もう一方にFACE《顔》と書いてある）の山をスキャンすると、私のシフトは終わった。

歩いていくと、スキャナーの異常な命令にお手上げ状態になったキャンパーフォースのメンバーが三人、キヴァ・フィールドの外で、壁にもたれて力なく座っていた。いよいよこの仕事場ともお別れだ。でも、どんなふうにやめるのか、私はまだ決めていなかった。急に、反抗的な気分が頭をもたげた。それをやったら即刻解雇、と決まっている行為がある。たとえばもし私が急に、無謀にもキヴァ・フィールドに走り込んだらどうなるだろう？ その週に入ってから何度か、そんな想像が頭をよぎっていた。あの薄暗い通路に駆け込んで、労働者のパルクール〔町の設置物や自然の地形などを障害物に見立て素早く移動していくスポーツ〕よろしく、忙しく動き回るキヴァを避けて走ったらどんな気分だろう？ アムネスティに捕まるまでの時間は、どれくらいだろう？ 捕まったらどうなるんだろう？ （じつはそれ以前に、それ以上に奇妙なことが起きていた。あとで知ったことだが、恋仲になったワーキャンパーがキヴァ・フィールドで逢引しようとして解雇されたそうだ）

だが、私がここに来たのは情報収集のためで、『ブレイブハート』のアクションを地で行くためではない。それに、お尻のポケットに忍ばせている取材ノートを失いたくはなかった。ペンの中に忍ばせたボイスレコーダーにも自分の見たことをひそひそ声で吹き込んだ音声記録が入っているし、キーホルダー型のカメラには隠し撮りした動画も入っている。二つとも、従業員証と一緒に首に下げていた。

私は倉庫の出口のセキュリティゲートへと歩いていった。ここには運輸保安局型のバスケットがあって、鍵や小銭を入れることになっている。私は従業員証のストラップをバスケットに入れて守衛のほうへ滑らせ、金属探知機の中を通り抜けた。緊張して立ち止まり、守衛とバスケットを見比べた。だが、守衛はバスケットの中をちらりと見ただけで、私に向かって眉を上げてみせた。「どうして立ち止まってるの？」という顔だ。私は「おやすみなさい」を言って外に出た。

第3部

第10章　ホはホームレスのホ

リンダがスクイーズ・インに移り住んだ数週間後、ラヴォンヌはひとり、サンディエゴでステルス・キャンピングをしていた。数カ月間のきつい仕事のあとで、くたびれ切っていた。以前乗っていた「ラヴァンヌ」（えび茶色のゼネラルモーターズ・サファリ二〇〇三年モデル）はRTR後に壊れ、修理するお金のなかったラヴォンヌはエーレンバーグで立ち往生した。最悪なことに、ラヴァンヌはそれまでにも数回動かなくなったことがあり、もう使い物にならなくなったいまも、まだ数千ドルの支払いが残っていた。ラヴォンヌはそこから動かないことに決めて、年金が届くのを待った。息子と一緒にシボレー・タホに住んでいるローリーという女性が、ラヴォンヌを買い物に連れて行ってくれた。彼女のおかげで、新しい旅の友もできた。ローリーの犬が最近生んだ子犬の一匹、やんちゃな子犬のスカウトを譲り受けたのだ。スカウトを抱いて寝ると、淋しさも和らいだ。

気温が上昇し、ノマドの仲間が次第に離れていくなか、ラヴォンヌは動かないラヴァンヌでひと月半近く暮らした。やっと費用が工面できて修理工場まで車を牽引してもらったところ、エンジンの修理に三〇〇〇ドルかかると言われた。とても払える額ではない。思いあぐねてスカウトを散歩させて工場の近くを歩いていると、中古車店の駐車場に新品同様の一二人乗りシボレー・エクスプレスが停まっているのが目に入った。販売員がオフィスから出てきた。クレジットヒストリーが悪くてもローンを組めるよう、力を貸してくれるという。驚くことでもない。サブプライム向け自動車ローンの融資額は、ここ数年急増しているのだ。

ラヴォンヌは契約条件についてはよくわからなかったが、それ以外に何ができただろう？「その話に乗らなかったら、ホームレスになるしかなかったのよ」と彼女はのちに言った。新しい車の愛称は「ラヴァンヌ2」にした。

この一件はラヴォンヌにとって、ホで始まる忌まわしい言葉「ホームレス」との、ありがたくない接近だった。たいていのノマドは、ホームレスというレッテルを伝染病のように忌み嫌う。自分たちは「ハウスレス」ではあるが、ホームレスではない。ホームレスというのは、だれか他の人たちのことだと、彼らは主張する。

エーレンバーグを脱出し、慣れ親しんだサンディエゴに戻ってからも、ラヴォンヌの頭にはあの嫌な言葉がこびりついていた。自身のブログ『稀代の変人』に、こう書き込んでいる。(1)

——都会で車に住んでいると、人にホームレスと指さされます。
——ホームレスと指さされると、自分がホームレスに思えてきます。
——そこで風景に溶け込んで隠れようとします……何をするにも「普通」に見えるよう、気をつかいながら。
——だから、所持品を入れたゴミ袋を毎朝近くの藪に隠しに来る、どう見てもホームレスのおじいさんに、知り合いみたいに微笑みかけられ挨拶されると、(控えめに言っても)平静ではいられません。

――というのも、気づいてしまうから。増え続けている路上生活者の仲間に、自分も加わってしまったことに。そしてホームレスも自分も、たいして違わないことに。

その数日後、ラヴォンヌは罪の意識に苛まれて、再び書き込みをした。それはこんな告白だった。一カ月を乗り切るためにペイデイローン〔消費者金融による、給料を担保にした短期ローン〕に頼っています。月の借入額は二五五ドルですが、借り入れの一週間後には四五ドルの利息をつけて返済しなければなりません。怒りと恥ずかしさでいっぱいです、と。RTRで知り合った、チワワのピコと旅しているサミーアが、すぐに返信を書き込んだ。

近くにいて、兄弟のハグをしてあげられたらよかったのに。そして言いたい。そういう状況に陥っているのはきみ一人じゃないと。ぼくもコロラド州ドローレスの森の中で、ガソリンタンクに釘が刺さってほとんど空になったことがあった。給料日までまだ八日あるのに、食料は五日分、水は二日分しかなかった。ピコと一緒に途方に暮れたよ。

貧しさを、そして人から貧しいとみなされることを受け入れるのは辛い。ぼくたちの生き方はエキサイティングで革新的だと言われていて、それは本当のことでもある。だけど、本音をいえば、ぼくたちの大半は経済的な理由でこういう生き方をしている。これはぼくの考えだけど、人からホームレスと指さされるカリフォルニアやサンディエゴの路上を、離れるといいんじゃないかな。砂漠や森の中でキャンプしていたときのことを思い出してほしい。砂漠か森に来て、きみを愛し気にかけてくれる、わかりあえる仲間と暮らそうじゃないか。

きみの兄弟、サミーアより

サミーアとラヴォンヌは世間知らずではない。法の目から見れば、自分たちがホームレスであることはわかっている。だが、そんな言葉の重しの下で生きていける人がどれだけいるだろう？　「ホームレス」という言葉は本来の意味を越えてひとり歩きし、だれにとっても脅威となっている。「ホームレス」には追放者、落伍者、自分たちとは縁のない人、文無し、といった響きがある。「アメリカ社会における不可触民」だと、ラヴォンヌはブログに書いている。(2)

「車上生活をしたら人からどう見られるだろう、と最初は心配だった」取材した際、サミーアはそう言った。「ホームレスとは呼ばれたくなかった」のだと。ホームレスと呼ばれることに関して、サミーアにはいやな思い出がある。ラマダンをともにするため姉を訪ねたときのことだ。姉はサミーアを「ホームレスの路上生活者」と呼び、子どもたちの教育に良くないという理由でサミーアを門前払いした。「まさか家族にあんなに冷たくされるとは思わなかった」サミーアは消え入るような声で呟き、それから気をとり直して続けた。「自分のことを自分でどう思うかは、とても大事だ。ホームレスでも何でも、否定的なレッテルを貼ったままでは、人生はうまくいかない。ポール・ボウルズが『シェルタリング・スカイ』〔大久保康雄訳、新潮社、一九九一年〕って本に、観光客と旅行者の違いを書いているけど」サミーアは言葉を切った。

ピコを抱いてトラックに腰掛けるサミーア

「ぼくは『旅行者』だ」〔「目的地に着いてすぐに帰ることを考えるのが観光客。帰らないこともあるのが旅行者」というセリフが有名〕。ボブ・ウェルズの著書においても、車上生活者とホームレスのあいだには明確な一線が引かれている。車上生活者は、破綻し腐敗した社会秩序に意識的に異を唱える者だとボブは言う。車上生活を自ら選んだかどうかにかかわらず、彼らはそういう生き方を受け入れたのだ。それに対してホームレスは「車で生活しているかもしれないが、それは社会のルールが嫌だからじゃない。ホームレスの目標は、居心地が良くて安心できる社会のルールの支配下に戻ることなんだ[3]」。

　自ら運命を選んだのだと考えることには結果的に重大な意味がある。私はくり返し聞かされた。選択肢がどれほど少なかったとしても、ノマドは最終的にそれを選択した人たちなのだと。ヤフー上で車上生活者のグループを率いる「ゴースト・ダンサー」はそれをこんなふうに表現している。「経済状況は今後も上向かないだろう。だが、自由になるか、ホームレスになるかの選択は自分次第だ」
社会的な汚名――それは人を傷つける〝棒きれや石ころ〟に等しい――は、この問題の一部でしかない。放浪生活をしていれば、さらに大きな苦難に見舞われる可能性もある。近年、アメリカで伝統的な家に住んでいない人々には、前例のない大きなプレッシャーがかかっている。『ニューヨーク・タイムズ』は二〇一六年、次のように報じた。(4)

ホームレス状態を事実上違法化する一連の法律が、フロリダ州オーランドー、カリフォルニア州サンタクルーズ、ニューハンプシャー州マンチェスターなど全米に広がりつつある。全米ホームレス・貧困法律センター（NLCHP）が国内一八七の主要都市で行った調査によれば、道端での座り込みを違法化した都市の数は二〇一四年末までに一〇〇にのぼり、二〇一一年比で四三パーセント増加した。同じ期間に、車内泊を禁止する都市の数は、三七から八一都市に急増している。ニューヨーク、サンフランシスコ、ロサンゼルス、ワシントン、ホノルルなど都市の変容と高級化が進んでいる地域では住宅費の高騰とホームレスの増加が問題になっており、警察による検挙が行われている。

人よりモノを優先する法律だ。ノマドに「車ならここに停めてもいいが、人はだめだ」と言っているに等しいのだから。だが、こういう法律をつくることは市民的良識の劣化の表れなのではないかという議論は、これまで国内のどの自治体でも起きてない。
さらに、こうした動きは都市に限ったことではない。「エコノミック・プロファイリング（経済的な側面からの人物評価）」は国の直轄地でもなされている。アリゾナ州ココニーノ国立森林公園では、森林警備隊が車内で寝泊まりしているキャンパーの住所を聞き取っている。そして相手がノマドで定住地がないらしいとわかると（たとえばクォーツサイトでブーンドッキングしてきた車であることを示すステッカーは、その証明とみなされる）、国有林を「住居に利用」した廉《かど》で違反切符を切り、立ち退きを命じるのだ。(5) オレゴンの地方紙『ステーツマン・ジャーナル』が最近報じたところでは、長期にわたる使用が疑われるキャンプ地の位置を市民が通報できるアプリを、森林局が開発中だともいう。(6)

ラバートランプに対する否定的な見方は、昨日今日に始まったことではない。トレーラーハウスの人気が沸騰した一九三〇年代の半ばから後半にかけて、メディアはトレーラーハウスの住人を、中流階級の道徳を脅かすとしてやり玉に挙げた。移動する脅威、居候、たかり屋、社会の病原菌、根なし草、ごろつき、怠け者、寄生虫、責任逃れなどなど、口をきわめて責め立てたのだ。

「税収不足に悩むこのアメリカで、ガソリン・ジプシーは他の国民より少ない税金で社会的サービスを受けている」。『ニューヨーク・タイムズ』は、一九三七年の社説でこんなふうに糾弾した。(7)

同じ年に『フォーチュン』誌もこんな問いかけをしている。「だれが大量の放浪者の責任を負うべきか？　税金も収めずに車版の新種のスラムをつくり、そこかしこを不法占拠しては短期間ずつ居住する、寄生植物のような根なし草の責任を？」(8)

キャンピングカーの製造会社キャラバン・トレーラーは、自社の製品（全長三・三五メートル、四二五ドルの低価格モデル）に「タックス・ドジャー（税金逃れ）」というふざけた愛称をつけて、この風潮を痛烈に皮肉った。(9)

だが、三〇年代のトレーラー熱はすでに過去のものだ。愛好者のほとんどは景気の回復とともに伝統的な住宅に舞い戻った。だが、私がインタビューした現代のノマドの多くは、二度と以前の暮らしに戻るつもりはないと言う。彼らには主流の住居形態に再吸収されるような意思も計画もない。そうなると彼らの多くは、時たま人前に姿を現すことはあっても、死ぬまで身を潜めて生きていかなければならない。

ラヴォンヌはその春、サンディエゴでステルス・キャンピングをしていたとき「ノック」に見舞われた[10]。幸い、ヌーナズ巡査は友好的だった。中の人が生きているのを確認したかっただけだと言い、覚醒剤をつくっていないかチェックした。それで済んだのは運がよかっただけだと、ラヴォンヌにはわかっていた。車は新しくてきれいだし、愛犬はかわいい。しかもラヴォンヌは白人だ。ヌーナズ巡査は出頭命令を出さなかった。だが、ラヴォンヌの氏名とラヴァンヌ2のナンバー、メーカー、モデルを書き留めていった。身元が割れたのだ。すぐにまた移動しなければならない。

第11章　RTRへの帰郷

テキサスのキャンパーフォースを離れて二週間がたち、感謝祭がやってきた。私はリンダに感謝祭の挨拶がてら、近況を尋ねる電話をかけた。

状況は思わしくなかった。娘一家がミッションビエホの賃貸アパートからの立ち退きを命じられていた。娘婿は一年前、めまいと偏頭痛のために勤め先を辞めざるを得なくなったが、そのときから受け取っていた短期障害手当の支給期間が終わった。家賃を払えなくなったため、リンダは倉庫に眠っていたエルドラドを譲った（夏にすんでのところで売るところだったが、取引が成立せずに終わっていた）。寝泊まりできる全長八・五メートルのキャンピングカーがあるのは幸いだったが、大人二人、ティーンエイジャー三人、犬四匹の娘一家には狭すぎるのが心配だった。計画では、娘のオードラと娘婿のコリンがベッドで、孫息子のジュリアンが運転席上部のロフトで、孫娘のギャビーとジョーダンが折りたたみ式の食事コーナーで寝ることになっていた。犬はどこにでも寝られる。

一八五平米のアパートと付属のガレージを空にするために、一家は所持品を売りさばこうとしていた。「テレビに出てくる溜め込み屋《ホーダー》みたいに、モノが溢れてるのよ」とリンダは言った。娘のオードラは子どもたちひとりひとりにラバーメイド社製のプラスチックケースを手渡し、そのケースに入る分だけなら持ち物をとっておいていいと言い渡した。リンダはこの大がかりなガレージセールを手伝った。売り物は布や本が詰まった箱、スケートボード、ベッドの枠、芝生の端に、壁に沿ってきちんと吊るした服などだ。音楽の才能に恵まれたジュリアンは楽器の大半を手放した。大好きなアコーディオンともお別れだ。メークアップアーティストを目指すジョーダンは大量の衣類を手放した（「あの子はまだ諦めきれないんだけどね」リンダはさばさばと言った）。二度の週末にかけて行ったガレージセールで、一家は一〇〇〇ドルの現金を手に入れた。ガレージに入っているスクイーズ・インを見て値段を尋ねた客も数人いた。リンダは心が動いたが、売り物ではないと断った。

平気なふりをしてはいたが、リンダはこの災難に打ちのめされた。「疲れ果てたわ。まだ手伝っているけど、少し距離を置くことにしたの」と彼女は言った。そんな状況でも、空っぽになった家の中で感謝祭のディナーだけは食べようと予定していた。コストコでもラルフスでもターキーは売り切れだけど、ハムで立派にやれると思うわ、とリンダは言った。

一二月の後半、私はもう一度リンダと話した。ラヴォンヌがミッションビエホに来て、娘一家のキャンピングカーへの引越しを手伝ってくれたという。それが終わると、リンダは路上に戻ると宣言した。クリスマスを一緒に過ごせないと知って、みんなが悲しんだ。オードラは泣いた。

リンダとラヴォンヌはミッションビエホからスラブシティに向かった。ソルトン湖近くの、不法占拠者のキャンプ地だ。スラブシティについてはもう何年も前から話に聞いて、行ってみたいと思っていた。到着したときにはすでに暗く、見て歩くには遅かったので、路肩に車を停めて眠ったが、朝になってみると、あたり一面にゴミが散らかっていた。二人はラヴォンヌの車に同乗して、もう少しましな停泊場所を探しに行った。フェイスブックで知り合ったラヴォンヌの友人が、スラブシティにいるはずだった。探し当てると、友人は事もなげに言った。昨夜リンダたちが停泊したのは「覚せい剤の常習者がたむろしている場所」だと。リンダは動転した。スクイーズ・インと牽引しているジープは、まだあそこに置いたままだ。盗みにでも入られたらどうしよう？　ふたりは大急ぎで戻った。スクイーズ・インは無事だったが、もはやここでは安心できない。リンダとラヴォンヌはただちにスラブシティを離れ、エーレンバーグにいるＲＴＲの仲間の元に向かった。

ストレスの多い数週間を過ごしたあとだけに、友だちと再会するのは良い気分だった。リンダとラヴォンヌはしばらくそこに滞在し、共同で郵便私書箱を借りた（費用は折半してクレジットカードから引き落としたとリンダは言った。ラヴォンヌからはけっしてお金を借りられない、なぜなら彼女はいつでもなんでも喜んで共有するが、借金の返済を受けつけないからだ、と。「年金が入ったときに五〇ドル必要になった人がいると、ラヴォンヌはその人に五〇ドルあげちゃうの」だそうだ）。お金のない生活の辛さを腹蔵なく話し合ったあと、二人はカート・ヴォネガットの小説『スローターハウス５』[1]のこんな一節をフェイスブックに書き込んだ。

アメリカは地球上で最も豊かな国である。しかし国民の大半は貧しく、貧しいアメリカ人たちは自分を卑下せざるをえない状況におかれている。（中略）賢く、徳が高く、したがって権力や富を持つもの以上に尊敬される貧民の物語は、世界各国の民間伝承に見うけられる。しかしアメリカの貧民のあいだに、そのような物語は存在しない。彼らはみずからを嘲り、成功者たちを称揚する〔伊藤典夫訳、早川書房より〕。

ある晩ラヴォンヌの財布が見えなくなった。車のなかのどこかにはあるはずなのだが、狭いスペースでは驚くほど簡単にものがなくなる（ラヴォンヌの友人はこの現象を「車上生活者のブラックホール」と呼んでいる）。そこでラヴォンヌは気にしないことにして、スクイーズ・インにリンダの顔を見に行った。リンダはチョコレートを分けてくれた（リンダって最高。ずっと欲しかった、ほんとうの友だちよ。相手を値踏みもせず、損得も考えずに、純粋な友情と愛で支えてくれる。そのうえ、食べるものまで分けてくれるんだもの」ラヴォンヌはのちにブログにそう書いている）。[2]ところが急に心配になって、ラヴォンヌは自分の車に戻った。心配したとおり、車のキーをインロックしてしまっていた。キーはイグニションに刺さったまま、車中には愛犬のスカウトが取り残されている。リンダといっしょにドアをこじ開けようとしたが、だめだった。ボブのところへも行ってみたが、ボブにも良いアイデアは浮かばなかった。ＡＡＡ〔アメリカ自動車協会。日本のＪＡＦにあたる〕にも電話したが、道路が舗装されていないへき地にはサービス員は派遣できないという。スカウトのえさと飲み水は車内にあるので、明るくなってからゆっくり解決策を考えることにした。リンダがいびきを録音しているとも知らず、ラヴォンヌはスクイーズ・インの小さなマットレスの上で、リンダの隣で眠った。朝、リンダはその録音をラヴォンヌに聞かせた。「ネコが喉をごろごろ鳴らしてるみたいな音ね！」そのときには消防署員がスカウトを車から救出してくれていたが、かわいそうな犬はあたりかまわず排便していたので、ラヴォンヌはその日の大半をコインランドリーで過ごす羽目になった。

クリスマスイブのポトラックパーティーには二四人が集まった。リンダはそこで初めてスワンキー・ホイールズに会った。ＲＴＲでヘアカットのボランティアをしていたキンダル・ディモンはアート作品でみんなを笑わせた。石を積み上げてニンジンの鼻をつけ、「ロッキー・スノーマン」をつくったのだ。

キャンピングカーの中でパンケーキを焼くラヴォンヌ

ラヴォンヌは数人の友人と、ロス・アルゴドネスに行こうかと相談していた（リンダも行きたかったが、パスポートをとる必要があった。そのためには六月に失効した運転免許を、エーレンバーグの郵便私書箱を新住所にして更新しなければならない）。

クリスマスの朝、ディモン夫妻はみんなにプレゼントを配った。クリスマス用のリボンとキャンディーで飾った、パック入りのキッチンペーパーだ。いっぽうリンダはラヴォンヌのために特別な朝食を用意した。スワンキーに教わった、パンプキン・パンケーキのクランベリーソースがけだった。

その年の一二月に電話で話したとき、リンダはいろいろと近況を報告してくれた。たとえば、一酸化炭素報知機を三〇ドルで買ったのだが、トイレ用のバケツに落としてしまったとか、シンディ・ローパーの自伝を読み終えたばかりだとか。クォーツサイトの長期滞在者用エリアにいた車上生活者の車が漏電で火事になり、持ち主と二匹のネコは辛うじて逃げおおせたが、住んでいた車と所持品はすべて焼けてしまったとか。

二〇一六年のRTRには来るのか、とリンダに訊かれた。RTRは二週間後に迫っていた。リンダは行くつもりだという。彼女にとっては、二〇一四年に初参加して私と出会ったとき以来のRTRだ。私は必ず行くと約束した。

◆

暗闇のなかミッチェル・マイン・ロードを走っていると、赤い火が二つ、遠くでストロボのようにぴかぴかしているのが目に入った。私がRTRのキャンプ場を見つけられるよう、リンダが非常点滅灯をつけてくれたのだ。私がヘイレンを乗り入れたときにはもう一〇時になっていたが、リンダは非常灯を取り入れに車から出てきて、挨拶してくれた。そして私をスクイーズ・インに招き入れ、グラスに水をついでくれた。目もくらむばかりにまばゆい光を放つ非常灯の一つが、どうしても消えなかった。「冷蔵庫に入れちゃえばいいわ!」私が冗談を言うと、リンダはそのとおりにした。

私が到着した一月半ばには、RTRは半分ちかく終わっていた。はじめは雨が降っていたので集会の開始が遅れ、ノマドは車内にとどまりがちで交流がふるわなかったが、天気は回復してきた。ほどなく参加者数はリンダが初参加した二年前の約四倍に膨れ上がり、ボブがのちに推計したところでは二五〇人ほどが集まった。古参のメンバー数人と筋金入りの引っ込み思案は、集団があまりに大きくなりすぎたと感じて欠席していた。この大人数を活かそうと、あるメンバーは近く抽選が行われるアメリカの宝くじ「パワーボール」用の共同基金を始めた。大当たりのジャックポットの賞金は、史上最高の一五億ドルだ(3)。

セミナーの内容は以前のくり返しが多かったが、新しいイベントもあった。より安上がりで人目につかない車上生活の方法として、小型車の中で暮らす方法を教えるセミナーもその一つだ。講師陣には元プロの陶芸家、デイビッド・スワンソン(66)もいた。両手に重症の関節炎を患い、いまは障害年金だけでなんとか暮らしている。一年半前、二〇〇六年モデルのプリウスに移り住んだ。事故で大破し、回収されていたのを六〇〇〇ドルで買い取ったのだという。

デイビッドは受講者に語りかけた。「ぼくにとって一番大切なのは料理と睡眠だ。この二つをしているとき、ぼくはリタイア後の男の冒険をしている気がする。いま、世界を目にしている！　いま、人生を楽しんでいる！　ってね。寝心地のよいベッドと料理さえあれば、ホームレスって気はしない。でもこの二つがなかったら、ぼくはホームレスになってしまう」

デイビッドは、運転席以外の座席を取り外し、代わりにがっしりしたカウンターを造りつける方法を説明した。彼が材料に使ったのは現役時代に何十万個も陶器をつくってきた作業台の、厚さ五センチのチーク材だ。いまは調理台として、ＩＨ式のホットプレートを置いて使っている。ホットプレートの電源はコンバーターをとおして車のバッテリーからとる。夜はこのカウンターの上にキャンプ用のエアマットレスを敷き、寝袋に入って眠る。プライバシーを保ち外の光を遮断するため、縁にボタンホールのある遮光カーテンもつくった。窓の上のフックにこのボタンホールを引っ掛けて使う。スペースを広げるための特別仕様のテントもあって、リアゲートを上げているときに車の後部につなげて使っている。

デイビッドはまた、プリウスを住居とすることの最大の利点を説明した。プリウスは本質的に、車輪の上のコンピューター制御つき発電機だ。眠っているあいだも、内蔵のバッテリーを電源にして冷暖房をかけっぱなしにできる。眠っていても、一時間に一度か二度、自動的にエンジンがかかって充電してくれるのだ。

一度諸条件に慣れてしまえば、プリウスに住むのは多くの点で快適だとデイビッドは言う。「朝スターバックスに車を停めてＷｉＦｉをつかうときも、中に入っていって行列に並ぶあいだにコーヒーの用意ができる」と言って、デイビッドはからからと笑った。「夜の娯楽もちゃんとある。運転席に座り、タブレット端末をマジックテープでサンバイザーにとめる。座席をリクライニングすれば、映画鑑賞の夜ってわけだ」

小型車セミナーの数日後、ＲＴＲではもう一つの新イベントの準備が進んでいた。しろうと演芸会だ。リンダは茶色の紙袋にキャンドルを入れて火をともし、小石で押さえてお手製のフットライトをつくった。ライトは即席のステージのまわりをずらりと囲んで、暖かくまたたいた。演芸会は日暮れに始まった。音楽の演奏があった。ひとりはジェンベ〔西アフリカの伝統的な太鼓〕を叩き、別のひとりはチベットのシンギングボウル〔鈴（りん）に似たチベット仏教の法具。楽器としても使われる〕を演奏した。ギターを弾きながらボトル・ロケッツの歌をささやくように歌う人もいた。「一〇〇〇ドルの車なんて、なんの価値もありゃしない。一〇〇〇ドルをとり出して火をつけて燃やすようなもんさ」。お笑いもあった。タコがバグパイプと愛し合おうとする一人芸もあれば、「キャンプとは、お金のかかるホームレス見物だ」なんていう寸言もあった。上半身裸で肩の関節を外し、背中で組んだ両手を頭の上から胸の前まで回してみせる軽業師もいた。空手の名人は、厚い木の板を素手で叩き割った。さかりがついてダンサーの脚にまとわりついてばかりいる犬に向かって「ジュリオ！　ジュリオ！」とわめきながら何度もステージに乱入する、うるさい酔っぱらいがいた。観客は怒りの目を向けたが効果はなく、しまいには叱りつけて静かにさせ、酔っぱらいと犬をステージから引きずり下ろした。

楽しい雰囲気ではあったが、なんだか去年より空気が暗いような気がした。あるセミナーで、ボブは「リアルＩＤ法」のことを口にした。運転免許証交付の際のセキュリティ基準を強化する施策だ〔リアルＩＤは連邦統一基準での運転免許証や身分証。9・11同時多発テロを受けて二〇〇五年に成立した。これにより、各州が施行に向け動いている〕。ノマドは長年、郵便転送サービスの住所を居住証明に使ってきた。だがリアルＩＤ法以来、車両管理局に住所をインターネットで確認されることが増えている。どこかの店の住所を使っていたのがばれれば、実際の居住地を要求される。リアルＩＤ法のねらいはテロの根絶だが、ノマドはますます生きづらくなり、その結果、家族や友人の家にいると嘘をついたり、たまたま見かけた売り物件の住所を借用したりして、いんちき情報をひねり出さざるを得なくなっている。

「政府は国民に定住して欲しいんだ」ボブは受講者に警告した。「ぼくたちが何をしているか、政府は知っている。そしてたゆまず規制を強化し続けている」

そのころから、私の頭のなかには、あるクエスチョンマークが浮かんだまま消えなくなった。この人たちはみんな、どうなるんだろう？　とくにリンダは、まだアースシップを建てる気まんまんなのだろうか？　数カ月前には、また土地探しのターゲットを変えて、コロラド川に近いカリフォルニア州ビダルにしたと言っていた。だが、リンダはＲＴＲではそのことについてはあまり語らなかった。私が訊くとリンダはあまり気のない声で言った。このあいだのミッションビエホのガレージセールで、アースシップの本を何冊か手放したわ、と。

何年も前からノマドたちはお金を出し合って共同の土地を購入しようと話し合っていたが、いっこうに実現しそうにない。成人した子どもに呼び寄せられるか、アパートを借りるかした結果、路上から普通の住宅に戻ったノマドも何人か知っている。だが、全員に子どもがいるわけではないし、次世代は次世代なりの財政難を抱えている。両親の面倒をみるどころか、子ども自身が食べていくだけで精一杯、というケースも多い。

テキサスに、歳をとって運転できなくなった路上生活者を受け入れる生活支援センターがあると聞いたことがあった。「エスケーピーズ《離脱者》・ケア」がそれで、リビングストンの大規模RVパーク「レインボーズ・エンド」の附属施設だ（公式ウェブサイトの「よくある質問」ページには「〝ケア〟っていうのは死に場所だっていうのは本当ですか？」なんていうお先真っ暗な質問が掲載されている）。エスケーピーズ・ケアの「入居者」は自前のトレーラーハウスやキャンピングカーに居住する。だがキャンプサイトのレンタル料は、月八五〇ドル以上もする。オプションで介護サービスをつければ、週に二〇〇ドルが追加される。そんな値段では、私が出会ったノマドのほとんどは、とうてい手が届かない。

怖い話もある。おしゃべりするヨウムと暮らしているアイリスから聞いたのは、ロンという知り合いの話だ。クォーツサイトから六〇キロほど離れたウォルマートの駐車場でブーンドッキングしていたときに急性アルコール中毒で亡くなったが、一カ月も誰にも気づいてもらえなかったという。「イザヤ書五八章プロジェクト教会」のボランティアのベッキー・ヒルからは、三カ月にわたって教会で寝泊まりしていた八五歳の老人の話を聞いた。エーレンバーグ近辺の砂漠に停めたキャンピングカーの中で、亡くなっているのを発見されたという。「気をつけてあげる人が誰もいなかった」のを、ベッキーは悔いていた。

四年前に取材したキャンパーフォースのメンバーのひとりが、この年の二月に亡くなった。初めて会ったとき、パティ・ディピーノ（57）はカンザス州コフィービルのアマゾン倉庫で、深夜勤の収納係をしていた。招かれてお邪魔した彼女のキャンピングカーは、フォードモンテーラの一九九三年モデルだった。

パティは簿記係としてデンバーの建設会社に一五年間勤めたが、二〇〇九年に会社が休業になりレイオフされた。同じ頃、離婚のごたごたで住む家も失った。そこでキャンピングカーに移り住み、正社員への復帰を試みた。三〇年もの事務経験があるのだから、いくらかでも有利なはずだった。パティは数年間にわたって何千ものオンライン求人に応募した。だが無職の五〇代女性に対して、労働市場は厳しかった。努力はまったくの徒労に終わった。

パティはブラックコーヒーを注いでくれた。愛犬のサミー（体重二・三キログラムのチワワ）のこと、クォーツサイトでの滞在のこと、アドベンチャーランドの求人に応募しようと思っていることなど、話題は尽きなかった。「簿記係は最後に〝死ぬ〟わけじゃない。人生の〝帳尻を合わせる〟だけだ」なんていうジョークも教えてくれた。ひざ掛けを編んで、アフガニスタンで脚を失った車椅子の帰還兵に贈るのが趣味だとも言っていた（海軍帰りの娘がいて、カリフォルニアの海軍基地で配ってくれるのだそうだ）。

アマゾンで時給一〇ドル五〇セントで雇ってもらえたのはうれしかったが、稼いだお金をアマゾンでは使いたくないとパティは言った。「私、言うの。『ねえ、ウォルマートやアマゾンで買い物するのはやめましょう。町を歩いて、小さい昔からのお店で買いましょうよ。巨大企業の儲けを減らしてやるのよ』って。そうでもしないと、お金持ちはいよいよお金持ちになるいっぽうでしょ。ここに座ってる私たちは、そのあいだにどんどん貧乏になってるのに」

このまま一生、放浪を続けたくはない。永続的なコミュニティの一員になるのが夢だとパティは言った。「郡かどこかが一種の学校のようなものを作って、高齢者に自分の庭やメタンをつくらせてくれればいいのに。食料やら燃料やらをつくれたら、台所はあるから料理もできる。私たちにどれだけ底力があるか、みんな知らないのよ。もしそんな庭が持てたら、食料が自給できる。そっちの知識がある人もいる。高齢者には長年の経験ってものがあるんだから」

パティは六〇歳で亡くなった。聞いたところでは、がんの放射線治療を受けていたらしい。彼女のフェイスブックに、友人からこんな追悼の言葉が寄せられていて、私は泣きそうになった。

とうとう借金とおさらばね。そして、永遠の住み処に落ち着けたわね! もう砂漠やカンザスで凍えることもなければ、狭いところで窮屈な思いをすることもないわよ。電話を切るときいつも言っていたことだけど、パティ、大好きよ。会えなくてとてもさびしいわ。

一度、タロット占いの得意なシルビアンに、長期的な計画を尋ねたことがある。「ずっとこうしているつもりよ」とシルビアンは言った。「『テルマ&ルイーズ』みたいに、最後には車に乗ったまま崖から飛び出すしかなくなっても、かまわないわ」

アイリスにも同じ質問をした。「砂漠で死んでたら見つけてちょうだい」というのがアイリスの答えだった。「私を埋めて石でも積んで、あとはそっとしておいて」

ボブには先行きについてのもっと具体的な計画があった。「長い大きな溝を掘ろうと思っている。安いスクールバスを買って南に窓を向けてその溝の中に置き、北側と屋根を完全にコンクリートで塗り込める。動かなくなったスクールバスは、五〇〇ドルぐらいで買える。ものすごく頑丈で長持ちするよ」だがそこに住むのも難しくなったら、大自然のなかに出て行って拳銃自殺するつもりだ。「砂漠のなかの白骨。それがぼくの長期計画だ」とボブは言った。

ボブが計画しているわびしい終末は、言外に重大な意味を含んでいる。文明の未来には絶望した、と言っているのだ。差し迫った環境破壊と経済崩壊によって、人間社会は近々壊滅するとボブは予想している。「一九二九年の大恐慌がのどかな午後の公園のお散歩に見える」ほどの、桁外れに大きな経済破綻が起こるだろうと。(4)

ボブが人の増えすぎた地球の運命を案じるいっぽうで、ボブのブログの読者のなかには、車上生活者があまりに増えていることを心配する者もいる。そういうノマドは、ボブをはじめとする車上生活の伝道者が秘訣を教えるのを、やめてほしいと願っている。あまり注目を集めすぎると目立たずに生活するのがさらに困難になり、警察に検挙されかねないからだ。

ある午後私は、自称「むっつりグリンゴー」がタコスを売っているクォーツサイトのスタンドに出かけた。グリンゴーはもう一年もこの店を売りに出している。値段も下げ続けているが、買い手がつかないのだそうだ。私がブリトーを注文すると、グリンゴーは言った。死に場所を求めてクォーツサイトにやって来る老人たちをテーマに、映画の脚本を書きたいんだ、と。私は驚いて目をみはった。聞けば去年だけで五、六人の自殺者が出たという。「ここには何もないからね」グリンゴーは暗い声で言った。私はブリトーを受け取り、スタンドをあとにした。

ＲＴＲで、去年会ったピーター・フォックス（66）と再会した。去年ピーターは、車上生活の予行練習のため、レンタルのキャンピングカー「ウェストファリア」で参加していた。サンフランシスコのタクシー業界で二八年間、運転手や配車係、メダリオン〔アメリカでタクシー業を営むために必要な営業許可証。数年前までは、高値で取引される金融商品でもあった〕のオーナー、経営者などを経験してきたが、ウーバー（Uber）の台頭で業界からはじき出された。「か弱い市民どうしが助け合う、シェアリングエコノミーの時代になったんだ」とピーターは肩をおとした。「家賃と食費の両方を払うのはとても無理、ってところまで追い込まれたよ」メダリオンを売れば、税引き後でも一四万ドルにはなるはずだから、その利益で引退生活に入る予定だった。だが、売却には市の仲介が必要なうえ、メダリオンの需要は落ちている。再会したときもピーターはまだウェイティング・リストに載ったままだった。半年前から一二人乗りの白いフォードＥ３５０に住んでいるという。愛車の

キャンピングカーのそばに設営した野外キッチンでコーヒーを沸かすピーター

名前は「ペリカン」だ（「ペリカンはゆっくり低空飛行をするからね」とピーターは言った）。車内には魔除けのガネーシャ〔象頭のヒンドゥー教の神〕の像が祀られていた。

ピーターがワーキャンパー向けの仕事を見つけたいと言うので、私たちは乗り合わせてビッグテントに向かった。ピーターはキャンプ場スタッフの採用担当者のところへ行って「退職せざるを得なくなったので、お金を稼ぎたいんです」と言った。ピーターがそのまま面接を受けたので、私はその場を離れた。あとで町で簡単な夕食をとったあと、キャンプ場に向かって走っているとき、ピーターは言った。「毎晩いまくらいの時間になると、思い知るんだ。これは休暇や旅行じゃない、これがぼくのいまの生活なんだ、ってね」

数日後、私たちはピーターの車の外にさしかけたタープの下でおしゃべりしていた。「ぼくはいまだに怖さ半分、楽しさ半分だ」ピーターは言った。私たちは将来の話をした。「キャンプや車上生活が難しいほど年をとったら、みんなどこへ行くのかだって？」ピーターは考え込んだ。そして言った。RTRに看護師がひとりいて、指にできた腫れ物を切開してもらえたのはありがたかった。ノマドの診療をする移動医療チームか、道路沿いの診療所のようなものができるといい。とくにノマドが集まる国立公園や無料キャンプ場には何らかの医療サービスが必要だ。また、高齢の車上生活者のためのNPOを立ち上げられたら最高だとも考えている。そういう趣旨なら、寄付してくれる人がいるのではないだろうか？　孤独な老人の寂しさを歌ったジョン・プラインの曲のタイトルをとって、NPOの名前は「〝ハロー・イン・ゼア〟基金」がいい〔「ハロー・イン・ゼア」は「こんにちは、調子はいかが」という声掛けの言葉。老人を尊重する姿勢が表れている〕。その曲は聞いたことがないと私が言うと、ピーターはギターと楽譜をひっぱり出して歌いだした。そして老境の孤独を癒やしてくれる、温かなふれあいを乞うサビのところを、ひときわ高く歌い上げた。

私は訊いた。先々の計画はありますか？

「死なない。年をとらない」ピーターは言った。「わからないよ」。そしてつけ足した。甥っ子と姪っ子が、どうにもならなくなったら一緒に住もうと言ってくれたのだと。

◆

RTRの終盤、みんなはアマゾンのダンボール箱で小さなトラックをつくり、その車体に全員でサインをした。そして最後の晩に、それをキャンプファイヤーに投げ込んだ。彼らはこの新たな儀式を「バーニングヴァン」〔人型の像を燃やす大イベント「バーニングマン」のもじり〕と名づけ、自作の替え歌を記念に歌った。元歌はマルヴィナ・レイノルズの一九六二年の作品、郊外に住む人たちの画一性を風刺した「小さな箱」だ。

砂漠のなかの小さな車
どれもこれも安っぽいつくり
砂漠のなかの小さな車
だけど同じ車は一つもない

白い車、白い車、
もう一つ白い車に、花を飾った車
どれもこれも安っぽいつくり
だけど同じ車は一つもない

住んでいるのはラバートランプ
世界で一番いい人たち
箱には入ろうとしない人たち
だけど同じ人は一人もいない

私たちはフレンドリー
私たちはファミリー
私たちは集まるのが大好き
どこまでも同じ景色が広がる
砂漠のなかで

立派な建物もお風呂もない
センターステージだってありゃしない
だけどキャンプファイヤーで友情が生まれる
だれもかれも安っぽいつくり
だけど同じ人は一人もいない

みんな「バーニングヴァン」の儀式を喜び、今後は年中行事にしようと誓った。だれかが言った。たぶん来年は、燃やす車をベニヤ板でつくることになるだろうね。そうすれば、もう少し長く燃やせるから。

◆

リンダのところに家族からの近況報告があった。孫たちはいま、エルドラドの脇にテントを設営して、そこに寝泊まりしている。大きな嵐のときには防水シートが風でめくれ上がり、水浸しになった。テントの底面からも浸水した。孫娘の一人がきれい好きでいつも掃除機をかけていたのだが、生地ごしに地面の砂粒を吸い込んだせいで、細かい穴が開いてしまったのだ。孫たちはその穴をダクトテープでふさいだ。みんなよく頑張ってるわ、とリンダは言った。

その頃、リンダも新しい試練に直面していた。夜間に運転していると、視界の真ん中に黒い点が現れるのだという。ジープの計器盤も壊れていたが、そのことに気づいたのは私たちが町から帰る途中、スキャダン・ウォッシュを通っているときだった。「スピードメーターがなきゃお手上げよ。まったく」リンダは言った。「いつも何かしら問題が持ちあがるんだから」

リンダとラヴォンヌは、この春は一緒に働こうと、ワーキャンパー向けの仕事を探した。そしてカリフォルニア・ランド・マネジメントのキャンプ場スタッフの仕事を決めていたのだが、ちょうど私がRTRを離れようとしたとき、電話が入った。決まっていたはずの仕事がなくなったという知らせだった。

◆

この年のRTRの終了をもって、私はこの本を締めくくるつもりだった。リンダがRTRに戻ってきて家族同然の仲間に囲まれ、移動労働者としての年ごとのサイクルを再スタートするところで。RTRが終わると、リンダはキャンプを畳み、数人の仲間とエーレンバーグに向けて出発した。続く数週間で、リンダと新しい仲間との絆はいよいよ深まった。だがエーレンバーグで、リンダは重症の気管支炎にかかってしまった。料理もできないほど弱ってスクイーズ・インのなかに横になっていたリンダに、電気も水道もない不自由な生活をしている仲間たちが、ゆで玉子、トマト、ソーセージなどの食べ物をもってきてくれたという。私もその前年、そういうシーンに遭遇していた。ベスという女性が「ザ・ビースト」と呼ぶ愛車から降りるときに足を踏み外し、左腕を骨折した。すると「ヴァニリー」のメンバー二人が「回復キャンプ」なるものを設営し、ベスがまた動けるようになるまでのあいだ、靴紐を結ぶことからブラジャーのホックをとめることまで、片腕ではできない動作の多くを手助けしたのだ。

その二カ月後、電話で近況を話し合っていたとき、リンダから驚きの報告があった。アースシップを建てる土地を見つけた、というのだ。

クレイグスリストに五エーカー〔約六一二〇坪〕の売り地が出ていたのが発端だった。土地は国境の町アリゾナ州ダグラス近くのチワワ砂漠の西端、メキシコとの国境から北に一四・五キロの場所にあった。その一帯はリンダが初めてRTRに参加したあとも物色し、あまりに辺ぴで他から孤立していると、却下した場所だった。だが、いまはあのときとは感じ方がちがうのだという。「時間はどんどん過ぎるわ」リンダは言った。「あとどれくらい健康でいられて、家を建てる体力が残っているかしら？　自分のために建てた家に住めなかったら、すごくもったいないでしょう」ひとりぼっちで寂しくならないかしら、と私は訊いた。「友だちが大勢、あの道を行ったり来たりしてる。私のところにも寄ってくれるはずよ」リンダはRTRの仲間のことを口にした。「ひとりぼっちになんてならないわ」

リンダが見つけた土地は辺ぴな所にあるので、四エーカー以上の土地に住宅を建てる場合、郡の建築基準の対象にならない。言い換えれば、アースシップの考案者マイケル・レイノルズが「自由のポケット」と呼んだ規制のない土地で、実験的な建築物に豊かな可能性を与えてくれる場所だ。標高が一三〇〇メートル近く、夏もそこまで暑くならないはずだ。もしあまりに暑いようなら、周辺の山でキャンプ場スタッフを募集している。

クレイグスリストの広告には「未整備の空閑地。公道からのアクセス非常に良好。電気、井戸、下水なし」と書かれ、果てしなく広がる荒涼とした砂漠の写真が添えられていた。写真で見る限り、人家は見当たらない。ほかにも難点が明記されていた。区画に接する道路はどれも、メスキートが伸び放題になっている。道路の一本は涸れ谷を突っ切っているが、豪雨の際はその谷に鉄砲水が発生する可能性が高い。

結局、値段の安さが決め手となった。付け値の二五〇〇ドルを、無利子でごく少額ずつの分割払いにすることで折り合った。合計金額に達するまで、毎月二〇〇ドルを支払うという条件だ。サン・バーナーディーノ山地でキャンプ場スタッフをしていた一年前、リンダは新興企業の設立者が書いた『夢を実現する』〔*Making Ideas Happen: Overcoming the Obstacles Between Vision and Reality*, Scott Belsky, Portfolio, 2010〕という自己啓発本を夢中で読んでいた。なぜそういう本を読んでいるのかと訊くと、娘婿にプレゼントしたのだが興味がなさそうだったので、自分でじっくり読んでみることにしたのだという。「なにしろアースシップの計画が頓挫しているでしょう」リンダはわかりきったことのようにそう言った。「なにが〝障害〟になっているか? 財政問題よ。でも、それってほんとうに〝障害〟かしら?」リンダは言葉を切り、タバコをもの思わしげに吸い込んだ。そして、RTRでアースシップの計画を公表しようかしら、協力してもらえるかもしれないから、と言った。「私の土地でキャンプしない？　お代は一泊につき土を詰めたタイヤを一つって、そう言うの！」リンダは笑った。「もちろん、来た人にはもっとたくさんのタイヤに詰めてもらうけどね」

クレイグスリストで初めてその土地の広告に目をとめたとき、リンダはそこから車で一二時間以上かかるセコイア国立森林公園で、キャンプ場スタッフをしていた（結局、リンダはまたカリフォルニア・ランド・マネジメントに雇われていた。約束を取りつけていた仕事の募集終了を言い渡されたあと、別のキャンプ場で募集がかかったのだ）。そのため、土地を自分で見に行くのは無理だった。そこでコチセ郡の税査定官のウェブサイトにアクセスし、売地の区画番号を入力した。表示された緯度と経度をマップクエスト（地図版ウィキペディアとも呼ばれる、オープンソースの地図サイト。地図検索、ナビゲーションなどの機能がある）に入力すると、その座標の衛星写真が表示された。写真には、シャパラルが生い茂る黄土色の土地が写っていた。その上を、涸れ谷が手相のように縦横に走っている。

リンダは頭金を支払い、「土地を買いました」とフェイスブックに投稿した。

「やった！　実現に向けて動きだしたわね」アマゾンのキャンパーフォースで知り合ったアッシュから、コメントが届いた。「建設作業員が必要になったら知らせてね！」

「すごい！　すごい！　うらやましい！　近くを通ったら寄るから、家づくりを手伝わせてちょうだい！」ウエンディもコメントを寄せた。ウエンディはボーイフレンドと愛犬たちと一緒に「車輪の上の小さな家」――コンポスト式のトイレと薪ストーブを設置した古いスクールバス――で暮らしている、ノマドの友人だ。

リンダはキャンプ場スタッフの仕事が終わったら、次のアマゾンの仕事が始まる前に土地を見に行く予定だった。キャンプ場でコンビを組んで働いていたＲＴＲメンバーのゲイリーとリンダは、夏のあい

リンダの土地への進入路。砂漠のやぶの中に消えている

だにとても親しくなっていた。そのゲイリーも次にアマゾンの仕事が決まっているが、一緒に土地を見に行きたいと言いだした。ゲイリーはリンダにべた惚れのようだったが、リンダは恋人になったものかどうか、迷いに迷っていた。

私も一緒に土地を見に行っていい？　私は訊いた。リンダは了承し、私はフェニックス行きの飛行機を予約した。だが、七月半ばの出発直前になって、リンダたちの予定が変わったと知らされた。ゲイリーが軽い脳卒中を起こしたので、ふたりでRTRの仲間がいるフラッグスタッフに行き、ゲイリーの回復を待つ。土地を見に行くのは延期する、という。ゲイリーの容体だけでなく、目的地の暑さも心配だった。二七度～三二度ぐらいなら想定の範囲内だったが、天気予報では三九度以上になるという。折悪しく、ジープの冷房が壊れていた。そのうえアマゾンが指定してきた勤務開始日は思ったより早い八月一日で、その日までにケンタッキー州キャンベルズビルの倉庫に行ってキャンパーフォースのチームに加わらなければならない。チームは最終的には五〇〇人の大所帯になるという話だった。ふたりは暑い日中の運転をひかえ、ゆっくり時間をかけて移動しようと計画していた。「土地を見に行けないのは、すごく残念なんだけど」リンダは言った。疲れ切った声だった。

航空券も予約してしまったことだし、私は行くことにした。リンダの五エーカーの土地にはフェンスがないから、だれでも見に行ける。それに、ずっと気になっていた疑問が、リンダの土地に行けば解けるかもしれなかった。リンダが具体的に思い描いている未来は、あんな何もない砂漠の一画で、本当に実現できるのだろうか？　そもそも実現不可能な夢なのでは？

七月半ばの夜、飛行機はフェニックスの空港に着陸した。アリゾナは雨季だった。乗客が飛行機から降り始めたちょうどそのとき、私や他の乗客の携帯電話が一斉に非常警報を鳴り響かせた。国立気象局からの、砂嵐接近を告げる警報だった。この地域の砂嵐はハブーブという気象用語で呼ばれているが、アリゾナ州民のなかには、アラビア語に起源をもつこの言葉に憤慨している人もいる。ギルバートと名乗るアリゾナ州民が、『アリゾナ・リパブリック』紙にこんな投稿をしている。「地元のテレビニュースがこの種の嵐をハブーブと呼ぶのは侮辱だ。アリゾナの気象現象に中東の用語が使われているのを、紛争地から帰還した兵士が聞いたらどう思うだろうか？[5]」

機外に出たとたん、ヘアドライヤーのような熱気に息が詰まりそうになった。暗くなりかけた空いっぱいに土埃が舞い、白い光を反射して、ターマック舗装の滑走路の表面をミルクのように浮かび上がらせていた。

私はレンタルしたトヨタ・カローラの運転席に座り、ミラーの角度を調節した（ヘイレンはブルックリンの家族の元に置いてきた）。そこへ、リンダからのテキストメッセージが届いた。オクラホマシティの郊外、エル・リーノに落ち着いたところだ、ここで一泊する、という。昨夜の停泊地はニューメキシコ州トゥクムケアリだったから、今日一日で東に五六三キロ走ったことになる。リンダの用件は、明日の通信についての打ち合わせだった。

リンダは相変わらず買った土地を見たがっていたが、アマゾンの仕事が終わる一月まで見に行けなくなったので、私たちは新しい計画を立てていた。私は今夜ダグラスで一泊したあと、明日、砂漠に出ていく。リンダの五エーカーの土地に車で近づけるだけ近づいてから、ノートパソコンとスマートフォンを持って車を降りる。スマートフォンの地図にリンダの土地の四隅の地点をマークしておいて、GPS機能で方向を確認しながら、そこからは徒歩で進む。スマートフォンの電波さえ充分なら、道中の動画をリンダにライブ送信する。リンダは動画を見ながら、管制室から火星探査機を遠隔操作するパイロットのように、見たい方向を指示する。私は人力ローテク版の探査機というわけだ。

しばらく時差にまごついたが（アリゾナ州は夏時間を採用していない）、探査は私の時計で一時に、つまりリンダの時計で三時にスタートすることにした。リンダはこの探査計画に、早くも興奮しているようだ。「ダグラスにいるあいだに、ぜひともガズデンホテルを見に行ってね。大理石の柱とティファニーのステンドグラスがあるの。ダグラスが銅の精錬で賑っていた頃のものよ」。それから、「いま運転中？」というメッセージがきた。

いいえ、と私は返した。車は停めてある。運転しながらテキストメッセージは打てない。

「よかった」リンダは続けた。「ダグラスにはウォルマートがあるから、水をたくさん買っていくのを忘れないで」

忘れちゃいけないのは、水、日焼け止め、帽子ね。了解、と私は返信した。

「万一砂漠で動けなくなったら、土地を売ってくれた人に連絡するわね」というメッセージのあと、リンダは思い直したのかもう一度メッセージをよこした。「動けなくなったりしないでね」

砂漠の中の路面が柔らかすぎるようなら、舗装道路に戻って車を停めて歩く、と私はうけあった。リンダは安心したようだった。

「了解、車を出して。また明日」「あきれた女《ひと》ね。こんな無茶をしようだなんて、信じられない」リンダはたて続けにメッセージをよこし、「おやすみ」と締めくくった。

夜九時には空気は澄み、風も止んでいた。私はフェニックスを出て州間高速道一〇号線で南東に向かい、真夜中すぎにダグラスに着いた。翌朝、コチセ郡の税査定官のウェブサイトにアクセスし、リンダが買った長方形の土地の衛星写真を呼び出した。そして、それと同じ場所をグーグルマップで見つけ出し、ピン機能で土地の四隅をマークした。この状態で地図を保存すると、ピンは地図上で小さな金色の星になり、砂漠のうえに長方形の星座が現れた。私が今いるところから、北東に一四キロほどのところだ。そこを目的地に設定すると、地図上に青い丸印が表示された。

私は水のボトルを満杯にして、午前半ばの暑いダグラスへ出ていった。最初の目的地はダグラスの目抜き通り「Gアベニュー」。リンダが言っていた、壮麗な歴史的ホテルがあるところだ。だが、ホテルの周辺は空きビルだらけだった。どれも塗装が剥げたり、正面の壁が色褪せたり、窓がベニヤ板で覆われたりしている。歩道には人っ子ひとりいない。かつてここがアリゾナ最大の町だったとは、とても信じられない。一九〇一年の建設以来、ダグラスは、近くの銅山でとれる銅の精錬の中心地として何十年も栄えた。だが、その繁栄も永久には続かなかった。二〇世紀の後半、国民は大気汚染による健康被害と環境破壊に関心をもちだした。一九五五年には政治家が研究資金を出し合い、一九六三年には大気汚染防止法が制定され、関連法が整備された。[7] だがここダグラスを拠点とするフェルプス・ドッジ傘下の精製会社「ダグラス・リダクションワークス」は新たな連邦基準の適用をうまく免れた。一九八〇年代まで毎日、日に九五〇トンの汚染物質を排出し続け、酸性雨の原因となる亜硫酸ガスの国内最大の排出源となった。工場の排煙濃度があまりに高かったので、息遣いが激しくなるのを心配した医師は患者に運動を勧めるのをやめた。AP通信の取材に「ひどいときは、肺のなかがねばつくよ」と答えた近郊の町ビスビーのコーヒーショップ経営者は、家族をダグラスから脱出させる準備中だと語った。[8]

排ガス制御装置を設置するよう環境保護局に命じられたフェルプス・ドッジ社は、制御装置の導入に五億ドルをかけるかわりに精製所を閉鎖した。[9] 一九八七年一月半ば、作業員四人が最後の精製銅を取り出した。高い煙突から立ちのぼっていた排煙が止まり、谷間を覆っていたもやが消えた。以前の濃厚な空気を恋しがる者はいなかったが、失われたものは大きかった。三四七人が失業し、当時のダグラス経済の推計四分の一にあたる一〇〇〇万ドルの給与がふいになった。この損失はダグラスの住民を（まだ失業していなかった者も含めて）長く苦しめた。「精錬所の閉鎖に関わったろくでなし連中を、ひとり残らずロシアかカナダに追放してほしいもんだ。おれに言わせりゃ、やつらは共産主義かぶれだ」クアーズビールの販売員が『ボストン・グローブ』紙にそうコメントしている。[10]

ダグラスの経済は、いまも悪化の一途をたどっている。唯一の病院は二〇一五年に閉鎖され、新たに七〇人が失業した[11]。同じく元精錬の町シエラビスタとダグラスとを含む小都市圏は最近、都市の縮小速度で全米第四位にランクされた[12]。二〇一〇年から二〇一五年にかけてのダグラスの人口減少は、ラストベルトの二大都市（ミシガン州フリントとオハイオ州のヤングスタウン・ウォーレン・ボードマン大都市圏）より急激なのだ。

Gアベニューを歩いていくと、ダグラスの最盛期と現在の落差を示すものが到るところに見つかった。ガズデンホテルの向かいには一〇〇年の歴史を誇るブローフィー・ビルディングが建っている。かつてダグラスの商業活動の中心だったところだ。装飾的な外壁パネル、卵鏃《らんぞく》文様の彫刻、歯飾りコーニスに飾られた新古典主義建築の荘厳な外観が、閉店して板を打ちつけた周囲の店舗から妙に浮いている。そこから北に一ブロック行ったところに、ずいぶん前に廃業した映画館があった。入り口の「上映中」の文字の一部が消えている。一九一九年ごろ開業した映画の殿堂「グランド」だ。客席数一六〇〇席を誇るこの映画館を、後援者は「サンアントニオからロサンゼルスに至るあらゆる映画館のうち、最も美しい映画館」と称し、サイレント映画のBGM用パイプオルガンやティールーム、菓子店などの文化的設備とともに大いに宣伝したという。グランドは映画を上映するほか、ジンジャー・ロジャースのダンス・ショーからジョン・フィリップ・スーザの演奏会まで、多種多様な興行も行っていた。だが二〇世紀半ばのテレビの興隆とともに絢爛豪華な映画館の時代は終わりを告げ、グランドは一九五八年に歴史の幕を閉じた[13]。のちに天井が崩落し、いまは廃墟に木々が茂っている。一九八〇年代の前半に保護活動家らに一ドルで買い取られたが、修復にはおよそ九五〇万ドルかかるため、いまだに休眠状態だ。だが捨て置かれたこの映画館も、二〇〇〇年代に入ってからは少なくとも一つ、役割を担っている。ハロウィーンのお化け屋敷だ。復旧資金を募るための年中行事として、ボランティアが趣向を凝らした仕掛けをするのが恒例になっている。実在の葬儀会社が死体防腐処理所を建てたり、高校生が『ペット・セメタリー』の一シーンを演じたりといったぐあいだ。

ダグラスのこうした歴史に興味をそそられはしても、リンダにとって町の没落は悲劇ではなかった。低予算で実験的な家を建てようとしているリンダにすれば、物価が安いのはありがたい。すでに、不動産価格の低さに惹かれた起業家や芸術家が、わずかだが流入していた[14]。たとえばマンハッタンから移住してダグラスにコーヒーショップを開いたロバート・ウリベは、移住四年後に市長に選ばれた。バークリーの映画製作者ハロッド・ブランクは、独創的な改造車を展示する博物館「アート・カー・ワールド」を建設中だ。展示品は、ゴシック様式の尖塔とステンドグラスの窓がある霊柩車、カテドラルならぬ「カー・テドラル」や、一〇四五個のプラスチック製の馬をつけた、オートモビルならぬ「コルト《若駒》モビル」など、ユニークな車だ。コルトモビルの作者は、元アルコール依存症のベトナム帰還兵だそうだ。依存症を克服する過程で、飲みたくなるたびに馬を一頭ずつ貼りつけて、できたのがこの車だという。

だが、ダグラスには問題もあった。新しい家のことをいろいろ調べるうち、リンダは物騒な事実に行きあたった。「麻薬の密輸が横行してるっていうの。ダグラスはメキシコ国境の真上にあるから」リンダがそう言ったのは、頭金を支払っていくらもたたない頃だった。ダグラスに関する本から仕入れた情報だが、その本が何年ぐらい前に書かれたものかは、わからないという。いまは事態が改善しているかもしれないが、どうだろう？

密輸問題について調べる過程で、有名な麻薬検挙事件がダグラスで起きていたことも判明した。事件は一九九〇年、国境をまたいで九一メートルにおよぶ地下トンネルが発見されたときに遡る。地下三階分の深さに掘られた鉄筋コンクリート製のこの通路は、メキシコの麻薬密売組織「シナロア・カルテル」がコカインの密輸に使っていたものと判明した。入り口はメキシコ側の隣町アグア・プリエタの民家内に、巧みに隠されていた。水道の蛇口をひねると水圧エレベーターが起動し、ビリヤード台が床ごと持ち上がる。するとその下に、下へ降りていくハシゴが現れるという仕組みだ。トンネル内の高さは一・五メートル。空調が効いていて電灯がある。洪水に備えて排水ポンプも整備されている。二本の金属のレールの上を、トロッコが端から端まで行き来する。終点はダグラスにある約一八六平米の倉庫で、トラックの洗車場に偽装されていた。コカインの包みはこの倉庫内の滑車と巻揚機で通路から吊り上げられる。そして、待機していた大型トラックに積み込まれる手はずだった。密輸仲間に「コカイン小路」と呼ばれていたこのトンネルを見た時は、捜査官も「ジェームズ・ボンドの映画にでも出てきそうな代物だ」と驚いたという。シナロア・カルテルの重鎮「エル・チャポ」ことホアキン・グスマンに至っては、厚かましくも、手下が「最高にいかすトンネルをつくった」と自慢している[15]。

リンダはこの話をおもしろがったが、そんなことがあっても、この土地に家を持とうという気持ちは少しも変わらなかった。「元国境警備員って人が、情報を警察に売って殺された密告者のことを書いていたわ」リンダは何でもなさそうに言った。「そりゃあ、麻薬カルテルなら密告なんかしたら惨殺するでしょうよ。私なら『そんな人たちとは何の関わりもありません』って言うわね」電話を切ってから、私は心配になった。リンダは自分自身を、それか私を、いや、自分と私の両方を安心させようとして、平気なふりをしているのではないだろうか。いずれにしても、ダグラスが国境の真下にあると言ったリンダの言葉は誇張ではなかった。映画館のグランドから一二ブロック南下するだけで、町は――そしてアメリカも――平行に並ぶ二枚のフェンスに行き当たり、そこで終わりになる。二枚のフェンスのあいだには、セメントで縁取られた空堀りのような溝が伸びている（連邦の請負業者によれば、溝の正式名称は「ダグラス国際溝」だそうだ）。溝の手前にあるアメリカ側のフェンスは太い針金を編んだ金網製で、砂漠に溶け込むようなベージュ色だ。正式な国境線上にあるのはメキシコ側のフェンスで、刑務所ものの映画から抜け出したような外観をしている。スチールの杭を地面に突き立てたような構造で、頭上五・五メートルの高さまでそびえているだけでなく、目に見えない地下でも仕事をしている。地下一・八～二・四メートルの深さまで埋め込まれ、穴を掘って地中から越境しようとする者を阻止しているのだ。まだらに錆びの浮いた黒い桟は一〇センチ間隔で並んでいて、その桟を額縁にするようにメキシコのアグア・プリエタの町が垣間見える。アグア・プリエタはいまも広がり続けている工業都市で、面積はダグラスの五倍近い。市民の多くはマキラドーラ（輸出用製品を組み立てる外資系工場が集まる特別区）で働いている。製品は自動車部品から医療用品、窓のブラインド、電子機器、衣類まで多岐にわたる。

リンダが本で読んだ密輸の話は事実だ。麻薬の運び屋は一夜にして、マキラドーラでの月収を上回る報酬を手にできる。だから、ダグラスの通関を通ってアメリカに入国する車のクォーターパネルやスペアタイヤにマリファナの包みが押し込まれているからといって、驚くにはあたらない（マリファナよりまれだが、覚醒剤やヘロイン、コカインが見つかることもある）。最近では、シートベルトで体を吊るし、フェンスのてっぺんからダグラス側へ降りようとしていた一六歳のメキシコ人少年が捕まった。少年の任務は、アグア・プリエタからフェンス越しにあらかじめ投げ入れられていた合計四〇キロ以上のマリファナの麻袋を拾い集めて、近くにいる逃走用の車まで運ぶことだった。少年はこの仕事で、四〇〇ドルの報酬を約束されていた。それまではマキラドーラの工場で自動車のタイミングベルトをつくり、週給四二ドルで母親と九人の弟妹を養っていたという(16)。

国境監視員は、一風変わった工夫も報告している。自作のジップライン〔木々のあいだにワイヤーロープを張り、滑車を使って滑り降りる遊具〕に麻薬の包みを下げ、小さなケーブルカーのように頭上高くを行き来させようとした者がいた(17)かと思えば、二五キロのマリファナを背負って、下水道の中を泳いできた者もいた。後者は捜査官がマンホールの蓋を上げて見つけたのだが、スキューバダイビング用のエアボンベとマスクをつけ、黒と紫のウエットスーツを着ていたという。見つかった犯人はダイビング用具とマリファナをとり落とし、大慌てでアグア・プリエタに帰って行ったそうだ(18)。国境沿いの町ならどこにでもある話だが、マリファナを積んだ遠隔操作のドローンがフェンスを越えてくることもあるという(操作を誤ったらしく、アリゾナ州ノガレスのカーポートに一〇キロほどの包みが落ちてきたことがある(19))。

◆

リンダの土地を見に出発し、ソルファー・スプリングス・バレーを北上しだしたときは、もう昼の一二時を回っていた。ソノラ砂漠とチワワ砂漠に接するこの乾ききった一帯は、アリゾナ州南東部からメキシコ北部にかけて、一六〇キロほどにわたって広がっている。南半分は六つの山地に囲まれていて、西にはドラグーンとミュール、東にはチリカウワ、スイスシェルム、ペドレーゴサ、ペリラの各山地がある。リンダの土地はペリラ山地のふもとだ。リンダによれば、そこから北に入ったコロナド国立森林公園内、チリカウワ山地にキャンプ場スタッフの仕事があるはずだという。

私は果てしなく続くかのような茂みのなかを進んだ。人家はほとんど見あたらない。目の前にのびるアスファルトが、水たまりのように揺らめいて見える。陽炎だ。近づくと消える。道端の朽ちかけた看板には「ドラッグが流入し、数千億ドルが流出する自由貿易政策、反対！」とある。ときおり、シャパラルのなかに農家の平たい建物が見える。そのうち何軒かは、もう長いこと人が住んでいないようだ。ドアや窓があったはずのところにぽっかりと穴が開いていて、たわんだ屋根板の隙間からむきだしの垂木が見えている。

何度か角を曲がりまちがえたあと、東に向かう未舗装の道を見つけた。リンダの土地を売りに出していたクレイグスリストの広告にあった公道だ。もう一時になっていたので、私はリンダに「予定より一〇分遅れている」とテキストメッセージを送った。たちどころに返事がきた。「こっちは準備オーケーよ」

道は狭くてでこぼこだったが、赤茶色の土は硬くしまっていた。雨季で土砂降りもあることを思えば、ついている。緊張と興奮のせいで、私は少しスピードを出しすぎたらしい。なにか良くないことに気づいてしまったらどうしよう？　リンダが映像を見て、ここを気に入らなかったら？　車が激しく揺れて、道の両脇の茂みに群れていた鳥たちが、あわてて飛び立った。マンガのような大きな耳に黒い尾の野ウサギが、行く手をひゅっと横切った。ほどなく、まともな道路標識が二つある交差点にさしかかった。

ここに来て標識を見るのは初めてだ。こんな原野のなかの未舗装の道路に立てるにしては、やけにきちんとした標識だった。私は交差点を曲がり、やはり未舗装の道を八〇〇メートルほど進んだ。左手に、昔は道だったらしきものの成れの果てが現れた。メスキートが一面に生い茂っている。日にさらされて色褪せたピンク色のテープが、茂みに垂れ下がっていた。

私はスマートフォンの地図を確認した。現在地を示す青い点が、リンダの土地を示す星座のすぐ横に来ている。電波のシグナルは「強」と出ていた。そこで私はスマートフォンをＷｉＦｉの中継ポイントにして、ノートパソコンをインターネットに接続した。リンダを呼び出す。一度目は応答がなかったが、二度目はリンダが画面に表れた。バラ色の遠近両用メガネの奥で、目尻に皺を寄せて微笑んでいる。私は、おなじみの三音節の挨拶を待ち構えた。

「ハッローオー！」リンダが言った。データの送信に時間がかかるせいで、映像がパラパラマンガみたいにしょっちゅうフリーズする。「あなたの映像、ぶつ切れだわ」リンダは言った。だが、音声ははっきり聞こえ、接続は途切れなかったので、そのままやってみることにした。私はノートパソコンを体の前に突き出して、小道を西へと歩きだした。「雲しか見えないわ！」リンダが言った。カメラが上を向きすぎて、頭上はるかな天空を写していたらしい。カメラの角度を調節したら、こんどは下から見上げた私の鼻が写ってしまった。試行錯誤の末、カメラはやっと正しい角度になった。

「ちょっとまって。それが道路なの？」リンダは疑わしそうに言った。彼女の五エーカーの土地の角には、目印に塩化ビニルのパイプでできた杭が立っているはずだという。そういう杭を見なかった？　まだ見ていない、と私はこたえた。見えるのは乾いた赤茶色の土と、谷の向こうに見えるミュール山地のシルエットだけだった。「ほんとうにいい景色ね、そう思わない？」リンダは感嘆の声をあげ、それから大声で、こちらからは見えないだれかに向かって言った。「ゲイリー、あなたもこっちに座って、ごらんなさいよ！」

「ぼくは座れないよ」少しくぐもった声が言った。

「それなら木に寄りかかって」リンダはこたえた。

プラスチック製の黒縁メガネをかけた年配の男性が、リンダの肩のあたりに顔を見せた。スクリーンを覗き込むとき、眉根が寄った。白髪混じりの髪は頭のてっぺんが薄くなっている。顔には人の良さそうなもの珍しげな表情を浮かべている。

「今日のお天気は曇りです」ゲイリーは言った。「この青々とした芝生をごらんください！」リンダがこの冗談に笑うと、ゲイリーもにっこりした。それからまた、真面目くさって言った。「芝刈り機が必要かもしれません」

白いポールが地面からとげのように突き出ているのが、遠くに見えてきた。「あれが塩化ビニルのパイプ？」私は訊いた。

「ちがうわ！」リンダはこたえて、画面に顔を近づけ、目を細めた。私は歩きつづけた。気をつけて、とリンダは言った。「足元をよおーく見てちょうだい。もしヘビがいたら絶対に近づかないで！」リンダとゲイリーが働いていたセコイア国立森林公園のキャンプ場は、どこにでもガラガラヘビがいた。このソルファー・スプリングス・バレーにもガラガラヘビがいることを、リンダは知っていたのだ。

とうとう目的地に近づいた。石を積んで鉄の棒を刺した小山の脇に、高さ一・五メートルほどの塩化ビニルのパイプが植わっている。「あ！　見えたわ」リンダは興奮した。「GPSではどうなっている？」砂漠のなかの現在地を示す青い点は、リンダの土地の北東の角につけておいた星のマークにぴったり一致していた。「ここで合ってるわ！」私は言った。「どっちに行ってほしい？」私は訊いた。「なんでもお望みのままにするわよ」リンダは雄叫びをあげた。乾いた川床は、リンダの土地の北西の隅を横切っていた。リンダは涸れ谷を見たいと言った。この谷を見たとたんに踵を返したと、売り主が言っていたそうだ。過去にこの土地の購入を検討した人たちは、この谷には価値がないかと思っている。嵐のシーズンに雨水を集めるのに利用できそうだ。だがリンダは、この谷には価値があるのではないかと思っている。「なにしろ私、いつも『もっと水がほしい』って思ってるでしょう？」リンダはあとでそう説明した。

ノートパソコンを占い棒のように体の前に突き出して西へと歩きながら、私たちは軽口を叩きあった。「私が気づく前にヘビを見つけたら教えてね！」私は頼んだ。「映像が途切れる」と最初から指摘していたリンダはその案に否定的で、「だけど、遅れやら何やらを考えると……」と言葉を濁した。それから、リンダとゲイリーがいまいる場所の天気が話題になった。ふたりはいま、ミズーリ州ジョプリンの西にいる。まだケンタッキーへの道半ばだ。気温は三三、四度でこちらと変わらないが、晴れていて湿度が高いという。「もう汗びっしょりよ！」と言うリンダは、この通信が始まる前、木陰の多い州間高速道四四号線を突っ走り、中西部の夏の蒸し暑さのなかでも快適に過ごせそうな休憩場所を探したという（のちに聞いたところでは、スクイーズ・インで「突っ走」るというのは、時速一〇〇キロで走行することだという。それより速いと揺れがひどくなりすぎるのだそうだ）。

蟻が忙しく行き来している蟻塚をよけて回りこみながら、私はノートパソコンのカメラを地面に向け、リンダに見せた。「あらあ、すてきなアリンコ！」というのがリンダの感想だった。それがきっかけでリンダとゲイリーは、地面の硬さはどうかと訊いてきた。ゲイリーは岩が多いのかどうかも知りたがった。「そんなに多くはないけれど、いくらかありますね」私は言った。リンダが疑問を口にしたのが聞こえた。土は砂っぽくてざらざらなのか、それともきめ細かいのかという疑問だ。リンダは地中冷却のためのパイプを埋設しようと考えている。地中冷却というのは自然の力を利用した温度調節システムだ。夏でも温度が一三度ほどまで下がる一・五メートルから二・五メートルほどの深さの地中に、パイプを埋設する。そしてこのパイプに空気を通し、冷えた空気を屋内と温室に循環させるのだ。ただし、埋設には相当の掘削作業が必要だろう。

「土は簡単にほぐれるわ」私は目の粗い乾いた土を片手ですくい、指を開いて土を地面に落としてみせた。「指のあいだを流れ落ちていくでしょう。見える？」

「それなら掘りやすいかもしれない」ゲイリーが言った。「とっても好都合だわ」リンダも喜んだ。「冷却パイプを埋める溝を掘るのも、簡単かも。よかった。ついてるわ」

私たちは涸れ谷に向かってなおも進んだ。リンダはこの地域の植生に感心していた。夏の雨のおかげで、砂漠の植物が目に鮮やかに映る。緑豊か、ともいえるほどだ。繊細な黄色の花が、クレオソートのつやつやした葉のあいだに頭を垂れている。アカシアの枝は、花粉をつけた小さな丸い房で覆われている。イトランは花の季節を終えたばかりだ。枯れた花をてっぺんに載せたしおれた茎が、ぎざぎざの葉の茂みの一つひとつに突き出している。とげの生えた触手のような波打つ長い腕をもつ、謎のサボテンの横を通りすぎた。ドアノブ型の赤い実にびっしり覆われているところがウチワサボテンを思わせるが、リンダはちがうと言う。「ウチワサボテンの葉は平たいわ。これはなにか違う種類のサボテンよ。でも、食べられそうね」（のちに、あれは「月下美人」と呼ばれる夜咲きサボテンだったことが判明した。花は年に一度、夜にしか咲かない）

一度曲がり角をまちがえて軌道修正したあと、行く手に涸れ谷が見えてきた。「これって本当に涸れ谷？　それともただの溝かしら」リンダは言った。「深さはどれぐらい？」私はノートパソコンを涸れ谷の縁にセットし、カメラを谷底に向けて、リンダから見えるように谷底に下りた。谷の縁は場所によって私の腰のあたりにきたり、肩のあたりにきたりした。おそらく深さ九〇センチから一・二メートルといったところだろう。

「そんなに深い谷が、敷地の端から端まで突っ切ってるの？」リンダが訊いた。いいえ、と私は答えた。谷は北西の角を斜めに横切っているだけで、それもかなり端のほうだ。他の三つの角と同じく、この角にも塩化ビニルのパイプが植わっているはずなので、私は涸れ谷から出て探しに行った。今度はリンダがすぐに見つけた。「あっ、あそこよ、見て！　あったあった！」

そのあと私は最初のパイプのところまで戻り、「ご感想は？」とリンダに訊いた。

「思ったより良かったわ」リンダは言い、ぐるりに山を望める広大な景色と土の質を讃えた。そして「エーレンバーグみたいに岩だらけってことになるかもしれないと思ってた。そうじゃなくてほっとしたわ」エーレンバーグはRTRのあと皆が行くキャンプ地で、荒れ果てた台地だ。地表は石ころだらけで、草もほとんど生えておらず、月面のような景色が広がっている。リンダはまた、買った土地がきちんと計測され、境界標がつけられていたのを喜んだ。「そんなへき地で計測するのは、たいへんだったはずよ。値段を考えたらなおさらね！」

　この三年半（つまり初めて会って以来）、リンダはよく、お気に入りのアースシップの写真を見せてくれた。それはノーチラスというモデルで、間取りはフィボナッチ級数に基づいている。私は、この土地にそのアースシップが建っているところを想像した。日干し煉瓦の壁が、ぐるりに見える山々の稜線と似た傾斜を描いているところを。

　私がそう言うと、「ほんと、すごくすてきな眺めになると思わない？」リンダはうれしそうに言った。アマゾンの仕事が終わる頃にはいまより涼しくなるだろうから、そこへ行ってキャンプするつもりだとリンダは言った。土地をじかに見れば、どこにアースシップを建てたらいいかわかると思う、と。「しばらくは、ただ座っているつもり。そうすれば、建てる場所が見えてくるはずよ」それまでの半時間ほどリンダと話しながら歩いていたときは曇っていたので、気温は三〇度台の半ばでも、まったく苦にならなかった。だが雲間から太陽がのぞくと、砂漠は灼熱地獄のようになってきた。ノートパソコンの高温アラームが点滅しだした。あまりの暑さに、パソコンが悲鳴を上げているのだ。映像がフリーズし、やがて接続も切れてしまった。実況中継はここまでだ。

　リンダにとってこの土地はどんな意味を持つのかと、私はずいぶん長いこと考えてきた。これはリンダの夢への、目に見える第一歩だ。だれにも取り上げられない、家賃も抵当もなしに所有できる、自分が死んだあとまで残っていく、そんな我が家を建てるという夢への。だが、ゲイリーと一緒にスクリーンに写っていたリンダを見て、そこにもう一つ、新たな側面が加わったと私は思った。リンダのカリスマ的な魅力にもかかわらず、私はいつもリンダを一匹狼だと感じていた。もちろん、リンダには家族も親友もいる。けれど、そういう人たちと親しくつき合いながらも、リンダはつねに確固とした独立を保っていた。そこへ新たな登場人物が加わるとなると、リンダの未来像はどうなるのだろうと思わざるを得なかった。ゲイリーはリンダと一緒にアースシップに住むことになるのだろうか？　ラヴォンヌをはじめとするノマドの友人は、キャンピングカーでリンダを訪れるだろうか？　リンダの隣人は、いったい誰になるのだろう？　こんな砂漠の真ん中で、頼れる人が見つかるのだろうか？

私はここへ来てから人っ子ひとり見ていなかった。そこで、水をたっぷり飲んでから、人が住んでいる気配を探しに車で出発した。

まず目に入ったのは、馬だった。リンダの土地から一キロ半ほど南西に行ったところに緑色の柵があって、その中に三頭の馬が立っていた。車が近づいてくるのを怪訝な様子で見ていたが、やがてゆっくりと歩み去った。柵の出入り口に「立入禁止。違反者は訴えます」との看板があり、ショットガンで撃った色褪せた古い穴が九つ、新しい穴が一つ空いていた。二〇ゲージの弾丸の黄色い薬莢が、近くの地面に転がっていた。

風が吹き抜けた。シャパラルの葉擦れに交じって、なにかをこすり合わせるような、きしむような音が聞こえた。西に九〇メートルほどのところに見える、三角屋根の朽ち果てた掘っ立て小屋から聞こえてくるようだ。屋根から外れかけた波型のブリキ板が、風にあおられて上下し、きしんでいた。そのとき急に、だれかが隠れているかもしれないと思い当たった。こんなひと気のないところでだれかを驚かせるのは、かなりまずいかもしれない。そこで私はそろそろと近づきながら、道に迷った旅行者のように、「こんにちは！」と声をかけた。返事はなかった。

掘っ立て小屋はベニヤ板と金網とブリキを寄せ集めてできていた。ぼろぼろの青いビニールシートが、壁の穴をふさぐように垂れ下がっている。中は空っぽで、土間に小さなベンチが一つあるだけだ。周囲はあたり一面がらくたの山で、ここでだれかが生活していたことを物語っている。テディベアが二つ、両手鍋が一つ、ハイヒールの片方、洋服ハンガー、空き缶、マグカップ、ロックバンド「シカゴ」の音楽テープ。持ち主はどんな人たちだったんだろう。ここを急いで出ていったのだろうか（のちに本で知ったが、国境地帯の砂漠に集まるこうしたゴミは、疲れ果てた密入国者が残していくものが大半だという。徒歩で越境した密入国者が運び屋の車にぎゅうぎゅう詰めにされる際、所持品を手放さなければならないこともあるそうだ）。

車に戻ってしばらく走ると、他にも住人がいる証拠が見つかった。掘っ立て小屋から八〇〇メートルほど北の未舗装の道から、整備された区画が見えた。平屋根の納屋がいくつかと、廃品の運送パレットでつくった家畜用の柵と、ビニールハウスが二つと（もしかしたら、これが庭なのかもしれない）、ボンネットを上げたままのひどく古いセダンが見える。そのすべてが、有刺鉄線で囲われていた。そこを回り込んで東へ戻る道すがら、最初に通ったときは見落としていた、だれかの所有地をみつけた。リンダの土地から南西へ一キロちょっとのところだ。私が車を寄せると、厩舎の中のロバがけたたましくいなないた。トラベルトレーラーが一台見える。日に褪せて白くなった車体の側面に、ポータブルトイレがくくりつけられている。今度も大きな声で呼んでみた。返事はない。

衛星写真の地図によれば、ここから南にかなり行ったところに農場があるようだ。そちらに行けば誰かいるかもしれない。地図を見ながら向かう途中、もじゃもじゃと枝を広げたメスキートの木陰に、黒牛の群れが休んでいた。その脇を通りすぎると、まもなくフェンスが見えてきた。そのずっと奥に、家も見える。だが、そこからは悪路になった。短い上り坂のあと道は急激に落ち込み、坂の下の低地でたくさんの水たまりが空を映していた。ハンドルを切って水たまりをよけようとしたが、周りの土は柔らかだった。たちまち、カローラの前部がタイヤの上まで泥にはまってしまった。バックで抜け出そうとしても、タイヤは滑って空回りするばかり。白いレンタカーに大量の泥が飛び散った。

リンダの言葉が脳裏によみがえった。「動けなくなったりしないでね」

車内ではスマートフォンの電波が弱かったので、ぬかるみを踏んで外に出て、路肩を這い上った。電話をかけようとしたが、何度かけても呼び出し音が途切れてしまう。六回目にやっとAAAとつながったと思ったら、未舗装の路上におけるサービスはしていないと言う。そこで家族経営の小さなレッカー会社「ネリーズ・ピット・ストップ」に電話した。オーナーのロニーは出張中だった。「帰ったら折り返しお電話いただけますか?」私は頼んだ。「承知しました」。南東の空に雨雲が集まりだしていた。それを見たら、向こうに見えている農家まで歩いたほうがいい気がしてきた。建物に近づいたとき、突然、静寂を破って一斉に吠え声が沸き起こった。犬バージョンの玄関チャイムだ。見ると一二頭もの犬がうろついている。自由に歩き回っているのもいれば、檻のなかを行きつ戻りつしているのもいる。一番小さい黒白ぶちの仔犬が親善大使を買って出て、私のあとをついてきた。前庭に溶接機が一台と芝刈り機が一台、それに大きな石がいっぱい詰まった便器があるのが見えた。門のところから「こんにちは」と叫んだが、返事はない。

あきらめて車に引き返す途中、電話の呼び出し音が鳴った。「ネリーズ・ピット・ストップ」のロニーからだ。もう近くに来ているという。さっき牛がいたあたりに、すぐに平台の牽引トラックが現れた。

私はまたも路肩をよじ登り、遭難した人みたいに手を振った。

ロニーと息子のロニー・ジュニアはあの雲を見て、急いで来てくれたのだった。この農場は一部が氾濫原にかかっていて、しょっちゅう冠水するのだそうだ。以前にも、大手運送会社UPSのトラックがここで泥にはまったことがあるという。雨季のことで、ドライバーが助けを求めてロニーに電話したときにはもう、タイヤのあいだを激流が流れていたそうだ。そうなると、水が引くまでどうすることもできない。

ロニー・ジュニアがカローラのリアバンパーの下にフックをかけた。私はギアをニュートラルに入れ、親指を立ててオーケーの合図をした。車が泥から抜け出してバックしだしたとき、側溝の向こう側にワイン色の四輪駆動のピックアップトラックが停まった。使い込んだ黒い野球帽にラングラーのジーンズ姿の男性が降りてきて、手を腰にあててこちらを見ている。私は運転席からおずおずと手を振った。

「そこ、要注意なんだよね」その人は言った。そばかすが浮いた、レアのローストビーフみたいなピンク色の顔に、赤ひげをたくわえている。カローラを助け出してもらってから、私はロニー親子に牽引料八〇ドルとチップ二〇ドルを支払い、よくよくお礼を言った。ピックアップトラックの男性は農場主だと名乗った。「どうして一人でこんなところに？」男性は訊いた。私は口ごもった。本当のことを言う以外、もっともらしい理由は一つも思いつかない。そこでリンダのことを話し、ここでの生活はどんな具合かと尋ねた。男性はブランガス牛を五〇頭飼っていること、ブランガスはブラーマン種とアンガス種の交雑種で暑さと日照りに強いということ、ここに住んでもう二六年になることを語った。ここでの暮らしはおおむね静かだが、ときどき麻薬の密輸人が重たいバックパックを背負って通る。そういうやつには近づかないにかぎる。二度、撃たれたことがある。以来ピックアップトラックにAR15ライフルを常備している、という話だった。

笑っちゃうほど汚くなったレンタカーで、私はそこを離れた。運転席の足元に、泥が二〜三センチも積もっている。アクセルやブレーキを踏むと、泥が入った濡れたスニーカーがガボガボと音をたてる。やがて、ついさっきまでいた農場の上に虹がかかった。話ができすぎだと思いながらも（自然の皮肉ってやつだろうか?）車を停めて写真を撮った。

ダグラスの中心部に戻った私はガズデンホテルの外に車を停め、思いきってロビーに入ってみた。琥珀色の広々としたロビーは、リンダが言ったとおり豪華絢爛だ。イタリア産大理石の壮麗な柱と見事な大階段があり、革張りのソファーが並んでいる（『ロサンゼルス・タイムズ』の記者が「座ると古典派の教育を受けた海賊の書斎でくつろいでいる心地になる」と書いたソファーだ[20]）。リンダが言っていたティファニーのステンドグラスは、中二階の壁に一三メートルにわたって張り巡らされていた。バックライトに照らされて、色とりどりのガラスが砂漠の風景を浮かび上がらせている。褐色の土、青い空、地平線を縁取る紫の稜線、咲き誇る緑のイトラン。まるでリンダの土地を高価な宝石で描いたのかと思うほどよく似ていた。私はホテル内のレストラン「カーサ・セゴビア」にぶらりと入り（がら空きだった）、七ドルのエンチラーダ・プレートとカクテルのミチェラーダを注文した。ティファニーのステンドグラスの風景が、カメラのフラッシュを浴びたときの残像のように脳裏に焼きついていた。あんな美しい、南西部のエデンそのものの風景のなかに歩を踏み出すリンダを見たいと思った。でも私には、その日の午後ずっと考えないようにしてきた心配ごとがあった。ひとりで考える時間ができたとたん、その心配ごとが頭をもたげた。

リンダとゲイリーは、あと二日でケンタッキー州キャンベルズビルに着くだろう。今後五カ月間は、毎晩一〇時間ずつアマゾンの倉庫で働くことになる。リンダがアマゾンの仕事をするのは、ひとえにアースシップ建設の資金を調達するためだ。リンダの意志は固い。だが、あの土地のさびしさを――さらには夏のくらくらするほどの暑さ、武器を持った麻薬密輸人、鉄砲水、ガラガラヘビのことを――考えるにつけて、私は心配になってきた。あそこに家を建てるなんて、正気の沙汰じゃないのでは？ リンダの夢のことを考えてきたこの三年のあいだに、実現を疑ったことはこれまでにもあった。だが、たいていは『X－ファイル』のフォックス・モルダーの決めゼリフを唱えて、そんな気持ちを封印してきたのだ。「私は信じたい」と。

私はあの一帯について調べたことを――良いことも悪いことも、私の懸念も含めて――リンダに書き送った。リンダの土地とその周辺の写真と地図も、eメールで送った。最初の一通に対する返事はなかったが、やがてアマゾンでの仕事が始まってから、写真を送ってもらえてとてもうれしいというメールが届いた。「しょっちゅう写真を見ては、あそこに住むことを想像しています。ここのくだらない仕事は嫌だけど、写真を見ると頑張れます。あと一五週間働けば、私は自由の身よ」

いっぽう私は、また別の心配をつのらせていた。リンダの体は家を建てるという重労働に耐えられるのだろうか？ リンダがネバダ州ファーンリーで初めてアマゾンの仕事をしたとき、バーコードスキャナーの使いすぎで反復性ストレス障害を起こしたこと、それによるめまいで救急室に運ばれたことを思い出した。手首が治るまで、三年かかった。今度の仕事でまた手首を痛めたらどうするのだろう？ あのあとアマゾンはバーコードスキャナーを軽量化したから、もう大丈夫だろうか？　アマゾンの仕事でリンダが体力を消耗してしまうのも心配だ。当初は商品を棚に収める収納係に配属されていたが、シーズン半ばに電話したときの話では、マネージャーがリンダや他のメンバーを、収納係よりきついピッカーの仕事に回そうとしているということだった。リンダの話では、去年あるピッカーがフィットビットで運動量を記録したところ、一日の歩行距離は二九キロ、昇降ステップ数は四四階分におよんだという。

それに、アマゾンでの仕事を無事に終えられたとしても、アースシップの建設を始めるのに充分な資金が貯まるのだろうか？　前回キャンパーフォースに入ったときの基本給は時給一一ドル五〇セントで、夜間勤務手当と残業手当も追加された。今回、時給は一〇ドル七五セントに下がっている（最初に働いたファーンリーはアマゾンの他の倉庫よりペイが良かったが、二〇一五年に閉鎖されていた）。

気力が続くのかという懸念もあった。初めてアマゾンで働いたとき、リンダはアマゾンが販売するがらくたの量があまりに多いのを目の当たりにして嫌悪感を覚えた。その時心に芽生えた幻滅は、仕事を離れてからも募るいっぽうだった。大きなキャンピングカーから極小のトレーラーに乗り換えたときも、彼女はミニマリズムと住宅小型化運動についての本を読んでいた。消費者文化について、そして、人は短い一生でどれだけ多くのごみを生み出すものかについて、考察を深めていたのだ。そうした諸々の考察は、今後どう発展していくのだろう。

リンダはいまもそうした問題と取り組んでいた。ケンタッキーの仕事が始まってから何週間かして、リンダはフェイスブックに次のようなメッセージを書き込み、私にも直接送ってくれた。

土地つきの家が欲しいのはどうしてかと訊かれたら、私はこう答えます。独立するため。社会の競争から身を引くため。地場産業を支援するため。輸入品を買わないため。そして、好きでもない人たちを感心させるために、必要でもないものを買うのをやめるためです、と。いま、私は大手オンラインショップの巨大倉庫で働いています。扱っている商品はすべて、どこか外国で――児童労働法もなく、労働者が食事もトイレ休憩も与えられず、一日一四～一六時間働かされているような国で――つくられたもの。二万八〇〇〇坪の広大なこの倉庫に詰め込まれた商品は、ひと月ももたないようなものばかり。すぐに埋立ごみになる運命です。この会社にはそんな倉庫が何百もあります。アメリカ経済は、中国、インド、メキシコなど安価な労働力の第三諸国で働く奴隷の上に成り立っているんです。私たちはそういう人たちと知り合うこともないまま、その人たちの労働の成果を享受しています。「アメリカ」という私たちの会社の奴隷保有数は、たぶん世界一でしょう。

フェイスブックの投稿を引用したあと、リンダはこんなことを書いてよこした。

過激だとは思うけど、アマゾンで働いていると、こんなことばかり考えちゃうの。あの倉庫の中には重要なものなんて、なに一つない。アマゾンは消費者を抱き込んで、あんなつまらない物を買うためにクレジットカードを使わせてる。支払いのために、したくもない仕事を続けさせてるのよ。あそこにいると、ほんとに気が滅入るわ。

リンダはさらにつけ加えた。「道徳的に問題よね。計画遂行資金の正当性を、どうしたら確保できるのかしら。お金は自分がどこから来たかなんて、考えないとは思うけど。いまのご時世に必要な資金を間に合うように手に入れる方法って、他にある？　この地球での私の時間はもうそんなには残っていないから、急がないと」

それに続く最後の一行に、リンダの思いが凝縮していた。「今の私は、引退を決意した銀行強盗が、最後のひと仕事をしているようなものだわね」

だが、ダグラスにいたときはまだ、そういったことは何も聞かされていなかった。私はエンチラーダをつつきながら、これからどうなるんだろうと考え込んだ。車に戻って走り出したときには、もう日が沈みかけていた。私は国道一九一号線を北上した。一日中警戒していた雨はまだやって来ていなかったが、雨雲は西に移動し、いまはミュール山地の上にかかっていた。雲と山頂のあいだから空が覗いている。そこから太陽が一日の最後の輝きを投げかけ、すべてをコンク貝の色に——美しいピンク色とオレンジ色に——染めあげている。その色もやがて、沈んだ赤へと変わっていった。三〇キロほど北上したところで左折し、ミュール山地の北の裾野に沿って走りだした頃には、すでに暗くなっていた。北に見えるドラグーン山脈の上空に、稲妻が何本も走っている。

「死ぬにはタフすぎる町」がキャッチフレーズのトゥームストンを通り抜け、ベンソンのテキサコに入った。燃料ポンプの上の天蓋のイルミネーションが真昼のような光を放つので、蛾や甲虫が酔っ払ったように飛び回っている。まるで虫のディスコだ。スマートフォンの着信音が鳴り、見るとリンダからのテキストメッセージだった。「町に戻れた？」ええ、と私は返信した。昼間、砂漠で接続が途切れたあと、リンダとゲイリーはケンタッキーに向かう大陸横断の旅を続け、一一一二キロ走った。今夜はミズーリ州スプリングフィールドに停泊するという。「一日四八〇キロ以上のペースで進んできたわ」とリンダはつけ加えた。「ゲイリーはくたくたよ。私も暑さでまいっちゃった」

「よかった、あと少しね！」と返信してから、まだるっこしいテキストメッセージをやめて電話をかけた。話は土地のことに戻った。

「きれいなところだった」リンダは言った。「土を手にすくって見せてくれたとき、思ったの。『わあ、良い土だわ』って」それからゲイリーのことをくわしく聞かせてくれた。「彼、ほんとうに私のことが好きみたい。それに、私に負けないくらいいろんな仕事の経験があるのよ！」放射線科の医科長だったことも、食料品店を経営していたことも、建設業界で働いたこともある、とリンダは数え上げた。「それにとても知的で記憶力がいいの。字もとってもきれい。数字にもすごく強くて、どんな計算も暗算できるのよ」

彼、アースシップを建てるのを手伝ってくれるの？　私が訊くと、リンダは言った。「さあねえ、一つところに腰を落ち着けたくはないかも。でも、私の計画はすごく良いって言ってくれる。ただの空想や夢とちがって、実行可能な計画だって」。そしてつけ加えた。ゲイリーとのあいだがどうなろうと、土地の名義人は自分だけにする、と。土地付きの家を持つというのは結局、リンダの夢なのだから。

さしあたっての問題はケンタッキーまで行くことと、クリスマスまで仕事をやりきることだった。リンダはすでに、アマゾンでの仕事を終えたあとのことに思いを馳せていた。現金と、それを使う計画とを手に、アマゾンから解放される。そうしたらアリゾナへ行って、自分の土地でキャンプしよう。自分自身の指のあいだに土を滑らせよう。未来に向けて計画を練ろう。そんな想像に助けられながら、リンダはケンタッキーへの長旅に耐えてきた。アマゾンの夜勤をやり通せるよう後押ししてくれるものがあるとすれば、それもやはりこの想像だろう。それはいわば、リンダがこのアメリカに所有している土地の重力だ。リンダはこの計画に、何年もの歳月を費やしてきた。積もりつもった思いを行動に移す準備はできている。「うれしい、うれしい、ほんとにうれしいわ」リンダは言った。「あそこへ行って実行するのが、待ちきれない」

そこまで話して、私たちは電話を切った。夜は更けていた。リンダは明日もまた、長い移動に耐えなければならない。

終章　椰子の殻に入るタコ

アメリカは冬の初めだ。吹雪がジェット気流に乗ってやって来て、大陸を西から東へと、広幅の筆で白く塗り込めていく。

カリフォルニア州サン・バーナーディーノ山地で、雪はジェフリー松の高い梢をめぐって渦巻いたすえ、ハンナ・フラットの人気《ひとけ》のないキャンプサイトに降りかかる。ネバダ州エンパイアで、静まりかえった石膏ボード工場に、そして住む人のない家々に降り積もる。ノースダコタで、眠りについたビーツ畑に真綿の布団をかける。ケンタッキー州キャンベルズビルで、アマゾン倉庫周辺に、そしてキャンパーフォースが住む近隣のRVパークに、思い出したようにぱらつく。

いっぽうソノラ砂漠の小さな町には陽光が降り注ぎ、午後にはさわやかな初夏を思わせる気温になる。年に一度のクォーツサイトへの大移動が始まっている。国じゅうから何万というノマドがつめかけ、夜にはキャンプファイヤーを囲んで再会を祝う。ゆく年のできごとを語り合い、来る年の計画を立てながら。

スワンキー・ホイールズはクォーツサイトに戻っている。秋の初めまで、コロラドのロッキー山脈でキャンプ場スタッフをしていた。そのあいだに七二歳の誕生日を迎え、仕事中に肋骨を三本折った。暖房のないトラックでいく晩も凍える夜を過ごしたあと、スワンキーは小さなポップアップテントをベッドを包み込むように設営した。夜はこのテントの中に潜り込んで眠る。全長一三〇〇キロのアリゾナ・トレイルの踏破という新たな目標に向けて、目下トレーニング中だ。

シルビアン・デルマースはスワンキーの近くでキャンプしている。日中は水晶とジュエリーパーツを扱う「ジェムワールド」という店で、レジ係のアルバイトをする。カラオケつきの持ち寄りディナーパーティーが開催されたある晩、シルビアンは勇気を振りしぼって立ち上がり、二〇人以上の聴衆の前で「クイーン・オブ・ザ・ロード」を歌った。自身が作詞した車上生活者の賛歌は、拍手喝采を浴びた。今度、七年ぶりにデートをする。お相手は森林警備隊の駐在所で出会った、ハンサムな車上生活者だ。

ラヴォンヌ・エリスはエーレンバーグに戻っている。それに先立ちノースダコタ州スタンディング・ロックで二週間の短期アルバイトをした際、ダコタ・アクセス・パイプラインの反対運動〔ノースダコタ州のバッケン油田とイリノイ州の石油ターミナルをつなぐパイプライン。大規模埋設工事による水質汚染を懸念する先住民を中心に、反対運動が続いている〕にも加わった。砂漠の静けさのなかで、ラヴォンヌはのちにアマゾンから出版されることになった幼年時代の回想記『赤い羽根のクリスマス・ツリー』〔*The Red-Feather, Christmas Tree*, LaVonne Ellis, Amazon Digital Services, 2016〕の執筆に腐心している（「リンダ・メイは完成を少しも疑わず、応援してくれました」と謝辞にある）。近々ロス・アルゴドネスに行って、メガネを格安であつらえる予定だ。ラヴォンヌには新たな将来の夢がある。ニューメキシコ州タオスの近郊に土地を買うのだ。自分の土地に古いスクールバスを据え置いて、放浪の車上生活の拠点にするつもりだ。

ボブ・ウェルズもエーレンバーグにいる。近く史上最大のＲＴＲを主催する予定で、準備に余念がない。二週間の会期中、数百人におよぶ参加者が見込まれているので、ボブは新たなルールをつくった。(1)

大音響の音楽と犬の放し飼いは禁止だ。これまでいつもカレンダーに載せていた全員参加の食事会は廃止する。参加者が多すぎて、全員分の食事を用意するのは非常に困難だからだ（ボブはまだ知らなかったが、この年は五〇〇人以上の車上生活者が参加を予定していた。その多くは、ユーチューブでボブの動画を見た人たちだった）。

もうすぐエーレンバーグにやって来る予定のノマドもいる。回収品のプリウスに住む、元陶芸家のデイビッド・スワンソンもその一人だ。前回のRTRで自分の車を公開した彼は、またRTRに参加できるのをとても楽しみにしている。いまはテキサス州のパドレ島に停泊中だ。フェイスブックからくれたメッセージには、パドレ島は「ノマドのパラダイスだ」とあった。車もテントも、ビーチで合法にキャンプができるのだという。それから、「二〇一七年のRTRには参加する？」と訊いてきた。

残念ながら、と私は返信した。「せっかくいままで三回続けて参加してきたのに今年は無理なんて、ほんとうに悔しいんだけど」。そして、書き溜めてきたものを本にするため、追い込みに入っているのだと説明した。

「執筆がうまくいくよう祈ってるよ！」デイビッドは言ってくれた。「頑張って！」

でも、このやりとりで、胸にぽっかりと穴があいた気がした。三年にわたってノマドを取材しておいて今回のRTRに行かないなんて、まちがっているんじゃないだろうか。私はノンフィクションを書くときの鉄則を、何度も自分に言い聞かせた。「ストーリーはいつまでも発展し続ける。しかし、書き手はどこかの時点で身を引かねばならない」

でも、この鉄則の後半部分は実践できなかった。自宅にいても、ストーリーのほうが私を追ってきたからだ。ブルックリンでも、車輪の上の小さな家はいたるところにある。どうしたって、目がそちらに行ってしまう。

私が住んでいるアパートはブルックリンのボアラム・ヒルにある。近所の裏道の、パーキングメーターのない路肩に、銀色のフォード・ハイトップキャンパーが停まっている。邪視の災いを払う目玉のお守り〝ナザール〟がバックミラーにぶら下がっている。窓は黒に近いスモークガラスで、その内側にブラインドが下りている。

妹の家があるベッドスタイ地区のビルの近くにも、商業トラックの駐車場の向かいに古いキャンピングカーが停まっている。運転席の後ろの目隠しカーテンはぴったり閉じられている。ベッドがあるロフト部分のガラス窓は、蓄熱用のアルミ断熱シートで覆われている。リアパネルに取りつけたスペアタイヤのそばの窓はガラスがなくなっていて、その穴がダクトテープとゴミ袋で塞がれている。

プロスペクト公園の端にもキャンプ用に改造した車が大量に停まっていて、キャンピングカーもちらほら混じっている。そして、苦情を言う住人がいないゴーワヌス地区やクラウン・ハイツ地区の低層の倉庫群周辺に固まっている。車上生活者のこうした避難場所は、じつはどこにでもある。すぐ目の前にあるのにだれも気がつかない、見えない町のようなものなのだ。

今年最初の雪が降った夜、私はブルックリン最後の臨海工業地帯の一つ、レッド・フックに行ってみた。裏通りは薄暗く、路肩には雑多な取り合わせの作業車が並んでいた。建設業関連の車、配達車、移動フードスタンド、運搬用トレーラー……。都市の車上生活者にとっては恰好の目くらましだ。でも、私にはすぐ見分けがつく。缶詰のハムみたいな形の、古めかしいトラベルトレーラー。後部座席の窓をビニールシートと何枚もの星条旗でふさぎ、運転席にひと目でそれとわかる目隠しカーテンをつけた、シボレー・アストロ。窓にスモークガラスを入れ、真っ赤なホイールキャップをつけ、エンジンを止めたまま暖をとれるように、プロパン式の暖炉をリアバンパーの上部に溶接した改造シャトルバス。新型のキャンピングカーもたくさんあるが、どれもブラインドを下ろしている。

なかでも一番の見ものは、黄色い小型スクールバスだった。窓がアルミシートで完全に覆われている。通行人からは死角になるルーフトップの片隅に、完璧に配置された四枚のソーラーパネルのアルミフレームが光っている。フロントガラスの内側にはカーテンがかかっているが、ガラスに水滴がついているから中に人がいるのは明らかだ。バスは何一つ視界を遮るものなく真正面に自由の女神が見える位置に、フロントをイーストリバーに向けて停まっていた。私のなかの記者魂が、ドアをノックしろと私をせっつく。でもそのとき、私自身がステルス・パーキングをしたときのことを思い出した。塞いだ窓の奥に隠れているときの、あの気持ちを。近づいてくる足音に緊張して、どんなに胸を締めつけられたことか。

私はそのままそこを離れた。

ブルックリンにこれだけ多くのノマドがいるなんて、目を見開かされる思いだった。だが、取材対象が自宅周辺に及んだのはこれが初めてではなかった。取材も半ばにさしかかった頃、以前「バーニング・マン」の会場で出会ったソフトウェア・エンジニアが、じつはシアトルに住むスワンキーの下の息子だったことが判明した。バークレーの私の記者仲間とラヴォンヌの親しい友人が結婚していたことも、そのあとわかった。どちらのときも、ずいぶん珍しい偶然だと驚いたものだ。

だが、今思うと、それはそれほど珍しい話ではなかったのかもしれない。伝統的な意味での中流の生活ができずに苦しんでいるアメリカ人の数は、いまや数百万人にのぼるのだ。国内のいたるところで、多くの家族が、未払いの請求書の散らばったテーブルを前に座っている。テーブルの明かりは夜遅くまで灯ったままだ。何度も何度も同じ計算をくり返すうちに家族は疲れ果て、ときに涙を流す。給料から出ていくのは、食費。医療費。クレジットカードの請求分。水道・光熱費。学生ローンと車のローンの分割払い。そして、一番大きな出費は家賃だ。

負債と資産の乖離がどんどん広がり、できた空間にこんな疑問がぶら下がる。「生き延びるために諦めるとしたら、生活のどの部分だろう？」

こんなジレンマに陥っても、大半の人は車上生活をする羽目にはならない。車上生活者は生物学で言う「指標種」のようなものなのだ。指標種とは、他の生物より環境の変化に敏感で、生態系全体の大きな変化を他にさきがけて予言する、そんな生物のことだ。

ノマドと同様、何百万人ものアメリカ人が（一見そこまで過激な変化には見えないにせよ）、生活様式を変えざるを得なくなっている。生き残りの戦略はいろいろだ。「今月は食事の回数を減らそうか？」「かかりつけ医に行くのをやめて、救急病院に行こうか？」〔連邦法で、支払いのできない患者であっても救急病院は診療を拒否できない〕「クレジットカードの支払いを遅らせようか？」「すぐには集金に来ないだろう」「電気代とガス代の支払いを遅らせようか？　すぐに止められることはないだろう」「利息が増えるが、学生ローンと車のローンの支払いを後に回そうか？　いつかまとめて払える日がくることを祈って」

こうした惨めな状況は、重大な問題を浮き彫りにする。人は、そして社会は、いつまでこうした不可能な選択に耐えられるのだろう？

崩壊はすでに始まっている。家計のやりくりが困難になり、人々が夜遅くまで計算に頭を痛めることになったのには、明らかな原因がある。上位一パーセントの人の平均収入が、下位の五〇パーセントの人の平均収入の八一倍もあるからだ。しかも収入額が下位五〇パーセントのアメリカ人成人約一億一七〇〇万人の収入は、一九七〇年代から変わっていない[2]。

もはや、これは賃金「格差」なんていう生易しいものではない。「深淵」だ。そして、いよいよ深くなるこの分断のつけを支払っているのは、国民のひとりひとりなのだ。

生物学者のスティーヴン・J・グールドは言った。「私はどういうわけか、アインシュタインの脳の重さや回路よりも、同等の頭脳の持ち主が綿花畑や搾取工場で生き、死んでいっているのはほぼ確実だという事実のほうに興味を感じる[3]」。階級間の溝は深まるいっぽうだ。階級を飛び越えるのは、現代ではまず不可能だ。その結果、アメリカは事実上、カースト制の国になった。道徳的にまちがっているだけでなく、莫大な損失だ。人口の大部分から機会を奪うのは、才能と頭脳という膨大な資源をどぶに捨てるに等しい。周知のとおり、そのせいで経済成長も阻まれる[4]。

所得の不平等を測るうえで最も定評があるのは、八〇年ほど前に考案されたジニ係数と呼ばれる指標だ。世界銀行、CIA、OECDをはじめ世界中で、経済学者の絶対的基準として用いられている。このジニ係数でわかる驚きの事実がある。今日、アメリカの所得格差は先進国のなかで最大なのだ[5]。ロシア、中国、アルゼンチン、内戦に疲弊したコンゴ民主共和国と同レベルだという[6]。

いまでさえこうなのに、アメリカの不平等は今後さらに広がると予想されている。近い将来、アメリカ社会にはどんなゆがみが――さらに言えば変異が――生じるのだろう？　はたしてどれだけの人が、アメリカの社会システムに押し潰されるのか？　そして、いったいどれだけの人が、脱出口を見つけられるのだろうか？

◆

初めて会ってから数日後、リンダは私の右手のタコ形の指輪に目をとめた。「研究室のタコがどんなに賢いか、見たことある？」リンダは言った。「タコって脱出の天才なのよ！」

そしてインターネットで見た映像[7]について説明してくれた。「こっちの水槽には餌を、もう一方の水槽には大きなタコを一匹だけ入れておくの。そうするとタコはくしゃくしゃに体を縮めて、水槽の連結チューブに入り込むのよ。そしてついには、餌の入った水槽に移動するの」実験はさらに続くそうだ。

「課題はどんどん難しくなるの。ハッチを開けないと連結チューブに入れなくなったりね」

だが、どんなに難易度を上げても、タコはちゃんと脱出するのだという。

「場合によったら人間でも、同じことができるんじゃないかしら」私は言った。

「できるかもね、もし箱に閉じ込められそうになったら」とリンダは笑った。

ずっとあとになってリンダがフェイスブックに新しい動画のリンクを張ったとき、私はあの会話を思い出した。動画には、海底を歩くタコが映っていた。タコの足取りはなぜかぎくしゃくしていて、その理由がタイトルに書き添えられている。タコは、割れた椰子の殻を抱えて歩いていたのだ。と、タコが殻の中に飛び込んだ。そして殻を体にぴったり引き寄せると、触手の生えたボウリングのボールみたいに転がっていった。

タコは手に入れた道具を、移動と防御の両方に役立たせた。いわば、椰子の殻のキャンピングカーだ。その瞬間を動画に収めたインドネシアのスキューバダイバーに宛てて、リンダはこうコメントしていた。

「最高にかわいくて、最高に賢いタコね！」

◆

リンダはまた路上に戻った。キャンベルズビルでのアマゾン倉庫の季節労働から解放されて、西への旅を始めたのだ。ゲイリーはもうしばらくアマゾンで働くといって後に残ったので、今度の旅は一人旅だ。ジープの後ろにスクイーズ・インを従えて、リンダは冬の短い日と長く暗い夜を旅していく。

最初の目的地はニューメキシコ州タオスだ。お気に入りのアースシップ「ノーチラス」を訪ね、設計を自分の要望に合わせて手直しできるかどうか、建築家に会って相談する。それからＲＴＲに参加する予定だ。それが終わったらダグラス近郊の砂漠に出ていって、ついに自分の土地と――リンダの未来そのものと――対面するのだ。

だがタオスに入る手前で、ジープのエンジン警告灯が点灯した。さらには、その一帯を吹雪が襲うという予報が出た。山の中で悪天候に見舞われて走行不能になるのを怖れて、リンダは予定を変更し、まっすぐダグラスに向かうことにした。

リンダは無事ダグラスに着いた。最初の晩は廃業したセイフウェイの駐車場に停泊したが、夜明け前には気温が氷点下に下がった。寒さは厳しかった。その翌日、町の北の野外展示場に格安のRVパークがあるのを見つけた。リンダはモンタナから来たカップルの隣に停泊した。カップルは全長五メートルほどの古びたエアストリームに住んでいる。リンダはそのカップルにアースシップの話をし、さまざまな計画をびっしり書き込んだ三穴バインダーを見せた。

翌日、私はリンダと電話で話した。タオスに行くのを諦めた以外、ケンタッキーからの帰路は順調だったとリンダは言った。「お天気は完璧だったわ。途中で降られたのは、雨粒三つだけよ」ケンタッキーからダグラスまで、三日しかかからなかったという。リンダはまだダグラス郊外のRVパークに留まっていた。利用料は一泊わずか一五ドルだ。その日、リンダは久しぶりにシャワーを使った。ケンタッキーを出てから、移動中はおしり拭きで体を拭いて済ませていたのだ。「いま、トレーラーの中に座って休んでるの」リンダは満足そうにため息をついた。

リンダはすでに、五エーカーの土地も見ていた。去年の春クレイグスリストの写真で目にし、夏にスマートフォンのストリーミング動画で見たあの砂漠の一区画が、ついに三次元になってリンダの前に広がったのだ。それは手で触ることも歩くこともできる、実在の世界だった。ガラガラヘビがたてる音も聞いた、あれは絶対にそうよ、とリンダは断言した。「すてきな土地だわ」リンダは満足そうだった。手をのばせば届くところに未来がある。そう感じるのだという。「私、もう六六歳よ」リンダはあたりまえのように言った。「ここまできたら急がないと。アースシップでくつろいだり楽しんだりする時間もほしいから」

細かな話が怒涛のように溢れ出した。四〇〇〇ワットのポータブル発電機を、正札の半額以下の二六ドルで手に入れたとリンダは言った。「うれしい、これで電気が使えるわ!」発電機は掃除機みたいな騒音をたてるが、気にしない。四五ワットのソーラーパネルからのわずかな電気なんて、これに比べたら無に等しい。

水を配達してくれる業者も見つかった。リンダの土地の近くに、大型タンクを満杯にできる量の水をまずまずの値段で配達してくれる業者がいたのだそうだ（アースシップには雨水槽があるが、降雨が不十分な場合もあるかもしれない。それに、建設中の飲み水も必要だ）。測量を予定しているという話も出た。環境にやさしい自給自足型の農業に必要な階段を設置するために、標高を知る必要がある。明日はセットバックのこと（建築物を道路から何メートル離して建てる必要があるか）や、その他都市計画に関する規則の詳細を確認しに郡役所の建築部に行くつもりだとリンダは言った。

「郡のウェブサイトでもう確認してあるの。一エーカー〔約一二二〇坪〕までの土地は、無許可で整地できるんだって。どっちみち、それ以上の整地は必要ないしね」

アースシップの建設にかかるのはRTRが終わってから、とリンダは計画していた。ゲイリーはRTRでリンダと合流し、そこから一緒に戻ってくることになっている。ラヴォンヌも来てくれる。三人で、まず温室の建設を始めるつもりだ。ゆくゆくはそこで有機野菜をつくるが、アースシップの建設中は人間を厳しい自然から守ってもらえるように。

いまリンダの目に映っているのは、長年夢見たアースシップが不毛の砂漠の一画に建っている光景だ。まるで、三穴バインダーの写真が現実になったかのように。リンダは確固とした意志をもつ自身の両手で、新しい家族となった友人の助けを借りて、アースシップを建てる。完成したら（完成するに決まっているが）、アースシップが三人の避難場所になるだろう。再生可能なシステムで食料、水、電気、冷暖房を生み出すアースシップは、住宅でもあり、砂漠と調和して生きる有機体でもある。三人が死んでしまっても、アースシップは生き続けるだろう。

そんな未来が、年明けには始まる。それまで、あとわずか数週間だ。最初に何をするか、リンダはもう心に決めている。土を掘り起こすのだ。すでにショベルカーの運転手も見つけてある。ガソリン代、出張料その他の追加料金は一切なしで、一時間三五ドルで働いてもらう約束だ。「その人がショベルカーの運転席に座ったときから時間をカウントすることになってるの」リンダはうれしそうに言った。業者と直接話したうえで、一月下旬に予約を入れたという。

掘削は八時間ほどの作業になるだろうとリンダは言った。手順はこうだ。

まず、藪の生い茂った公道を整地して、リンダの土地への進入路をつくる。次に敷地内に私道を掘り抜いて、スクイーズ・インを停めておけるスペースを確保する。

最後にアースシップの建設予定地を掘削する。ショベルカーのアームを伸ばして、バケットを下ろす。金属の歯を何度も何度も地面に食い込ませて、ショベルカーは頑固な砂漠の藪を引き裂く。その歯にかかれば、どんなものも降伏するしかない。節くれだった木の茂みも、堅固なサボテンも、重い石も。そうやってリンダの未来を阻む障害物を、一つひとつ取り除いていく。

やがて作業が終わる。ショベルカーが帰っていったあと、リンダは平らな何もない空間に足を踏み入れる。そこに、根をおろすべき完璧な一エーカーの土地が、リンダの統治を待っている。

謝辞

三年間にわたる二万四〇〇〇キロの旅で、たくさんの出会いがありました。いまこの本があるのは、出会った人たちの協力のおかげです。知恵を授け、悪い冗談を教え、キャンプファイヤーやコーヒーをともにしてくれたすべての人に感謝します。また、この取材ができたのは支えてくれた家族のおかげです。ありがとう。

なかでもリンダ・メイにはだれよりも感謝しています。人を信じて自分のことを話すのは、簡単なことではありません。とくに、その相手がメモ帳に何か書きなぐりながら三年ものあいだ周りをうろつき、娘の家の外で車中泊をし、キャンプ場の整備中にゴルフカートの後ろを走ってついてくるような場合は。リンダのしなやかな強さ、ユーモア、心の広さが私の心を打ったように、読者の心も動かしてくれることを願っています。

時間を割いて取材に応じてくれ、この本を書く助けになってくれたノマドの方々は数百人にのぼります。多すぎてひとりひとりお名前を挙げることはできませんが、ラヴォンヌ・エリス、シルビアン・デルマース、ボブ・ウェルズ、シャーリーン・スワンキー（通称「スワンキー・ホイールズ」）、アイリス・ゴールドバーグ、ピーター・フォックス、ゴースト・ダンサー、バーブ・スタウト、チャック・スタウト、ルイス・ミドルトン、フィル・デピール、ロビン・デピール、ゲイリー・ファロン、デイビッド・ロデリック、アル・クリステンセン、ルー・ブロシエティ、ジェン・ダージ、アッシュ・ハーグ、ビンセント・モースマン、デイビッド・スワンソン、マイク、カット、アレックス・バレンチノに、そしてもちろん、仮名で登場したドン・ウィーラーに、とくに感謝の意を表します。

同僚のルース・パデワーとデイビッド・ハイドゥーをはじめとして、コロンビア大学ジャーナリズム大学院からは多大な支援をいただきました。また、ロックフェラー財団ベラジオセンターの奇跡のようなすばらしい環境をつくってくれたパイラー・パレイシャとクラウディア・ジューチの尽力に感謝します。ベラジオセンターでの一カ月の滞在中に出会った仲間たち（通称「イル・コンヴィヴィオ」）は連帯感と深い洞察を与えてくれました。

即興のダンスパーティをありがとう。いつも適切なタイミングで適切な質問をしてくれた（そして私の写真を撮ってくれた）写真家のトッド・グレイにも、特別な感謝を。

この本をつくろうと最初に言ってくれた『ハーパーズ・マガジン』のジェームズ・マーカス（およそ人間の品性のお手本のような編集者です）に感謝します。『ハーパーズ』の記事については、ほかにもジュリア・メルチ、シャロン・J・ライリー、記事に写真を添えてくれた才能豊かな写真家のマックス・ウィタカーが協力してくれました。『ネーション』のリジー・ラトナーとセアラ・レナード、『クリスチャン・サイエンス・モニター』のクララ・ジャーマーニ、『EHRP（経済的困難報告プロジェクト）』のアリッサ・クォートにも、それぞれの記事でお世話になりました。

私を厳しく育ててくれる代理人のジョイ・ハリスは、多大な共感をもってこの本のプロジェクトをゼロから立ち上げてくれました。ノートン社の編集者アレイン・メイソンはよちよち歩きだったプロジェクトにしっかりと手を添えて支えてくれました。アダム・リード、アシュレー・パトリック、カイル・ラドラー、ローラ・ゴールディンにもたいへんお世話になりました。

マイケル・エヴァンズ、ロバート・コフスタイン、カレン・コフスタイン、ジェリー・ハーシュ、ステラ・ルー、ストゥー・レヴィンは私とヘイレンの（文字通りの）避難所になってくれました。アン・キューザックはネオスポリン軟膏やアイリッシュ・スプリング石鹸など救援物資を詰め込んだ箱に小さな星条旗を添えて送ってくれました。アリゾナ州ダグラスの「ネリーズ・ピット・ストップ」のロニーとロニー・ジュニアは泥にタイヤをとられた車をひっぱり出してくれました。カンザス州ハッチンソンのコンクリン・カーズのアーロンとビルをはじめ腕利きの整備士のみなさん、私の車のオルタネーターの修理のために閉店時間が過ぎてもお店を開けておいてくれて、ありがとう。

家族のみんなに感謝します。父のロンはヘイレンで東部に帰るほぼ全ての道中につき合ってくれました。母の（もうすぐ「ブルーダー博士」になる予定の）スーザンは幼い頃から文章の書き方を教えてくれました。メギンはとても情熱的な、すばらしい妹。あなたに会えるのは帰省の一番の楽しみです。いつも尻尾を振っている雑種犬のマックスは、執筆の長い夜々を私に寄り添ってくれました。

すばらしい「ロジカル・ファミリー」に囲まれている私は、とても幸せ者です。ダグラス・ウォーク、レベッカ・フィッティング、クリス・テイラー、ジェス・テイラー・ウルフ、キャロライン・ミラー、ジョッシュ・ハンター、ローウェン・ハンター、セアラ・ファン、クリス・ハケット、セアラ・マクミラン、ドロシー・トロヤノスキー、エレノア・ラビンスキー、マーリーン・クリザ、ジュリア・ソリス、ジョン・ロー、クリストス・パティアキス、ラバー・カトラフ、ロブ・シュミット、ステーシー・カウリー、デイビッド・ダイト、バンナ・フェデリコ、ネイト・スミス、ラヤ・ダカン、マイケル・エヴンソン、エレン・テイラー、クラーク・マカースランド、マーサ・プレイケルト、バリス・ウルク、シェル・キミン、イーヴァ・ローズ、ジェームズ・マストランゲロ、ナイアンビ・パーソン・ジャクソン、アミリア・クライン、アンソニー・トランガッチ、ありがとう。そしてデビッド・カー、とても会いたいです。趣味の仲間、マダガスカル・インスティテュート、フレーミング・ロータス・ガールズ、イルミネーション・ビレッジ、29アワー・ミュージック・ピープル、ダーク・パッセージの各トライブにも感謝を。

共犯者のジュリア・モバーグ（通称「サーファーのジュリア」）は、マーモセットよりよく効く執筆中の安定剤でした。私にはもったいない友人です。

この本をデール・マハリッジに捧げます。これまで一四年というもの、あなたはいつ電話をしても必ずこたえてくれる、頼れる親友でいてくれました。

私たちは、現代の家族そのものです。

訳者あとがき

あたりまえだが、私たちは生きているかぎり、歳をとる。長寿という幸運には、もれなく「高齢期」というおまけがついてくる。私たちの多くは青年期から壮年期にかけての人生の最盛期を何十年も労働に費やすが、その理由のひとつは、老いの日々を体をいたわりつつ心安らかに送りたい、という願いだろう。あるいは願いは、リタイア後こそが本当の人生とばかり、自由を謳歌するエネルギッシュな日々かもしれない。

けれども、そうして何十年という年月を懸命に働いたあげく、前触れもなしにルールが変わったとしたらどうだろう。リタイアするどころか、若い頃より単調で肉体的にきつい、最低限の報酬しか得られない仕事に長時間従事しながら、やっとのことで生きていくしかないとしたら？

本作品タイトルの「ノマド」は、本来は遊牧民や放浪者を意味する英語だ。日本では、決まったオフィスに縛られずカフェやレンタルスペースで働く人を指してノマドと呼ぶことがあるが、本書のノマドは比喩的表現ではない。文字どおり、放浪する人々だ。本来の意味でのノマドが、現代アメリカに出現しているのである。

本作品は、広大なアメリカの国土を舞台に、季節労働の口を求め、安眠できる場所を探して移動を続けるノマドを描いた、現代の叙事詩だ。著者は執筆に先立ち三年にわたる取材を行ったが、失意や傷ついたプライドを抱え、ときに人目を憚りながら生きている彼らの真実に迫るには、著者自身も相手の懐に飛び込み、車上生活の苦楽をともにする必要があったという。「客観的にとらえ、伝える」というジャーナリズムの原則を忠実に守りつつ、問題の大きさとインパクトを見据え、取材対象に寄り添う著者のまなざしが感じられる作品である。

現代アメリカのノマドは、二〇〇八年の金融危機のあおりを受けて住宅を手放し、車上生活に移行した人が多いという。当時のアメリカでは、サブプライムローンの破綻とともに住宅の差し押さえ件数が急増した。日本とちがい従業員本人が資金を拠出する401kは株価暴落で大打撃を被り、年金をすべて失う人も続出した。アメリカは離婚率が高く二組に一組が離婚すると言われるが、その離婚にも訴訟費用や養育費など、総じて日本より多額の費用がかかる（そもそも、離婚率の高さは貧困とも関係が深いという）。追い打ちをかけるように、リーマンショック後のアメリカでは、不動産価格の高騰が止まらなくなっている。その結果、富裕層と低所得者層（低所得者層は住宅補助をうけられる）を除く中間所得者層が、高騰する家賃を払えずに悲鳴を上げる事態になっている。

年金生活を目前に控えた私にはノマドの現状がとても他人事とは思えず、ときに焦燥感と危機感に苛まれながら読んだ。日本とアメリカでは労働法、年金制度、健康保険、福祉政策などが異なるので、日本人がすぐに同じ状況に置かれることはないかもしれない。だが、私がこれを書いている今週は偶然、リーマン・ブラザーズの経営破綻からちょうど一〇年の節目にあたっている。各メディアでこの一〇年を振り返る報道が先日から目立ちだしたが、いずれも再度のバブル崩壊を懸念する論調だ。これまでにも大きな金融危機がほぼ一〇年サイクルで起きていることに加え、サブプライムローン（一〇年前は住宅向けだったが、いま懸念されているのは自動車向け。本文でも触れられている）の焦げつきも増加中だ。しかもこの一〇年で巨大ＩＴ企業による市場の寡占が加速し、所得格差はますます拡大している。ここでまた経済恐慌が起きるようなことがあれば、一〇年前をはるかに上回る影響が出かねないというのだ。

経済がグローバル化したいま、アメリカの経済危機が対岸の火事では済まないことは、私たちも痛いほど経験している。日本国内を見ても明るい材料は乏しく、先が見えない。少子高齢化が急速に進み、年金や医療保険の財源が先細るなか、自己責任の範囲は拡大するばかりだ。

そんな危機感を抱かせるにもかかわらず、本書の読後感は意外に明るい。車を生活の場とするライフスタイルに、自由への憧れが刺激される。登場するさまざまなキャンピングカーや改造車の写真を眺めていると、尽きせぬ興味がわいてくる。そしてノマドの人々のたくましさ、明るさに触れ、アースシップの存在を知るにつけ、狭い視野にとらわれた生き方を守ることに汲々としていた自分に気づかされる。「経済はゲームだ」と言い、ゲームごときに左右されない真の生き方をめざすレイノルズの姿勢に、深い共感を覚えた。

著者ジェシカ・ブルーダーは名門コロンビア大学の大学院でジャーナリズムを学んだ後、精力的にサブカルチャー関連の取材・執筆を続け、数多くの新聞・雑誌やウェブサイトの編集・記事の執筆にかかわっている。ノマドの現状を経済問題としてだけでなく、サブカルチャーとしての側面からも捉える著者の視点には、そんな背景があるのだろう。そしてそれが、歴史の流れのなかにワーキャンパーを、そして現代人を位置づける、大きな視野を提供している。

ノマドの生き方の根底には、ソローの『森の生活』にも通じる豊かな精神の泉がある。そこには私たちが汲み上げるべき貴重な資源があるのではないだろうか。

最後に、この本を訳すにあたりお世話になったレイ・フリコさん、翻訳会社リベルのみなさん、そして細やかな目配りと抜群の感性ですばらしい本にしてくださった春秋社の篠田里香さんに、心から感謝する。ありがとうございました。

原注

本書の一部は『ハーパーズ・マガジン』2014年8月の私の記事「The End of Retirement: When You Can't Afford to Stop Working（リタイアの消滅――働くのをやめる余裕がなくなった時代）」の再掲です。

登場人物の年齢はそれぞれ取材当時の年齢であり、本書の出版時の年齢ではありません。登場人物の氏名は、ビーツの収穫とキャンパーフォースへの潜入取材で出会った人々およびドン・ウィーラーを除き、すべて本名です。

第1章

この章は主に、2015年5月の記録を元に書かれています。リンダ・メイがハンナ・フラット・キャンプ場に赴任した際の同行取材の記録です。

(1) サン・バーナーディーノ山地に関する地理学的調査（アメリカ地質調査所による　）：https://geomaps.wr.usgs.gov/archive/socal/geology/transverse_ranges/san_bernardino_mtn〔2018年8月現在アクセス不可〕

(2) サン・バーナーディーノ山地は隆起を続けている：『Climate Change Impacts on High-Altitude Ecosystems』Münir Öztürk ほか編、Cham, Switzerland, Springer, 2015の中の「Case Study: San Bernardino and Urban Communities Interface: Historical, Contemporary and Future」by Paul W. Bierman-Lytle, pp. 292–93

(3) ハンターコンパクト2の古い広告リーフレット：キャンピングカーの昔の広告リポジトリよりダウンロード http://www.fiberglassrv.com/forums/downloads//ec_tmp/CompactIIBrochure.pdf〔2018年8月現在アクセス不可〕

(4) カリフォルニア・ランド・マネジメントの求人用リーフレットとアメリカン・ランド＆レジャーの横断幕：毎年アリゾナ州クォーツサイトで行われる「クォーツサイト・スポーツ・バケーション＆RVショー」にて、2014年から2016年に観察

(5) 最低賃金では家賃の支払いが不可能：「Out of Reach 2016: No Refuge for Low Income Renters」by Diane Yentel ほか、ワシントンDC全米低所得住宅連合（NLIHC）、2016　http://nlihc.org/sites/default/files/oor/OOR_2016.pdf

(6) 6世帯につき1世帯が、収入の大半を家賃に費やしている：「The State of the Nation's Housing 2016」Marcia Fernald 編、マサチューセッツ州ケンブリッジ、ハーバード大学住宅研究共同センター、2016、p. 31　http://nlihc.org/sites/default/files/oor/OOR_2016.pdf

(7) 危険なオルテガ・ハイウェイ：『ロサンゼルス・タイムズ』2001年8月11日の記事「Driving a Deadly Dinosaur」by Dan Weikel, p. A1

(8) 「フォーンスキン」に変更された町名「グラウト」：『ロサンゼルス・タイムズ』1999年7月25日の記事「Grout Bay Trail Leads to History」by John McKinney, p. 8

(9) 「バトラーII」、約6000ヘクタールを焼き尽くす：カリフォルニア州森林保護・防火局による2007年9月21日付の事故発生記録

(10) シルビアンのブログ：「Silvianne Wanders, The Adventures of a Cosmic Change Agent（さすらいのシルビアン――宇宙変革者の冒険）」https://silviannewanders.wordpress.com

(11)　「クイーン・オブ・ザ・ロード」の歌詞：作詞者シルビアン・K・デルマースの許可を得て掲載

(12)　「A Full Set of Stuff」：ランディ・ヴァイニングによる詩集『Forty Years a Nomad: Poems From the Road』キンドル・エディション（2015）より

(13)　リンダが読んでいた本：『Woodswoman: Living Alone in the Adirondack Wilderness』〔本文中では『森の女——アディロンダック山の一人暮らし』〕by Anne LaBastille, New York: Penguin Books, 1991.『Making Ideas Happen: Overcoming the Obstacles between Vision and Reality』by Scott Belsky, New York: Portfolio, 2012

(14)　ワーキャンパーのヴィラロボス夫妻（グレッグとキャシー）に関する記事：「California Labor Law Also Applies to Seniors」by Jane Mundy, LawyersAndSettlements.com. 2014年7月16日 http://www.lawyersandsettlements.com/articles/california_labor_law/interview-california-labor-law-43-19945.html

　フェイスブックを通じて連絡を取ったところ、グレッグはこの記事に登場している本人であることが確認できた。以下はグレッグからのダイレクトメッセージ。「（こうしたサービス残業の実態は）国立公園のキャンプ場ではごくふつうのことです。大半のスタッフは文句も言わずに黙って時間外労働をしています。私は2カ所のキャンプ場で異なる下請け会社に雇われましたが、サービス残業の実態は同じでした。わたしはもうキャンプ場スタッフはやりません。キャンプにくるお客のことは大好きですが、会社の方針についていけませんから」

(15)　カリフォルニア・ランド・マネジメントの星一つの評価：https://www.yelp.com/biz/California-land-management-palo-alto

(16)　カリフォルニア・ランド・マネジメントの社長エリック・マートからの2016年12月26日付eメールには、そのほか以下のような記述が：

「いかなる理由があっても、時間外労働は我が社の規則に違反しており、違反者は解雇を含む懲戒処分の対象となります」

「我が社の36年の歴史において、従業員からの数々の苦情を調査してきました。その結果わかったのは、事実は本人の申し立てとは異なることが多いということです。しかし万一パワハラがあったと判明した場合は、当該の社員に対する是正措置をとっております」

「夏季の繁忙期には、我が社は450人の季節労働者を雇い入れます。そのうち非常に多くの人が何年も続けて勤務してくれています。もし我が社の雇用実態があなたのお手紙にあったようなものであれば、これほど多くの人がくり返し働いてくれることはないはずです」

第2章

(1)　アメリカの郵政公社は「カジノ」という町名を許可しなかった：『エリリア・クロニクル・テレグラム』1990年6月17日の記事「Nevada by Day: The Other Attractions Around Las Vegas」by Frank Aleksandrowicz, p. E11

(2)　デニス・ウィーバーのドキュメンタリー番組：『Dennis Weaver's Earthship（デニス・ウィーバーのアースシップ）』ディレクター：フィル・スカーペシ、製作：Robert Weaver Enterprises, 1990

(3)　ウィーバーのアースシップに関するジェイ・レノや近隣住民のジョーク：コロラドスプリングス『ガゼット・テレグラフ』1989年11月28日の記事「Actor Builds Treasure with Other People's Trash」AP通信、p. B8

(4)　ウィーバーのアースシップ建設費用：『ニューヨーク・タイムズ』1993年1月10日、p. A1の記事「Father Earth」by Patricia Leigh Brown

(5)　ニュージーランド人　ブライアン・ガブのアースシップ：http://gubbsearthship.com

(6)　シアトルの「アースディンギー」：『シアトル・ウィークリー』2015年8月12日の記事「Earthship!」by Sara Bernard, p. 9

(7)　「ヘヴンズ・ゲート」についてのマイケル・レイノルズのコメント：『ロサンゼルス・タイムズ』1997年5月18日の記事「'Earthships' Meld Future with Past」by Martha Mendoza, AP通信、p. 1

(8)　レイノルズの闘いを描いたドキュメンタリー映画：『Garbage Warrior（ゴミの戦士）』ディレクター：オリバー・ホッジ、製作：Open Eye Media, 2007

(9)　レイノルズのウェブサイトの声明文
「経済という名の怪物」：http://earthship.com/a-brief-history-of-earthships
「経済はゲームだ」：http://earthship.com/Designs/earthship-village-ecologies

(10)　高齢女性の貧困：ワシントンDC全米女性法律センターウェブサイトの記事「National Snapshot: Poverty Among Women & Families, 2015」by Jasmine Tucker および Caitlin Lowell, 2016年9月 http://nwlc.org/wp-content/uploads/2016/09/Poverty-Snapshot-Factsheet-2016.pdf

(11)　女性の年金額は男性より少ない：ワシントンDC全米女性法律センターウェブサイトの記事「Fact Sheet: Women & Social Security, 2015」by Joan Entmacher and Katherine Gallagher Robbins, 2015年8月　http://nwlc.org/wp-content/uploads/2015/08/socialsecuritykeyfactsfactsheetfeb2015update.pdf

(12)　賃金の男女間格差：ワシントンDC女性政策研究所ウェブサイトの記事「The Gender Wage Gap: 2015」by Ariane Hegewisch and Asha DuMonthier, 2016 http://www.iwpr.org/publications/pubs/the-gender-wage-gap-2015-annual-earnings-differences-by-gender-race-and-ethnicity

(13)　女性は男性より5年長寿：疾病対策予防センターウェブサイトの記事「Mortality in the United States, 2015」by Jiaquan Xu, MD. ほか、全米保健医療統計センター、2016　https://www.cdc.gov/nchs/data/databriefs/db267.pdf

第3章

この章のネバダ州エンパイアに関する記述の多くは、『クリスチャン・サイエンス・モニター』2011年6月13日のプリント版に掲載された私の記事「The Last Company Town」p. 33の再掲です。

(1)　『ヒルズ・ハブ・アイズ』：カルトホラー映画『カサンドラ』（ディレクター：ウェス・クレイブン、製作：Vanguard, 1977）リメーク版：『ヒルズ・ハブ・アイズ』ディレクター：アレクサンドル・アジャ、製作：Fox Searchlight Pictures, 2006

(2)　エンパイアをチェルノブイリにたとえる：『レノ・ガゼット・ジャーナル』2016年6月4日の記事「Gypsum Mine, Town of Empire Sold」by Jenny Kane, p. A5

(3)　飲みかけのコーヒーと、めくられていないカレンダー：『レノ・ガゼット・ジャーナル』2016年8月24日の記事「Empire Mining Co. Will Only Restore Part of Ghost Town」by Jenny Kane, p. A4

(4)　現時点でも、グーグルマップのストリート・ビューは更新されていない。芝生

に水を撒くエンパイア住民の姿を、いまも見ることができる：https://www.google.com/maps/@40.572901,119.34298,3a,75y,340.84h,74.5t/data=!3m6!1e1!3m4!1sNxq0MbTKOKuCSPq0olMttQ!2e0!7i3328!8i1664

(5) 1回の勤務で24キロ以上歩く：アマゾンの採用チームによって作成された採用促進用動画「アマゾン・キャンパーフォース・プログラム」2013年7月19日付。https://youtu.be/jT1D1RsW1bQ〔2018年8月現在アクセス不可〕

(6) 「リーマンショック時代のオーキー」：http://lovable-liberal.blogspot.com/2013/08/grapes-of-workamping.html
「アメリカ難民」：http://unlawflcombatnt.proboards.com/thread/9293
「裕福なホームレス」：http://earlystart.blogs.cnn.com/2012/12/12/workampers-filling-temporary-jobs-for-amazon-com-cnns-casey-wian-reports-on-these-affluent-homeless
「現代版フルーツ・トランプ」：http://unionperspectives.blogspot.com/2012/02/workampers-are-new-iww-wobblies.html

(7) ワーキャンパー募集の求人広告：『ワーキャンパー・ニュース』http://workamper.com および『ワーカーズ・オン・ホイールズ』http://www.work-for-rvers-and-campers.com

(8) 花火売りの仕事に応募中：『ワーキャンパー・ニュース』2013年7/8月、p. 33

(9) ストーリーランドの求人広告：『ワーキャンパー・ニュース』2015年11/12月、p. 36

(10) ジョージア州の農場によるラマの訓練士の求人広告：『ワーキャンパー・ニュース』2013年9/10月、p. 20

(11) 水上タクシーのボランティア運転手の募集広告：『ワーキャンパー・ニュース』2013年9/10月、p. 17

(12) 「常時移動している人」がサウスダコタ州民になるための条件：http://dps.sd.gov/licensing/driver_licensing/obtain_a_license.aspx

(13) レクリエーション・リソースマネージメント社の採用：「Working into Their 70s: the New Normal for Boomers」by Kristyn Martin, アルジャジーラ・アメリカ、2014年10月17日放送 http://america.aljazeera.com/watch/shows/real-money-with-alivelshi/2014/10/Workampers-retirement-babyboomers.html

(14) キャンプグラウンズ・オブ・アメリカ（KOA）の求人および『ワーキャンパー・ニュース』の購読者数：『AARP Bulletin（アメリカ退職者協会報）』2014年12月

(15) ファッショナブルな車上生活：『ニューヨーク・タイムズ・マガジン』2011年11月6日の記事「What the Kids Are Doing These Days」by Eric Spitznagel, p. 9

(16) キャンパーフォース紹介謝礼金125ドル：「アマゾン・キャンパーフォース紹介フォーム2015」。2012年には50ドルだった；「アマゾン・キャンパーフォース・ニュースレター」2012年5月、p. 5

(17) キャンパーフォース熟練者のヒント：「アマゾン・キャンパーフォース・ニュースレター」2012年7月、pp. 2–5

(18) ネバダ州ファーンリーの〝ハードタイム・ダンス〟：「アマゾン・キャンパーフォース・ニュースレター」2012年4月、p. 3

(19) ピーカンナッツを商売にした事例：「アマゾン・キャンパーフォース・ニュースレター」2013年3月、p. 3

(20) キャンパーフォースの求人冊子：https://www.scribd.com/document/133679509/CamperForce-Recruiting-Handout

(21) アマゾンで働く親密さ以外の動機：「アマゾンで働く理由。それは、お金」『ワーキャンパー・ニュース』2014年7/8月、pp. 31-34
(22) バスで労働者を輸送：「アマゾン・キャンパーフォース・ニュースレター」2013年7月、p. 1
(23) アムケア：アマゾンの社内診療所についてのフェイスブックでのやり取りのなかで、不満を抱えた労働者はのちに「シャムケア」という混成語をつくり出した。「シャム」はまがい物の意
(24) 高齢労働者に関するキャンパーフォースの責任者の言葉：「Workamper News Jobinar with Amazon CamperForce」http://www.youtube.com/watch?v=STC3funa1Gg（2013年3月21日アップロード）〔2018年8月現在アクセス不可〕
(25) アマゾンが税額控除を利用していることに関するブログのコメント：http://talesfromtherampage.com/amazon
(26) ビーツの収穫人を斡旋する企業幹部の高齢ワーキャンパー評：「Workamper News Jobinar with Express Sugar Beet Harvest」https://www.youtube.com/watch?v=cbJtFHJHf_M（2014年2月26日アップロード）〔2018年8月現在アクセス不可〕
(27) 高齢アメリカ人の雇用：米国労働省労働統計局「Labor Force Statistics from the Current Population Survey」による65歳以上の失業者数 https://data.bls.gov/timeseries/LNU02000097
(28) 資産を使い尽くした後まで長生きすることへの恐怖：「Reclaiming the Future: Challenging Retirement Income Perceptions」北米アリアンツ生命保険会社、2010
(29) リタイアの捉えかた：「Retirement Attitudes Segmentation Survey 2013」by S. Kathi Brown, ワシントンDC AARP リサーチ、2013
(30) ウィリアム・オスラーに関する論説：『ニューヨーク・タイムズ』1905年2月24日の記事「Old Men at Forty」
(31) 人気のない小説『The Fixed Period』：『ガーディアン』2012年12月15日の記事「Rereading Anthony Trollope」by David Lodge, p. 16
(32) 年金擁護者の恐しい予測：『Old Age Dependency in the United States: A Complete Survey of the Pension Movement』by Lee Welling Squier, New York：The Macmillan Company, 1912, pp. 28-29
(33) コロラドとオハイオの救貧院：『The American Poorfarm and Its Inmates』by Harry C. Evans, Des Moines, IA：Loyal Order of Moose, 1926, pp. 13, 29
(34) モノポリーの救貧院：『ハフィントン・ポスト』2015年8月18日の記事「Social Security at 80: Lessons Learned」by Nancy Altman
(35) 高齢アメリカ人の自立度：「Historical Background and Development of Social Security: Pre-SocialSecurity Period」（米国社会保障局）https://www.ssa.gov/history/briefhistory3.html
(36) リスクのシフト：『The Great Risk Shift: The Assault on American Jobs, Families, Health Care, and Retirement and How You Can Fight Back』by Jacob S. Hacker, Oxford：Oxford University Press, 2006, pp. x, 5-6
(37) 年金が収入の大半を占める：「Fact Sheet: Social Security」（米国社会保障局）https://www.ssa.gov/news/press/factsheets/basicfact-alt.pdf
(38) 3本脚の椅子からホッピング用のポールへ：オンライン版『USニューズ＆ワールド・レポート』2009年2月5日の記事「The Retirement Pogo Stick」by Emily Brandon. http://money.usnews.com/money/blogs/planning-to-retire/2009/02/05/the-retirement-pogo-stick

(39) 1日にわずか5ドルの食費：『ニューヨーク・タイムズ』2012年7月22日、p. SR5の記事「Our Ridiculous Approach to Retirement」by Teresa Ghilarducci
(40) 元上院議員アラン・シンプソンの公的年金批判：『CNNMoney.com』2010年8月25日の記事「Co-Chair of Obama Debt Panel under Fire for Remarks」by Jeanne Sahadi http://money.cnn.com/2010/08/25/news/economy/alan_simpson_fiscal_commission

第4章

ボブ・ウェルズの半生に関する情報は対面取材と3回にわたるRTRでのセミナー、およびウェブサイト（http://CheapRVLiving.com）の記述を元にしています。初期のウェブサイトはThe Wayback Machine（http://archive.org/web/）経由で閲覧可能で、出版もされています。

(1) あなたは前世ではジプシーだったかもしれない：https://web.archive.org/web/20130114225344/http://cheaprvliving.com
(2) アラスカ地震：「The Great M9.2 Alaska Earthquake and Tsunami of March 27, 1964」http://earthquake.usgs.gov/earthquakes/events/alaska1964
(3) デナリ小学校、アンカレッジ国際空港の管制塔、J・C・ペニーのビルの損壊：「The Great Alaska Earthquake of 1964: Engineering」Wallace R. Hansen ほか、国家研究会議、1973, pp. 310, 416–418, 823 「The Alaska Earthquake: March 27, 1964: Field Investigations and Reconstruction Effort」合衆国地質調査所、1966, p. 83
(4) ボブが車上生活に追い込まれた経緯：「What's Your Vision for Your Life?」https://web.archive.org/web/20120728075840/http://cheaprvlivingblog.com/2012/07/whats-your-vision-for-your-life
(5) リーマンショックの時期にボブの『安上がりRV生活』が人気を博す＋社会的契約がほころび始める：「Thriving in a Bad Economy」https://web.archive.org/web/20121223110050/http://cheaprvlivingblog.com/2012/09/thriving-in-a-bad-economy
(6) 1930年代半ばのトレーラーハウスブーム：『Galloping Bungalows: The Rise and Demise of the American House Trailer』by David A. Thornburg, Hamden, CT：Archon Books, 1991
(7) トレーラーハウスに住むこと：『フォーチュン』1937年3月の記事「Two Hundred Thousand Trailers」p. 220
(8) 税金も家賃もなし：『Automotive Industries（オートモティブ・インダストリーズ）』1936年11月14日の記事「House Trailers— Where Do They Go From Here?」by Philip H. Smith, p. 680
(9) トレーラーハウスに関する予言とロジャー・バブソン：『ニューヨーク・タイムズ』1936年12月20日の記事「Trailer Life Seen as Good for Nation, Aiding Instead of Displacing Homes」by Clyde R. Miller, p. N2
(10) 新しいライフスタイル：『ハーパーズ・マガジン』2014年8月の記事「Gypsy in a Trailer [Part I]」Konrad Bercovici, p. 621
(11) 150万台から200万台のトレーラーハウス：『Galloping Bungalows: The Rise and Demise of the American House Trailer』by David A. Thornburg, Hamden, CT：Archon Books, 1991, p. 181
(12) トレーラーハウスに住む吟遊詩人：『Galloping Bungalows: The Rise and Demise of the American House Trailer』by David A. Thornburg, Hamden,

CT：Archon Books, 1991, pp. 2, 60–61
(13) ボブの家計費：「Where Does My Money Go!?」http://www.cheaprvliving.com/blog/where-does-my-money-go
(14) シャーリーン・スワンキーのプロフィール：http://www.cheaprvliving.com/inspiring-vandweller-charlenes-story
(15) トゥルーパー・ダン：http://www.cheaprvliving.com/survivalist-truck-dweller
(16) 「lance5g」によるコミュニティの立ち上げ：https://groups.yahoo.com/neo/groups/liveinyourvan/conversations/messages/2
(17) ゴースト・ダンサーの急ごしらえのインターネット接続機器：https://groups.yahoo.com/neo/groups/vandwellers/conversations/messages/156516
(18) ヤフーグループ『車上生活者の会：愛車に住もう 2』：https://groups.yahoo.com/neo/groups/VanDwellers
(19) 「車上生活文明の開祖」：http://swankiewheels.blogspot.com/2012/01/ghost-dance-arrived-at-rtr-today.html
(20) フェイスブックのグループ「車上生活者の会：愛車に住もう」：https://www.facebook.com/groups/Vandwellers/files
(21) 『reddit』のスレッド「車上生活者の会」：https://www.reddit.com/r/vandwellers/
(22) ウォルマートの駐車場での乱闘：『アリゾナ・リパブリック』2015年3月25日の記事「Family in Walmart Melee Performed」by Jim Walsh, p. A8,『ヴェルデ・インディペンデント』2015年3月27日の記事「Camping Ban Now Enforced at Cottonwood Walmart Store」 http://www.verdenews.com/news/2015/mar/27/camping-ban-now-enforced-at-cottonwood-walmart-st
(23) 「頭のいかれた人」が好条件をふいにする：http://rvdailyreport.com/opinion/opinion-will-walmart-camping-become-thing-of-the-past
(24) ウォルマートの駐車場停泊者のための移動式屋台創設者：KUT90.5FM「Meet Austin's 'Real People of Walmart, Jimmy Maas. http://kut.org/post/meet-austins-real-people-walmart
(25) ウォルマートの停泊可能駐車場発見アプリ：http://www.allstays.com/apps/walmart.htm
(26) タイオガとジョージの冒険：http://blog.vagabonders-supreme.net
(27) ブログ『ホーボー・ストリッパー』：https://rvsueandcrew.com
(28) 『RVスーと乗組犬』：旧ページ：https://rvsueandcrew.com/　新ページ：http://rvsueandcrew.net
(29) ブログ『ジンボの旅』：https://jimbosjourneys.com

第5章

(1) アマゾン・タウン：キャンパーフォースの一時的な居住地を表すこの言葉が初めて使われたのは、私の知る限りでは『ウォールストリート・ジャーナル』2011年12月20日の記事「Welcome to Amazon Town」by Stu Woo, p. B1
(2) ロック・クライミング用のアンカー：アウトドア雑誌『アウトサイド』ウェブサイト2015年11月4日の記事「What Happens When Climbing Bolts Go Bad?」https://www.outsideonline.com/2031641/what-happens-when-climbing-bolts-go-bad
(3) 山火事を起こしたとして起訴されたハンター：「Man Charged with Starting Massive California Blaze」AP通信、2014年8月8日

(4) 「友情の価値」:「アマゾン・キャンパーフォース・ニュースレター」2013年6月、p1
(5) 「2013年の歴史的偉業達成へ!」:「アマゾン・キャンパーフォース・ニュースレター」2013年3月、p1
(6) 「アマゾンのキャンパーフォースが仕事開始後の2、3週間にあなたに期待すること」:「アマゾン・キャンパーフォース・ニュースレター」2013年4月、p1
(7) アマゾン倉庫に関する情報の一部は、私のコラム「With 6,000 New Warehouse Jobs, What Is Amazon Really Delivering?」ロイター通信、2015年6月17日からの転載。http://blogs.reuters.com/great-debate/2015/06/17/with-6000-new-warehouse-jobs-what-is-amazon-really-delivering
(8) アマゾン倉庫での従業員追跡システムに関する情報の一部は、プリント版『ネーション』2015年6月15日掲載の私の記事「We're Watching You Work」p. 28からの転載
(9) ネバダ州労働安全衛生局の報告書:「ネバダ労働安全衛生局検査報告書」2013年10月317326056号。この書類をはじめとする報告書は、ネバダ情報公開法に基づく2016年5月の公開請求に対し、ネバダ州労働安全衛生局が開示したもの
(10) アマゾンの未払い賃金をめぐる訴訟:『USAトゥデイ』2014年12月9日の記事「Justices Say Security Screening After Work Isn't Paid Time」by Richard Wolf. http://www.usatoday.com/story/news/nation/2014/12/09/supreme-court-amazon-workers-security-screening/20113221
(11) ネバダ州労働安全衛生局の検査による静電気ショック対策:「ネバダ労働安全衛生局検査報告書」2011年3月24日315282491号および2012年2月7日316230739号
(12) クリス・ファーレイが演じた車上生活者:『サタデー・ナイト・ライブ』NBC、1993年5月8日放送の「Matt Foley, Motivational Speaker」
(13) アマゾンがクリスマスセールで過去最高の売上を記録:「Record-Setting Holiday Season for Amazon Prime」BusinessWire, 2013年12月26日放送

第6章

(1) 「車上生活者の楽園」:『ハーパーズ・マガジン』1941年5月の記事「One Man's Meat」by E. B. White, p. 665
(2) 定住者の人口:2015年の国勢調査により3,626人と推計される。https://factfinder.census.gov/faces/nav/jsf/pages/community_facts.xhtml#
(3) クォーツサイトにやってくる鍛冶工房を兼ねたバス:http://www.fulltime.hitchitch.com/dec2010-1.html 鍛冶屋のジョー・バチョンのウェブサイト:http://joetheblacksmith.com
(4) 「安売り中毒」の「クレイジーさは半端ない」:https://www.yelp.com/biz/addicted-to-deals-quartzsite
(5) 「リーダーズ・オアシス」の店舗構造:『トレーラー・ライフ』1999年11月の記事「Inside the Desert Bazaar—Quartzsite」by Bill Graves, p. 118
(6) 巡回牧師の言葉:2014年1月14日「ラストコール・テント・ミニストリー」教会での伝道集会の録音から
(7) 「高齢者の春休み」:http://obsirius.blogspot.com/2009/01/like-spring-break-for-seniors.html
(8) 「貧乏人のパーム・スプリングス」:『アリゾナ・リパブリック』2004年2月22日の記事「Snowbirds Walk on the Wild Side」by Mark Shaffer, p. 1

(9)　7カ月までの滞在で180ドル：『My Public Lands: The Bureau of Land Management Magazine』2015年春号の記事「Where Friends Are Like Family」by Dennis Godfrey, p. 26

(10)　砂漠に立つトライブの手製看板：http://littleadventures-jg.blogspot.com/2015/01/odds-and-ends-from-quartzsite.htm〔2018年8月現在アクセス不可〕、http://www.misadventureranch.com/winter07.htm

(11)　「ローナーズ・オン・ホイールズ」の規則：『The Victoria Advocate（ビクトリア・アドボケート）』1988年4月17日の記事「Loners, But Not Alone!」p. 2および同紙のウェブサイト http://www.lonersonwheels.com/membership-form.html

(12)　クォーツサイトの住民のヌーディストに対する揶揄：フェイスブックのグループ「クォーツサイト・チャッター」のコメント2016年12月8日

(13)　「奇妙でひどく狂った場所」：『フィナンシャル・タイムズ』1997年3月8日の記事「Flight of the Polyester-Clad Snowbirds」by Nicholas Woodsworth, p. 19

(14)　タイソン砦、クォーツサイト、テキサス州アントニオ、ハージ・アリ：『The WPA Guide to Arizona: The Grand Canyon State』by Federal Writers' Project, Trinity University Press, 2013, p. 361

(15)　「タイソンズ・ウェルズ」の回想録作家：マーサ・サマーヘイズ。記述は『Vanished Arizona: Recollections of the Army Life of a New England Woman』J. B. Lippincott, 1908, pp. 138–139

(16)　ツーソン—ロサンゼルス間のラクダ郵便：『ニューヨーク・タイムズ』2012年12月27日の記事「The Short Life of the Camel Corps」by Kenneth Weisbrode http://opinionator.blogs.nytimes.com/2012/12/27/the-short-life-of-the-camel-corps

(17)　残された11世帯：『ニューヨーク・タイムズ』2003年2月10日の記事「Where Scorpions Roam and Snowbirds Flock」by Peter T. Kilborn, p. A1

(18)　クォーツサイトのフリーマーケットの起源：『ロサンゼルス・タイムズ』2011年4月16日の記事「Keeping It Quirky」by Kate Linthicum, p. 1

(19)　「グランド・ギャザリング」：http://www.qiaarizona.org/GrandGathering.html

(20)　ブルーバードのトライブの「趣味の射撃講座」：http://www.wanderlodgeownersgroup.com/forums/showpost.php?p=193151&postcount=126

第7章

(1)　ニードルズのジョード一家：『怒りの葡萄』ジョン・スタインベック、New York: Viking, 1939

(2)　RTRへの招待：http://web.archive.org/web/20140112194330/http://www.cheaprvliving.com/gatherings

(3)　『マッドマックス』的な未来：http://www.cheaprvliving.com/tribe/report-winter-rtr-january-2014/#comment-10786

(4)　アル・クリステンセンのブログ「Rolling Steel Tent」：http://rollingsteeltent.blogspot.com/2014/01/someone-asked-my-story-fool.html

(5)　ボブの本：『How to Live in a Car, Van or RV . . . And Get Out of Debt, Travel, & Find True Freedom』CreateSpace Independent Publishing Platform, 2014, p. 43

(6)　「ノック」：シャーリーン・スワンキーのフェイスブックへの2015年8月13日の投稿

(7) Glenn Morrissetteがロス・アルゴドネスでイーグルスを聞いた話：http://tosimplifyold.blogspot.com/2014_01_01_archive.htm
(8) RTRに似たイベントに初参加した際のラヴォンヌのブログの投稿：http://completeflake.com/looking-back
(9) アドベンチャーランドのワーキャンパーの死亡事故：アイオワ州労働安全衛生局の1154435号査察に基づく出頭命令および違反通知2016年8月16日および『The Des Moines Register（デモイン・レジスター）』2016年6月14日の記事「Worker Who Dies Was Just Six Days on His Job」by Kevin Hardy, p. A4
(10) 友人に別れを告げるラヴォンヌ：http://completeflake.com/the-down-side-of-vandwelling-is-saying-goodbye

第8章

(1) 陽気なマスコミ報道：ナショナル・パブリック・ラジオの報道番組『All Things Considered』2011年12月22日の放送 Amazon's Seasonal 'Workampers' Fill Holiday Orders by Lynn Neary
(2) 「文句は恥だ」：『ワーキャンパー・ニュース』2013年9月/10月号の記事「Great Expectations—Do You Need an Attitude Adjustment?」by Jaimie Hall Bruzenak, p.7
(3) アメリカ人の欺瞞：『Where Life Is Better: An Unsentimental American Journey』by James Rorty, New York, Reynal & Hitchcock, 1936, p. 13
(4) コミュニティが危機に直面するとき：『A Paradise Built in Hell: The Extraordinary Communities That Arise in Disaster』by Rebecca Solnit, New York: Viking, 2009
(5) 初めて車中泊する夜：『How to Live in a Car, Van or RV: And Get Out of Debt, Travel, & Find True Freedom』by Bob Wells, CreateSpace Independent Publishing Platform, 2014, p. 88
(6) 3人に1人以上が歯科保険なし：全米歯科保険協会のウェブサイト「Who Has Dental Benefits」http://www.nadp.org/Dental_Benefits_Basics/Dental_BB_1.aspx#_ftn1　貧困、偏見、歯の不健康についてより詳しく知るにはウェブマガジン『Aeon』の記事「Poor Teeth」by Sarah Smarsh, 2014年10月23日がお勧め。https://aeon.co/essays/there-is-no-shame-worse-than-poor-teeth-in-a-rich-world
(7) The Wandering Individuals Network（さすらう個人のネットワーク）：http://rvsingles.org
(8) フェイスブックのアマゾンキャンパーフォース公式ページ：https://www.facebook.com/amazoncamperforce〔2018年8月現在アクセス不可〕
(9) 「不自由な生活」と特権的地位：ウェブサイト『Stuff White People Like』の記事「#128 Camping」by Christian Lander, 2009年8月14日 https://stuffwhitepeoplelike.com/2009/08/14/128-camping

第9章

(1) トラックの事故：『Grand Forks Herald』2015年10月7日の記事「Amid Sugar Beet Truck Accidents, Some Question Minnesota, North Dakota Regulations for Ag Drivers」by Sarah Volpenhein　http://www.grandforksherald.com/news/business/3856308-amid-sugar-beet-truck-accidents-some-question-minnesota-north-dakota〔2018年8月現在アクセス不可〕

(2)　〝タクト〟の定義：https://ocw.mit.edu/courses/engineering-systems-division/esd-60-lean-six-sigma-processes-summer-2004/lecture-notes/8_1assembly_op.pdf

第10章

(1)　ラヴォンヌと「ホームレス」との接近：http://www.completeflake.com/what-vandwelling-is-really-like
(2)　ラヴォンヌの言う「不可触民」：http://www.completeflake.com/second-chances
(3)　ボブによる「ホームレス」の定義：『How to Live in a Car, Van or RV: And Get Out of Debt, Travel, & Find True Freedom』by Bob Wells, CreateSpace Independent Publishing Platform, 2014, pp. 6-7
(4)　ホームレス状態の違法化についての『ニューヨーク・タイムズ』2016年6月3日の記事：「Aloha and Welcome to Paradise. Unless You're Homeless」by Adam Nagourney https://www.nytimes.com/2016/06/04/us/hawaii-homeless-criminal-law-sitting-ban.html
(5)　国有林の「住居への利用」：『アリゾナ・デイリー・サン』2011年8月9日の記事「Some Folks Camping Out for Life」by Cyndy Cole http://azdailysun.com/news/local/some-folks-camping-out-for-life/article_5623148e-2326-5ce2-97c2-2ce18b6cde82.html
(6)　森林局、アプリを開発中：『ステーツマン・ジャーナル』2016年4月19日の記事「Trashing the Forest: Long-Term Camping Causes Environmental Problems」by Zach Urness, p. D3
(7)　「ガソリン・ジプシー」：『ニューヨーク・タイムズ』1937年5月4日の社説「Trailer Lessons」p. 24
(8)　「車版スラム」：『フォーチュン』1937年3月の記事「Two Hundred Thousand Trailers」p. 10
(9)　「タックス・ドジャー」：『オートモティブ・インダストリーズ』1936年10月31日の記事「Slants」p.564
(10)　ラヴォンヌが「ノック」される：http://completeflake.com/the-dreaded-knock

第11章

(1)　「アメリカは地球上で最も豊かな国である」：『Slaughterhouse-Five』カート・ヴォネガット・ジュニア、New York: Dell Publishing, 1991, pp. 128-129〔邦訳は『スローターハウス5』伊藤典夫訳、早川書房〕
(2)　リンダについてのラヴォンヌのコメント：http://completeflake.com/why-i-spent-the-day-at-the-laundromat-or-shit-happens
(3)　15億ドルのパワーボール：『CNNMoney』2016年1月14日の記事「We Have Powerball Winners!」by Charles Riley, Sara Sidner および Tina Burnside http://money.cnn.com/2016/01/13/news/powerball-winner-lottery
(4)　ボブの暗い未来予測：http://www.cheaprvliving.com/budget/poverty-prepping-food-pantry
(5)　ハブーブ：『ニューヨーク・タイムズ』2011年7月22日の記事「Haboobs Stir Critics in Arizona」by Marc Lacey, p. A11.『アリゾナ・リパブリック』2011年7月16日の記事「Don't Call Our Dust Storm Haboobs」by Don Yonts, p.

B4

(6) かつてのアリゾナ最大の町：『ボストン・グローブ』1987年2月8日の記事「A Town in Search of a Future」by Thomas Palmer, p. 73

(7) 大気汚染防止法の歴史：https://www.epa.gov/clean-air-act-overview/evolution-clean-air-act

(8) 精製所による公害：『ニューヨーク・タイムズ』1985年3月30日の記事「Acid Rain Starting to Affect Environment and Politics in West」by Iver Peterson, p. 6.『ロサンゼルス・タイムズ』1988年7月27日の記事「Country Town's Air Goes up in Smoke of Copper Smelters」by Scott McCartney, p. 2

(9) 精製所の閉鎖：『ニューヨーク・タイムズ』1987年1月15日の記事「Last Copper Is Poured at a Polluting Smelter」by Iver Peterson, p. A14

(10) 共産主義者のせいにする：『ボストン・グローブ』1987年2月8日の記事「A Town in Search of a Future」by Thomas Palmer, p. 73

(11) 病院の閉鎖：『ヘルスケア・ファイナンス・ニュース』2015年7月29日の記事「Cochise Regional Hospital in Arizona to Close after Medicare Stops Reimbursements over Safety」by Anthony Brino. http://www.healthcarefinancenews.com/news/America-regional-hospital-arizona-close-after-medicare-stops-reimbursements-over-safety

(12) 都市の縮小速度で全米第4位：『USAトゥデイ』2016年4月8日の記事「Going, Gone: America's Fastest-Shrinking Cities」by Thomas C. Frohlich, http://www.usatoday.com/story/money/2016/04/08/24-7-wallst-America-shrinking-cities-population-migration/82740600〔2018年8月現在アクセス不可〕

(13) ダグラスの映画館グランド：『アリゾナ・デイリー・スター』2008年6月19日の記事「Keeping Their Dream Alive」by Bonnie Henry, p. E1.『ダグラス・ディスパッチ』2002年11月5日の記事「Haunted Theatre a Success」by Cindy Hayostek, http://www.douglasdispatch.com/news/haunted-theatre-a-success/article_674369bc-6037-529a-8325-64394a4a8d6a.html. 歴史登録材指定書1976年7月30日付、http://focus.nps.gov/nrhp/GetAsset?assetID=684cabb7-8870-4872-bffc-b0492928ffb6

(14) ダグラスへの移住者：『アリゾナ・デイリー・スター』2015年12月19日の記事「Artists Try to Help Paint New Future for Douglas」by Perla Trevizo および Luis F. Carrasco, p. A

(15) エル・チャポのトンネル：『ニューヨーク・タイムズ』1990年5月19日の記事「Agents Find Drug Tunnel to U.S.」p. 7, AP通信 『ザ・ニューヨーカー』2015年8月3日の記事「Underworld」by Monte Reel, p. 22.『ブルームバーグ・ビジネスウィーク』2012年8月6-12日の記事「The Narco Tunnels of Nogales」by Adam Higginbotham, p. 56

(16) 16歳の密輸少年：『ロサンゼルス・タイムズ』2016年5月3日の記事「Teen Drug Mules Are in for a Shock in Arizona; County Charges Them as Adults Instead of Freeing Them」by Nigel Duara, p. A1

(17) 自作のジップライン：『アリゾナ・デイリー・スター』2016年7月10日の記事「Beyond the Wall: Shifting Challenges on Rugged Arizona Line」by Perla Trevizo, p. F9

(18) スキューバダイビングによる密輸：『アリゾナ・デイリー・スター』2010年2月27日の記事「Man in Sewer System Drops 55 Lbs. of Weed」by Devlin Houser, p. A9.『アリゾナ・デイリー・スター』2011年9月28日の記事「Creative Pot Smugglers Try 'a Little Bit of Everything」by Brenna Goth, p.

A1
(19) マリファナを落としたドローン：『ワシントン・ポスト』2015年9月28日の記事「What a Marijuana Bundle Dropped from the Sky Can Do to a Doghouse」by Elahe Izadi. https://www.washingtonpost.com/news/post-nation/wp/2015/09/28/what-a-marijuana-bundle-dropped-from-the-sky-can-do-to-a-dog-house
(20) 海賊の書斎：『ロサンゼルス・タイムズ』1992年1月5日の記事「Heritage Hotels: Time Stands Still at Four Historic Arizona Hotels Rife with Amusing Quirks and Characters of the Old West」by Lawrence W. Cheek, p. L1

終章

(1) RTRの新たなルール：http://www.cheaprvliving.com/blog/rubber-tramp-rendezvous-schedule-2017
(2) 下位50パーセントの人の収入：『ニューヨーク・タイムズ』2016年12月6日の記事「A Bigger Economic Pie, but a Smaller Slice for Half of the U.S.」by Patricia Cohen, https://www.nytimes.com/2016/12/06/business/economy/a-bigger-economic-pie-but-a-smaller-slice-for-half-of-the-us.html
(3) アインシュタインの脳：『ニュー・サイエンティスト』1979年3月8日の記事「Wide Hats and Narrow Minds」by Stephen Jay Gould, p. 777
(4) 格差の拡大：『サロン』2015年4月3日金曜日の記事「Three Ways Inequality Is Making Life Worse for Everyone」by Sean McElwee
(5) アメリカの所得格差は先進国のなかで最大：OECD（経済協力開発機構）の「Inequality Update」2016年11月：https://www.oecd.org/social/OECD2016-Income-Inequality-Update.pdf
(6) 所得格差の国別比較：http://www.indexmundi.com/facts/indicators/SI.POV.GINI/rankings
(7) 椰子の殻に入ったタコ：https://www.facebook.com/LADbible/videos/2969897786390725

【著者】

ジェシカ・ブルーダー（Jessica Bruder）

Photo by Todd Gray

ジャーナリストとしてサブカルチャーと経済問題を中心に取材・執筆活動を行うかたわら、2008年からコロンビア大学ジャーナリズム大学院で教鞭をとる。『ニューヨーク・タイムズ』に長年にわたり寄稿するほか『ワシントン・ポスト』『ガーディアン』『インターナショナル・ヘラルド・トリビューン』『ネーション』『ハーパーズ・マガジン』、AP通信、ロイターなど多数の媒体で記事や写真を発表。多数のウェブマガジンのコラム執筆や編集にも携わる。本書はディスカバー・アウォーズのノンフィクション部門で2017年の最優秀賞を受賞。J・アンソニー・ルーカス賞およびヘレン・バーンスタイン賞においては最終候補リストに残った。

【訳者】

鈴木素子（すずき・もとこ）

翻訳家。埼玉大学教養学部卒。訳書にE・L・クライン『ファストファッション』（春秋社）、J・A・レヴィン『GET UP！ 座りっぱなしが死を招く』（KADOKAWA）、C・エイブラハムズ『HYGGE――バツ2アラフィフこじらせキャリアウーマンの人生再生物語』（大和書房）など。

ノマド――漂流する高齢労働者たち

2018年10月20日　初版第1刷発行
2021年 1 月25日　　　第2刷発行

著　者＝ジェシカ・ブルーダー
訳　者＝鈴木素子
発行者＝神田　明
発行所＝株式会社　春秋社
〒101-0021　東京都千代田区外神田2-18-6
電話（03）3255-9611（営業）・（03）3255-9614（編集）
振替　00180-6-24861
https://www.shunjusha.co.jp/
印刷・製本＝萩原印刷　株式会社
翻訳協力＝株式会社　リベル
装　丁＝岩瀬　聡
カバー写真＝ © Maciej Bledowski/PIXTA

ISBN 978-4-393-33364-8　C0036
定価はカバー等に表示してあります